DEREK SIVERS
OBRAS COMPLETAS (o casi)

Derek Sivers

DEREK SIVERS
OBRAS COMPLETAS
(o casi)

EMPRESA ACTIVA

Argentina – Chile – Colombia – España
Estados Unidos – México – Perú – Uruguay

Título original: *Anything You want, Your Music Your People, How to live Hell Yeah or No*
Traducción: Valentina Farray Copado

1.ª edición Julio 2023

Copyright © 2022 by Derek Sivers
© de la traducción 2023 *by* Ediciones Urano S.A.U.
All Rights Reserved
© 2023 *by* Urano World Spain, S.A.U.
Plaza de los Reyes Magos, 8, piso 1.º C y D – 28007 Madrid
www.empresaactiva.com
www.edicionesurano.com

ISBN: 978-84-16997-83-1
Depósito legal: B-9.732-2023

Fotocomposición: Ediciones Urano, S.A.U.
Impreso por Romanyà Valls, S.A. – Verdaguer, 1 – 08786 Capellades (Barcelona)

Impreso en España – *Printed in Spain*

ÍNDICE

PRÓLOGO A LA EDICIÓN EN ESPAÑOL

Te tengo verdadera envidia

Escribir el prólogo de mi escritor favorito es algo que aún no me creo. Surgido de una casualidad, como todo lo bueno en la vida. El editor Sergio Bulat supo de mi existencia gracias a un top 100 de libros que hice. El número uno de esa lista, sacada de leer cientos de libros, es el de Derek Sivers: *Cómo vivir.*

Cómo vivir es un libro como ningún otro. Único entre únicos. Lees una idea que te encanta, pero tres capítulos más tarde te da su opuesta y también te gusta. Solo por ese libro vale la pena cada céntimo que has pagado.

Lo increíble es que esta recopilación contiene otros tres libros más, que también son buenísimos. El primero que publicó Derek, *Lo que tú quieras,* explica la historia de cómo se hizo millonario sin pretenderlo. Además, lo hace con una sinceridad que pocos escritores transmiten. Verás que es un libro que no deja indiferente, y es una buena forma de entrar en el mundo Sivers.

Ninguno de sus libros es difícil, están hechos para que todo el mundo los entienda. Sin embargo, detrás de esa sencillez hay mucho trabajo. Ya solo descubrir por uno mismo todo lo que cuenta es endiabladamente difícil.

Pero Derek te da los deberes hechos. *Cómo vivir* empezó siendo un libro de más de mil páginas, luego pasó a trescientas. Al final lo exprimió aún más para dejarlo en ciento y poco. Reducir tanto un libro significa poner al lector por delante de uno mismo. Cuando descubro un escritor que rezuma esta humildad, sé que ha escrito un buen libro. De otra forma, no lo habría publicado.

Tengo que confesar que su libro *Tu música, tu gente* no me atraía porque yo no soy músico ni pretendo serlo. Sin embargo, le di una oportunidad: ¡menos mal que lo hice! La mayoría de cosas que cuenta sobre ese mundillo son fascinantes y, encima, se pueden aplicar a casi cualquier otro campo.

Si no te entusiasma, no lo hagas me hizo ver el sinsentido de querer buscar la inspiración para empezar algo. Cuando lo leas, entenderás a lo que me refiero exactamente. Además, el título del libro es uno de los mejores modelos mentales que existen para elegir bien.

Si le pides consejo a Derek, se puede pasar diez minutos pensando en silencio antes de contestarte. Alguien que hace eso merece ser leído. No da la primera respuesta que le viene a la cabeza, ni la misma que a todo el mundo. Busca dentro de su mente hasta encontrar el mejor consejo posible.

Derek Sivers ha ganado millones vendiendo sus libros, porque no le hacían falta. Ya había ganado millones antes de escribirlos. Ahora lo que quiere es ayudar al resto. Sobre todo, quiere compartir su forma de vivir tan diferente. Él fue quien me descubrió lo que es el altruismo eficaz, ya que los beneficios los dona. Igual que hizo con casi todo lo que ganó al vender por más de 20 millones de dólares su empresa CD Baby.

La mayoría de libros que existen en el mercado merecen que te saltes algún capítulo. Los de Sivers son la excepción que confirma la regla. Si te saltas uno, puedes perderte algo que no se repite y que podría cambiarte la vida. Además, al darte tantas ideas, te obliga a escoger y pensar por ti mismo. Nada de recetas mágicas y fáciles. A estas alturas, la mayoría sabemos que eso no funciona.

Podría estar todo el día hablando de los libros de Sivers porque cada libro es como veinte de cualquier otro escritor. Además, por mi amor a los libros y al aprendizaje, monté un pódcast y le dediqué dos episodios a sus libros. Fueron los más difíciles que he hecho nunca: tuve que descartar demasiadas buenas ideas. Sivers es la razón por la que sigo leyendo libros de no ficción. Así que, querido lector, empezar a leer este libro es una decisión de la que nunca te arrepentirás. Ojalá pudiera volver a la primera vez que los leí, ¡te tengo verdadera envidia!

Adrián Sussudio (autor del pódcast «Charlando con libros»)

1
LO QUE TÚ QUIERAS

40 lecciones para un nuevo tipo de emprendedor

ÍNDICE

Dedicado enteramente a Seth Godin.
Este libro solo existe porque él lo pidió.

DIEZ AÑOS DE EXPERIENCIA EN UNA HORA

De 1998 a 2008, viví la salvaje experiencia de empezar un pequeño hobby, convertirlo accidentalmente en un gran negocio y luego venderlo por veintidós millones de dólares. Así que ahora la gente quiere conocer mis pensamientos.

Me preguntan sobre esa experiencia, así que cuento historias sobre cómo fue para mí. Muchas de ellas tratan sobre todas las cosas que hice mal. Cometí algunos errores horribles.

La gente me pide consejo sobre cómo abordar situaciones en sus vidas o negocios, así que les explico cómo enfoco las cosas. Pero mi enfoque es solo una manera, y también podría argumentar en contra de la misma.

No estoy sugiriendo que los demás deberían ser como yo. Soy bastante inusual, así que lo que funciona para mí puede no funcionar para otros. Pero un número suficiente de personas pensó que valía la pena compartir mis historias y las filosofías que desarrollé a partir de esta experiencia, así que aquí estamos.

Esto es la mayor parte de lo que he aprendido en diez años, compactado en algo que se puede leer en una hora.

Espero que encuentres estas ideas útiles para tu propia vida o negocio. También espero que estés en desacuerdo con algunas de ellas. Entonces espero que me envíes un correo electrónico para contarme tu punto de vista diferente, porque esa es mi parte favorita de todas.

(Soy un estudiante, no un gurú).

¿CUÁL ES TU BRÚJULA?

La mayor parte de la gente no sabe por qué hace lo que hace. Imitan a los demás, se dejan llevar por la corriente y siguen caminos sin crear el suyo propio.

Pasan décadas persiguiendo algo que alguien les convenció de que debían querer, sin darse cuenta de que eso no les hará felices.

No llegues a tu lecho de muerte habiendo desperdiciado tu vida, lleno de arrepentimiento porque perseguiste pequeñas distracciones en lugar de grandes sueños.

Tienes que conocer tu filosofía personal sobre lo que te hace feliz y lo que vale la pena hacer.

Las siguientes historias, notarás, tienen algunos temas en común. Son mis reflexiones acerca de los diez años que pasé iniciando y haciendo crecer una pequeña empresa.

- Los negocios no son una cuestión de dinero. Se trata de hacer realidad los sueños de los demás y de uno mismo.
- Crear una empresa es una forma estupenda de mejorar el mundo a la vez que te mejoras a ti mismo.
- Cuando creas una empresa, creas una utopía. Es donde diseñas tu mundo perfecto.
- Nunca hagas nada solo por el dinero.
- No crees el negocio solo para tu propio beneficio. Responde a las necesidades de la gente.
- El éxito llega al mejorar e inventar persistentemente, no por promover persistentemente lo que no funciona.
- Tu plan de negocio es irrelevante. No sabes lo que la gente quiere realmente hasta que empiezas a hacerlo.
- Empezar sin dinero es una ventaja. No necesitas dinero para empezar a ayudar a la gente.
- No se puede complacer a todo el mundo, así que orgullosamente excluye a la gente.
- Hazte innecesario para el funcionamiento de tu negocio.
- El verdadero objetivo de hacer cualquier cosa es ser feliz, así que haz solo lo que te haga feliz.

¿Qué significan estas declaraciones? ¿Cuál es el contexto? ¿Cómo debes aplicarlas a tu propia situación?

Bueno... no me gusta hablar de mí mismo, pero para que las lecciones tengan sentido, tengo que contarte mi historia.

SOLO QUERÍA VENDER MI CD

Esta historia comienza en 1997. Yo era un músico profesional de veintisiete años. Me ganaba la vida tocando música, dando muchos conciertos por Estados Unidos y Europa, produciendo discos de otras personas, tocando en sus discos y dirigiendo un pequeño estudio de grabación. Incluso fui músico y maestro de ceremonias de un circo.

Mi cuenta bancaria siempre era baja, pero nunca estaba vacía. Gané suficiente dinero para comprar una casa en Woodstock, Nueva York.

Estaba viviendo el sueño de un músico.

Hice un CD con mi música y vendí mil quinientas copias en mis conciertos. Quería venderlo por Internet, pero no había empresas que vendieran música independiente por Internet. Ni una. Llamé a las grandes tiendas de discos online y todas me dijeron lo mismo: la única manera de que mi CD entrara en sus tiendas online era a través de un gran distribuidor.

La distribución de música era un jaleo horroroso. Conseguir un contrato de distribución era tan difícil como conseguir un contrato discográfico. Las distribuidoras tenían fama de llevarse miles de CD y pagarte un año después, si es que lo hacían. Los sellos discográficos con carteras abultadas compraban costosos escaparates promocionales, y el resto nos quedábamos en los cubos de basura. Si no vendías bien en los primeros meses, te echaban del sistema.

No es que los distribuidores fueran malos. Simplemente era un sistema horrible, y yo no quería tener nada que ver con eso.

Así que, cuando las grandes tiendas de discos en línea me dijeron que no podían vender mi CD directamente, pensé: «Al diablo. Voy a montar mi propia tienda online. ¡No será tan difícil!». ¡Pero fue difícil! En 1997, PayPal no existía, así que tuve que abrir una cuenta comercial para tarjetas de crédito, lo que me costó mil dólares de gastos de apertura y me llevó tres meses de trámites. El banco incluso tuvo que enviar a un inspector a mi local para asegurarse de que era un negocio legítimo. Luego tuve que averiguar cómo construir una tienda en línea. No sabía nada de programación, pero copié algunos ejemplos de un libro de programación, con mucho ensayo y error.

Finalmente, ¡por fin tuve un botón de «comprar ahora» en mi sitio web! En 1997 esto era algo grandioso.

Cuando les hablé a mis amigos músicos de mi botón de «comprar ahora», uno de ellos me preguntó: «¿Podrías vender también mi CD?».

Lo pensé un momento y dije: «Claro, no hay problema». Lo hice como un favor. Me llevó un par de horas añadirlo a mi sistema. Hice una página separada para su CD en el sitio web de mi banda.

Luego, otros dos amigos me preguntaron si podía vender sus CD. Entonces empecé a recibir llamadas de desconocidos que me decían: «Mi amigo Dave me dijo que podías vender mi CD». Las llamadas y los correos electrónicos siguieron llegando. Dije que sí a todos.

Dos populares líderes musicales en línea lo anunciaron en sus listas de correo. (Bryan Baker, de Gajoob, y David Hooper. ¡Gracias, chicos!) Otros cincuenta músicos se apuntaron.

Se suponía que esto era simplemente un favor que estaba haciendo para algunos amigos. Hmmm…

HAZ REALIDAD UN SUEÑO

La venta de los CD de mis amigos empezaba a ocuparme mucho tiempo. Me di cuenta de que, sin querer, había iniciado un negocio ¡Pero yo no quería montar un negocio! Ya estaba viviendo la vida de mis sueños como músico a tiempo completo. No quería que nada me distrajera de eso.

Así que pensé que, adoptando un enfoque utópico poco realista, podría evitar que el negocio creciera demasiado. En lugar de intentar hacerlo grande, iba a hacerlo pequeño. Era lo contrario de la ambición, así que tenía que pensar de forma opuesta a la ambición.

Escribí mi sueño utópico de llegar a un acuerdo de distribución desde mi punto de vista como músico. **En un mundo perfecto**, mi distribuidor...

1. Me pagaría cada semana.
2. Me mostraría el nombre completo y la dirección de todos los que compraron mi CD. (Porque esos son mis fans, no son los del distribuidor).
3. Nunca me descatalogaría por no vender lo suficiente. (Aunque solo venda un CD cada cinco años, estará ahí para que alguien lo compre).
4. Nunca permitiría pagos por mostrar un CD a más personas. (Porque no es justo para los que no pueden pagarlo).

¡Eso es! Esa era mi misión. Me gustaba. Era un pasatiempo digno. Lo llamé CD Baby, y puse los CD de mis amigos allí.

Esos cuatro puntos eran como una declaración de intenciones. Los escribí en el sitio web, hablé de ellos en todas las conferencias y me aseguré de que todas las personas con las que trabajaba los conocieran.

El punto clave es que no estaba tratando de hacer un gran negocio. Solo fantaseaba sobre cómo sería una pequeña cosa en un mundo perfecto.

Cuando creas una empresa, consigues crear un pequeño universo donde controlas todas las leyes. **Esta es tu utopía.**

Cuando lo conviertas en un sueño hecho realidad para ti, también lo será para otra persona.

UN MODELO DE NEGOCIO CON SOLO DOS NÚMEROS

Como le sucede a la mayoría de la gente, no tenía ni idea de cuánto cobrar.

Así que fui a la tienda de discos local de Woodstock, donde tenían algunos CD de músicos locales en el mostrador. Le pregunté a la mujer de la tienda: «¿Cómo funciona si vendo mi CD aquí?».

Me dijo: «Tú fijas el precio de venta en lo que quieras. Nosotros nos quedamos con una comisión de cuatro dólares. Y te pagamos cada semana».

Así que me fui a casa y escribí en mi nuevo sitio web cdbaby.com: «Tú fijas el precio de venta en lo que quieras. Nosotros nos quedamos con una comisión de cuatro dólares. Y te pagamos cada semana».

Pensé que si a ella le funcionaba, a mí también.

Como me llevaba unos cuarenta y cinco minutos de trabajo añadir un nuevo álbum al sitio, también tuve que cobrar veinticinco dólares por álbum como compensación por mí tiempo. (Eso te demuestra cuanto consideraba que valía mí tiempo en esos momentos) Unos días más tarde, me di cuenta de que treinta y cinco dólares era más o menos lo mismo que veinticinco dólares, así que aumenté el precio a treinta y cinco dólares por álbum, lo que me permitía hacer descuentos y seguir obteniendo beneficios.

¡Y eso es todo! Seis años y diez millones de dólares más tarde, esas mismas dos cifras eran la única fuente de ingresos de la empresa: una cuota de apertura de treinta y cinco dólares y un descuento de cuatro dólares por cada CD vendido.

Un plan de negocio nunca debería llevar más de unas horas de trabajo. A ser posible, no más de unos minutos. Los mejores planes empiezan siendo sencillos. Un vistazo rápido y el sentido común deberían indicarte si los números funcionarán. El resto son detalles.

ESTO NO FUE UNA REVOLUCIÓN

Cinco años después de poner en marcha CD Baby, cuando fue un gran éxito, los medios de comunicación dijeron que había revolucionado el negocio de la música.

Pero «revolución» es un término que la gente utiliza solo cuando tienes éxito. Antes de eso, eres una persona extraña que hace las cosas de forma diferente.

La gente cree que la revolución tiene que implicar fuertes provocaciones, puños en el aire y derramamiento de sangre.

Pero si crees que el verdadero amor se ve como el de Romeo y Julieta, pasarás por alto una gran relación que crece lentamente.

Si crees que el propósito de tu vida tiene que golpearte como un rayo, pasarás por alto las pequeñas cosas del día a día que te fascinan.

Si crees que la revolución tiene que parecer una guerra, pasarás por alto la importancia de simplemente servir mejor a la gente.

Cuando se te ocurra algo grandioso, no te parecerá una revolución. Lo sentirás como un sentido común poco habitual.

SI NO ES UN ÉXITO, CAMBIA

Por primera vez en mi vida, había hecho algo que la gente realmente quería.

Antes de eso, había pasado doce años intentando promocionar mis diversos proyectos. Probando todos los enfoques de marketing. Hacer contactos, hacer presentaciones, publicitar. Siempre me pareció una batalla cuesta arriba, tratando de abrir las puertas que te cerraban en las narices o jamás te abrían. Avancé, pero solo con un gran esfuerzo.

Pero ahora… ¡Guau! Era como si hubiera escrito una canción de éxito. Un compositor puede escribir cientos de canciones y, de repente, una de ellas resuena realmente en la gente y se convierte en un éxito. ¿Quién sabe por qué? No es que sea necesariamente mejor. Pero, por alguna circunstancia aleatoria o una combinación mágica de ingredientes, a la gente le encanta.

Una vez que tienes un *hit,* de repente todas las puertas cerradas se abren de par en par. A la gente le gusta tanto ese *hit* que parece promocionarse solo. En lugar de intentar crear una demanda, estás gestionando la enorme demanda.

¿Cuál es la lección aprendida aquí?

Todos hemos oído hablar de la importancia de la persistencia. Pero yo lo había entendido mal.

El éxito viene de mejorar e inventar persistentemente, no de hacer persistentemente lo que no funciona.

Todos tenemos muchas ideas, creaciones y proyectos. Cuando presentas una al mundo y no es un éxito, no sigas impulsándola tal cual. En su lugar, vuelve a mejorar e inventar.

Presenta cada nueva idea o mejora al mundo. Si varias personas dicen: «¡Vaya! ¡Necesito esto! Estaría encantado de pagarte por hacer esto», entonces, probablemente, deberías hacerlo. Pero **si la respuesta es menos entusiasta, no lo hagas.**

No pierdas años luchando contra puertas cerradas. Mejora o inventa hasta conseguir esa gran respuesta.

SI NO TE ENTUSIASMA, NO LO HAGAS

Utiliza esta regla si estás demasiado ocupado o muy disperso.

Si no dices «¡SÍ!» con mucho entusiasmo sobre algo, mejor di que no.

Cuando decidas hacer algo, si sientes algo menos que «¡Guau! ¡Eso sería increíble! ¡Por supuesto! ¡Absolutamente SÍ!», entonces di que no.

Cuando dices que no a la mayoría de las cosas, dejas espacio en tu vida para lanzarte por completo a esa cosa extraña que te hace decir «Claro que SÍ!».

Cada evento al que te invitan. Cada solicitud para iniciar un nuevo proyecto. Si no dices rápidamente «¡Claro que SÍ!», mejor di que no.

Todos estamos ocupados. Todos hemos asumido demasiadas cargas. Decir sí a menos cosas es la solución.

DE REPENTE, MI PLAN CAMBIÓ POR COMPLETO

Cuando empecé con CD Baby, pensé que era solo un servicio de procesamiento de tarjetas de crédito.

Se suponía que era un sitio web que los músicos utilizarían para decir: «Ve aquí a comprar mi CD». Solo había que hacer clic para comprar, cargar la tarjeta y volver al sitio web del músico. Algo así como PayPal, pero esto fue dos años antes de que se inventara PayPal.

El día que lancé cdbaby.com, mi segundo cliente fue un tipo de los Países Bajos. Una semana más tarde me envió un correo electrónico para preguntarme: «¿Alguna novedad?».

¿Novedades? No lo entendí. Le pregunté por qué quería saber qué nuevas personas están utilizando mi servicio para cobrar las tarjetas de crédito.

Me contestó: «Oh, lo siento. Pensé que era una tienda».

¿Una tienda? ¡Oh! Interesante ¡Cree que soy una tienda! Yo no lo había pensado así. Tal vez si lo montara como una tienda, haría un favor aún mayor a mis amigos, al conseguir que unos completos desconocidos también compraran su música.

Y así, mi plan cambió por completo.

Cinco años después, Apple nos pidió que fuéramos distribuidores digitales. Yo no había pensado en eso. Pero dije que sí.

Y así, mi plan volvió a cambiar por completo.

Cada vez que creas saber lo que va a hacer tu nuevo negocio, recuerda: **Ningún plan sobrevive al primer contacto con el cliente.**

LA VENTAJA DE NO TENER FINANCIACIÓN

No tener financiación fue una gran ventaja para mí.

Un año después de empezar con CD Baby, se produjo la burbuja puntocom. Cualquiera con un poco de labia y medio plan recibía millones de dólares de los inversores. Era una situación absurda.

La mayoría de los empresarios que conocí te hablarían de sus negocios hablando de su segunda ronda de financiación, de su elegante servidor de base de datos con cifrado, replicación y balanceo de carga, de su equipo de desarrollo de veinte personas, de su bonita oficina en el centro de la ciudad con una mesa de billar, y sus fiestas de promoción semanales. Cuando preguntabas a qué se dedicaba realmente la empresa, no podían explicarlo con claridad.

Entonces hablaban de LOI, ROI, NDAs, IPOs, y todo tipo de cosas que tampoco tenían nada que ver con ayudar a la gente.

Me alegro mucho de no haber tenido inversores. No tenía que complacer a nadie más que a mis clientes y a mí mismo. No me esforcé por nada más que mis clientes.

Cada semana recibía llamadas de empresas de inversión que querían invertir en CD Baby. Mi respuesta inmediata era siempre «No, gracias».

Decían: «¿No quieres expandirte?».

Yo decía: «No. Quiero que mi negocio sea más pequeño, no más grande». Eso siempre terminaba la conversación.

Al no tener dinero para malgastar, nunca se malgasta el dinero.

Como no podía permitirme un programador, fui a la librería y conseguí un libro de veinticinco dólares sobre programación PHP y MySQL. Luego me senté y aprendí, sin experiencia en programación. La necesidad fue una gran maestra.

Incluso años más tarde, los escritorios eran solo tablas de madera sobre bloques de hormigón de la ferretería. Los ordenadores de la oficina los hice yo mismo a partir de piezas. Mis amigos, bien financiados, se gastaban cien mil dólares para comprar algo que yo mismo había hecho por mil dólares. Lo hacían diciendo «necesitamos lo mejor», pero eso no mejoraba nada para los clientes.

No olvides nunca que absolutamente todo lo que haces es para tus clientes. Toma todas las decisiones —incluso las relativas a la ampliación de la empresa, la recaudación de fondos o ascender a alguien— en función de lo que sea mejor para tus clientes.

Si alguna vez no estás seguro de qué priorizar, simplemente haz a tus clientes la pregunta abierta: «¿Cómo puedo ayudarte mejor ahora?». A continuación, céntrate en satisfacer esas peticiones.

Ninguno de tus clientes te pedirá que dirijas tu atención a la expansión. Quieren que mantengas tu atención centrada en ellos.

Es contrario a la intuición, pero la forma de hacer crecer tu negocio **es centrarte por completo en tus clientes actuales**. Emociónalos, y ellos se lo contarán a todo el mundo.

EMPIEZA AHORA. NO NECESITAS FINANCIACIÓN

Ten cuidado cuando alguien (incluyéndote) diga que quiere hacer algo grande, pero que no puede hacerlo hasta que no consiga dinero.

Suele significar que están más enamorados de la idea de ser grandes, grandes, grandes, que de hacer algo realmente útil. Para que una idea llegue a ser grande, grande, grande, tiene que ser útil. Y ser útil no requiere financiación.

Si quieres ser útil, siempre puedes empezar ahora, con solo el 1 % de lo que tienes en tu gran visión. Será una humilde versión prototipo de tu gran visión, pero estarás en el juego. **Estarás por delante del resto, porque realmente has empezado**, mientras que otros están esperando a que la línea de meta aparezca mágicamente en la línea de salida.

Por ejemplo, supongamos que tienes la visión de crear una cadena internacional de ilustres escuelas modernas. Te la imaginas como una organización enorme que cambie el mundo, con cientos de empleados, docenas de oficinas y tecnología cara. Pero, en lugar de esperar a eso, empiezas por enseñar algo a alguien esta semana. Encuentra a alguien que pague por aprender algo, queda con él en cualquier sitio y empieza. No serás más que tú, un alumno y un cuaderno, pero estarás en el negocio, y podrás hacerlo crecer a partir de ahí.

Si quieres crear un servicio de recomendación de películas, empieza por decirles a tus amigos que te llamen para que les recomiendes películas. Cuando encuentres una película que les guste a tus amigos, que te inviten a una copa. Haz un seguimiento de lo que has recomendado y de lo que les ha gustado a tus amigos, y mejora a partir de ahí.

¿Quieres crear una nueva aerolínea? La próxima vez que estés en el aeropuerto cuando se cancele un vuelo, ofrece a todos los que estén en la puerta de embarque alquilar una avioneta para volar a su destino repartiéndose entre ellos los gastos. Así es como Richard Branson puso en marcha Virgin Airlines.

Empezar con algo pequeño hace que el 100 % de tu energía se dedique a resolver problemas reales de personas reales. Te da una base más sólida desde la que crecer. Elimina la burocracia de las grandes infraestructuras y ve directamente al grano. Eso te permitirá cambiar tu plan en un instante, ya que estarás trabajando estrechamente con esos primeros clientes que te dirán lo que realmente necesitan.

Como ya había creado un sitio web para mi propio CD, la primera versión de cdbaby.com me llevó solo unos días, y era muy simple. Era una lista de unos cuantos CD, cada uno con un botón de «COMPRAR AHORA». Al hacer clic en él, el CD se colocaba en la cesta y se pedían los datos. Cuando introducías tus datos, el sitio me los enviaba por correo electrónico.

Eso es todo. Durante el primer año, eso es todo lo que hizo el sitio, y eso es todo lo que necesitaba para ser rentable.

Solo gasté quinientos dólares para empezar con CD Baby. El primer mes gané trescientos dólares. Pero el segundo mes gané setecientos dólares, y fue rentable todos los meses siguientes.

Así que no, tu idea no necesita financiación para empezar. Tampoco necesitas títulos educativos, un gran cliente en particular, el respaldo de cierta persona, un golpe de suerte o cualquier otra excusa común para no empezar.

EL MODELO DE NEGOCIOS COOPERATIVO: COMPARTE LO QUE TIENES

El único negocio al que me he dedicado es el modelo cooperativo/de compartir. Funciona así:

1. Tienes algo que la gente quiere. Puede ser algo que poseas, algo que hayas aprendido a hacer, o el acceso a recursos, espacio o personas.
2. Encuentra la manera de compartirlo con todos los que lo necesiten. No necesariamente con fines lucrativos, sino simplemente porque es lo que harías por tus amigos, y es lo correcto.
3. Si te cuesta un poco de esfuerzo compartirlo, cobra algo por tu esfuerzo, para asegurarte de que puedas continuar haciéndolo.

Mis ejemplos:

Formularios de derechos de autor: En 1994, la oficina de derechos de autor de EE.UU. todavía no tenía sus formularios de derechos de autor en línea. Para obtener los derechos de autor de tu canción, tenías que enviar una carta a Washington DC para pedirles que te enviaran los formularios en blanco. Así que escaneé los formularios y los puse en mi sitio web de forma gratuita. Durante los dos años siguientes, mi sitio era el único lugar donde se podían obtener esos formularios en línea.

Instrucciones para registrar marcas comerciales: En 1995, aprendí a registrar el nombre de mi banda. Me costó muchas horas de trabajo entender la jerga legal, pero lo conseguí. Escribí las instrucciones paso a paso y las coloqué en el sitio web de mi banda de forma gratuita. Durante años, fue el recurso al que acudían los músicos que querían registrar su nombre.

Códigos de barras UPC[1]: En 1996, tenía un pequeño sello discográfico, así que conseguí una cuenta de código de barras UPC, que me permitía poner códigos de barras UPC únicos en mis CD. Tuve que pagar setecientos cincuenta dólares al *Universal Code Council* para conseguir una cuenta de empresa, pero eso significaba que podía crear cien mil productos bajo mi cuenta. Los amigos músicos me preguntaron cómo, así que les mostré cómo, pero también les dije que podían usar uno de los míos. Al principio, lo hacía gratis, como un favor, hasta que los amigos empezaron a enviarme desconocidos. Como generar el número, crear el código de barras y mantener los registros me llevó algo de trabajo, cobré veinte dólares. En los doce años siguientes, eso me hizo ganar unos dos millones de dólares.

CD Baby: En 1997, compartir mi cuenta comercial de cobros con tarjeta de crédito me llevó a crear CD Baby. Durante los siguientes doce años, eso me hizo ganar veinte millones de dólares.

Web hosting: Para 1999, ya había aprendido mucho sobre el hospedaje de sitios web. Linux, Apache, PHP, SQL, FTP, DNS, SMTP, etc. Lo había hecho para mis propios sitios y había comprado mis propios servidores. Así que cuando los amigos se quejaban de su actual compañía de alojamiento web, yo los alojaba en mis servidores. Al principio, lo hice

---

1. Nota de la traductora: UPC es la sigla en inglés del Código Universal de Producto, una simbología de código de barras que se utiliza ampliamente en países de habla inglesa para rastrear artículos comerciales en las tiendas.

gratis, como un favor, hasta que se llenó mi servidor. Como cada servidor me costaba trescientos dólares al mes, cobraba veinte dólares al mes. Durante los siguientes nueve años, eso me generó unos cinco millones de dólares.

Ninguna de estas cosas parecía una aventura empresarial, al menos al principio. Todas ellas eran **simplemente compartir algo que yo ya tenía.**

La gente me pregunta a menudo si tengo alguna sugerencia sobre el tipo de negocio al que deberían dedicarse. Les digo lo único que sé recomendar:

Empieza por compartir lo que tengas.

LAS IDEAS SON SOLO UN MULTIPLICADOR DE LA EJECUCIÓN

Es muy gracioso cuando oigo a la gente ser tan protectora con las ideas. Gente que quiere que firme un acuerdo de confidencialidad para contarme la idea más simple.

Para mí, las ideas no valen nada si no se ejecutan. Son solo un multiplicador. La ejecución vale millones.

Explicación:

IDEA DESAGRADABLE	= –1
IDEA DÉBIL	= 1
IDEA MÁS O MENOS	= 5
BUENA IDEA	= 10
GRAN IDEA	= 15
IDEA BRILLANTE	= 20

SIN EJECUCIÓN	= $1
EJECUCIÓN DÉBIL	= $1000
EJECUCIÓN MEDIOCRE	= $10,000
BUENA EJECUCIÓN	= $100,000
GRAN EJECUCIÓN	= $1,000,000
BRILLANTE EJECUCIÓN	= $10,000,000

Para hacer un negocio, hay que multiplicar los dos.
La idea más brillante, sin ejecución, vale veinte dólares. La idea más brillante requiere una gran ejecución para valer veinte millones de dólares

Por eso no quiero escuchar las ideas de la gente. No me interesan hasta que veo su ejecución.

LAS FORMALIDADES JUEGAN CON EL MIEDO. RECHÁZALAS CON VALENTÍA

Un año después de empezar con CD Baby, cuando iba bastante bien, recibí una llamada de un amigo que estaba montando su propio negocio similar.

Me dijo: «¿Tienes algún consejo sobre cómo hacer nuestros «Términos y Condiciones» y «Política de Privacidad» en el sitio web? ¿A qué abogado recurriste para ello?».

Dije: «¿Eh? No tengo nada de esas cosas legales. Nunca he contratado a un abogado».

Sorprendido, dijo: «¡Es una locura! ¿Y si un niño te compra un CD y luego se suicida? ¿Y si te demandan por eso?».

Dije: «Entonces ninguna estúpida nota legal a pie de página me protegería de todos modos, así que me preocuparé si ocurre».

¿Te apasionan las páginas de «Términos y condiciones» y «Política de privacidad» de otros sitios web? ¿Las has leído siquiera? Si no es así, ¿por qué vas a poner esa basura en tu sitio web?

Después de que CD Baby llegara a tener cincuenta empleados, todos los agentes de servicios de empresa a empresa empezaron a insistirme en que necesitaba un plan oficial de revisión de los empleados, formación en materia de sensibilidad, publicación de los «Términos y Condiciones» y toda esa basura corporativa.

Me dio mucha alegría decir que no a todo eso.

No hay que olvidar que hay miles de negocios, como *Jim's Fish Bait Shop* en una choza en una playa en algún lugar, que están teniendo mucho éxito sin las formalidades corporativas.

A medida que tu negocio crezca, no dejes que las sanguijuelas te engatusen con todo eso que pretenden que necesitas.

Se aprovecharán de tus miedos y te dirán que necesitas este material para protegerte de las demandas. Te asustarán con los peores escenarios. Pero eso son solo tácticas de venta. **No necesitas nada de eso.**

LA FUERZA DE TENER MUCHOS CLIENTES PEQUEÑOS

Muchos pequeños empresarios piensan: «Si pudiéramos conseguir a Apple, Google o al gobierno como cliente, estaríamos salvados».

Las empresas de software suelen hacer esto. Esperan crear una tecnología que una gran empresa querrá incorporar a todos sus productos o instalar en el escritorio de todos sus empleados.

Pero este enfoque tiene muchos problemas:

- Tienes que adaptar tu producto para complacer a muy pocas personas en concreto.
- Esas personas pueden cambiar de opinión o dejar la empresa.
- ¿Para quién trabajas realmente? ¿Eres autónomo o este cliente es tu jefe?
- Si consigues el gran cliente, prácticamente le perteneces.

- De tanto intentar complacer al gran cliente, se pierde el contacto con lo que quiere el resto del mundo.

En cambio, imagina que diseñas tu negocio para **no tener grandes clientes, sino muchos pequeños.**

- No es necesario cambiar lo que haces para complacer a un cliente, sino a la mayoría (o a ti mismo).
- Si un cliente tiene que irse, no pasa nada. Puedes desearles sinceramente lo mejor.
- Porque ningún único cliente puede exigirte que hagas lo que ellos dicen, tú eres tu propio jefe. Simplemente, mantén a los clientes contentos en general.
- Escuchas las opiniones de cientos de personas y te mantienes en contacto con lo que quiere la mayoría.

Gran parte del negocio de la música es en realidad el negocio de las estrellas, gente que espera colgarse del éxito de una gran celebridad. Pero yo no quería tener nada que ver con eso, por esas mismas razones.

Cuando construyes tu negocio sobre la base de servir a miles de clientes, no a docenas, no tienes que preocuparte de que un cliente se vaya o haga peticiones especiales. Si a la mayoría de tus clientes les gusta lo que haces, pero a uno no, puedes decirle adiós y desearle lo mejor, sin rencores.

DEJA DE LADO ORGULLOSAMENTE A ALGUNAS PERSONAS

Sabes que no puedes complacer a todo el mundo, ¿verdad?

Pero fíjate que la mayoría de las empresas intentan ser todo para todos. Y se preguntan por qué no pueden captar la atención de la gente.

Tienes que dejar de lado, con seguridad, a algunas personas y decir orgullosamente lo que no eres. Al hacerlo, te ganarás el corazón de las personas que sí quieres.

Cuando CD Baby se hizo popular, recibí llamadas de sellos discográficos que querían incluir a sus artistas más novedosos en nuestro sitio.

Yo decía: «No. No aceptamos».

Los chicos de las discográficas decían: «¿Eh? ¿Cómo que no aceptan? Ustedes son una tienda de discos. Nosotros somos un sello discográfico».

Yo decía: «Puedes vender en cualquier otro sitio. Este es un lugar solo para independientes: músicos que decidieron no ceder sus derechos a una corporación. Para asegurarnos de que estos músicos reciben la máxima exposición que merecen, no se admiten músicos de grandes sellos».

El mundo es muy grande. Puedes dejar de lado al 99 %.

Ten la confianza de saber que cuando tu 1 % sepa que estás dejando de lado al otro 99 %, las personas de ese 1 % acudirán a ti porque **has demostrado lo mucho que les valoras.**

¿POR QUÉ NO PERMITIR LA PUBLICIDAD?

Recibí una llamada de un vendedor de publicidad, diciendo que le gustaría poner anuncios en la parte superior e inferior de cdbaby.com.

Dije: «De ninguna manera. Ni hablar. Sería como poner una máquina de refrescos en un monasterio. No voy a hacer eso para ganar dinero».

Preguntó: «Pero eres un negocio. ¿Qué quieres decir con que no quieres ganar dinero?».

Le dije: «Solo trato de ayudar a los músicos. CD Baby tiene que cobrar dinero para mantenerse, pero el dinero no es lo importante. **No hago nada por el dinero**».

Esto se remonta al ideal utópico de por qué estamos haciendo lo que hacemos en primer lugar.

En un mundo perfecto, ¿tu sitio web estaría cubierto de publicidad?

Cuando preguntas a tus clientes qué mejoraría tu servicio, ¿alguien ha dicho: «Por favor, llena tu sitio web con más publicidad»?

No. Entonces no lo hagas.

SI SOLO EL UNO POR CIENTO DE ESAS PERSONAS...

Un músico había fabricado diez mil copias de su CD, en previsión de los diez mil pedidos que seguramente llegarían esa semana.

Había comprado un anuncio de un cuarto de página en la contraportada de una revista con una tirada de un millón de ejemplares.

No paraba de decir: «Si solo el uno por ciento de la gente que lee esta revista compra mi CD, ¡serán diez mil copias! Y eso es solo el uno por ciento».

Compró diez mil sobres acolchados y etiquetas de correo. Convirtió su garaje en un gran centro de embalaje.

No paraba de decir: «¡Quizá podamos conseguir un 10 %! ¡Eso son cien mil! Pero en *el peor* de los casos, si solo se consigue el 1 %, ¡siguen siendo diez mil!».

Salió el número de la revista y… nada. Compró un número. Ahí estaba su anuncio. ¡Pero los pedidos no llegaban! ¿Algo iba mal? No. Lo probó. Todo funcionaba.

En las siguientes semanas recibió cuatro pedidos. Sí, un total de cuatro CD vendidos.

Olvidó que había un número inferior al 1 %.

Pienso en esto cada vez que oigo planes de negocio que dicen: «Con más de diez mil millones de iPhones vendidos, seguro que nuestra aplicación…».

ESTA ES SOLO UNA DE LAS MUCHAS OPCIONES

Solía tomar clases de canto con un gran profesor llamado Warren Senders. Para cada lección, llevaba una canción que quería mejorar. Primero, la cantaba para él como estaba escrita. Luego me decía: «Bien, ahora sube una octava».

«Uh… ¿subir una octava? ¡Pero si no puedo cantar tan alto!». «¡No me importa! ¡Hazlo de todos modos! ¡Adelante! 1… 2… 3… 4…».

Volvía a cantar toda la canción, en falsete chirriante, como un ratón asfixiado.

Entonces decía: «Bien, ahora hazlo una octava más abajo». «¿Bajar una octava? Pero no creo que pueda». «¡No importa! Vamos. 1… 2… 3… 4…».

Sonaba como un triturador de basura o una cortadora de césped, pero me hacía cantar toda la canción de esa manera.

Luego me hacía cantar el doble de rápido. Luego el doble de lento. Luego como Bob Dylan. Luego como Tom Waits. Luego me decía que la cantara como si fueran las cuatro de la mañana y un amigo me despertara. Luego me daba muchos otros escenarios.

Después de todo esto, decía: «¿Y ahora cómo iba esa canción?».

Era la prueba de que lo que yo creía que era «el único» camino de la canción era en realidad una de las infinitas opciones.

Años más tarde, asistí a una clase de emprendimiento. Analizamos un plan de negocio para una empresa de venta por correo de medias de nailon. Como todos los planes de negocio, **solo proponía un plan.**

Después de leerlo todo, me entraron ganas de decir cosas que hubiera dicho mi antiguo profesor de canto:

«Bien, haz un plan que solo requiera mil dólares. ¡Vamos!».

«Ahora haz un plan para diez veces más clientes. ¡Vamos!».

«Ahora hazlo sin un sitio web. ¡Vamos!».

«Ahora haz que todas tus suposiciones iniciales sean erróneas, y que funcione de todos modos. ¡Vamos!».

«Ahora muestra cómo lo franquiciarías. ¡Vamos!».

No puedes pretender que haya una sola manera de hacerlo. Tu primera idea es solo una de las muchas opciones. **Ningún negocio sale como está previsto,** así que haz diez planes radicalmente diferentes. Darte cuenta de que la opción inicial que tomaste era solo una de las muchas que existen aporta sabiduría y perspicacia a tu negocio.

Lo mismo ocurre con tu actual camino en la vida:

Ahora vives en Nueva York, obsesionado con el éxito. ¡Vamos!

Ahora eres un espíritu libre, viajando como mochilero por Tailandia. ¡Vamos!

Ahora eres un extrovertido seguro de sí mismo y todo el mundo te quiere. ¡Vamos!

Ahora estás casado y tus hijos son tu vida. ¡Vamos!

Ahora pasas unos años en relativa reclusión, leyendo y caminando. ¡Vamos!

NO NECESITAS UN PLAN NI UNA VISIÓN

¿Tienes un gran plan maestro sobre cómo funcionará el mundo dentro de veinte años? ¿Tienes la enorme ambición de revolucionar tu sector?

No te sientas mal si no lo tienes. Yo nunca lo tuve.

Un año y medio después de empezar con CD Baby, solo éramos John, mi primer empleado, y yo, gestionando la empresa desde mi casa.

Una noche, decidí que debía pensar más en el futuro a largo plazo. Me senté con mi diario durante unas horas de introspección. Después, le escribí a John un correo electrónico que decía así:

«Creo que existe la posibilidad de que esto sea enorme algún día, así que será mejor que empecemos a prepararnos para ello ahora. Quiero decir que algún día podríamos tener *mil* artistas. Podríamos necesitar un tercer empleado. Necesitaríamos tres ordenadores, y tendríamos que averiguar cómo conectarlos en red. Incluso tendríamos que empezar a trasladar los CD al garaje, ya que con el tiempo podrían llenar el salón. Sí, sé que suena grandioso, pero creo que las cosas van por ahí».

Años después, cuando ya tenía cien mil artistas y ochenta y cinco empleados, John solía reírse de ese correo que le envié en 1999.

Los periodistas me preguntaban: «¿Cuál es tu objetivo a largo plazo?». Yo respondía: «No tengo ninguno. Hace tiempo que superé mis objetivos. Solo trato de ayudar a los músicos con lo que necesitan hoy».

Así que, por favor, no pienses que necesitas una gran visión. Simplemente **céntrate en ayudar a la gente hoy.**

¿CÓMO TE EVALÚAS?

Todos nos evaluamos con diferentes medidas:

Para algunas personas, es tan simple como la cantidad de dinero que ganan. Cuando su patrimonio neto aumenta, saben que lo están haciendo bien.

Para otras, es la cantidad de dinero que dan.

Para algunas personas, es la cantidad de vidas que pueden mejorar.

Para otras, es lo mucho que pueden influir en la vida de unas pocas personas.

Para mí, es la cantidad de cosas útiles que puedo crear, ya sean canciones, empresas, artículos, sitios web o cualquier otra cosa. Si creo algo que no es útil para los demás, no cuenta. Pero tampoco me interesa hacer algo útil si no necesita mi aportación creativa.

¿Cómo te evalúas a ti mismo?

Es importante saberlo de antemano, para asegurarte de que te centras en **lo que es honestamente importante para ti**, en lugar de hacer lo que otros creen que debes hacer.

ECHO DE MENOS A LA MAFIA

Estaba en Las Vegas para una conferencia, tomando un taxi desde el aeropuerto hasta el hotel.

Le pregunté al conductor: «¿Cuánto tiempo has vivido aquí?». Me dijo: «Veintisiete años».

«¡Vaya! Han cambiado muchas cosas desde entonces, ¿eh?». «Sí. Echo de menos a la mafia».

«¿Eh? ¿En serio? ¿Qué quieres decir?».

«Cuando la mafia dirigía esta ciudad, era divertido. Solo había dos cifras que importaban: cuánto entraba y cuánto salía. Mientras entrara más dinero del que salía, todos estaban contentos. Pero entonces toda la ciudad fue comprada por estas malditas corporaciones llenas de comadrejas con másteres de negocios que microgestionan, tratando de maximizar el beneficio de cada metro cuadrado de superficie. Ahora, el lugar que solía poner kétchup en mi hamburguesa, me dice que serán veinticinco centavos más por el kétchup. ¡Le han quitado toda la alegría a esta ciudad! Sí… Echo de menos a la mafia».

(Seguro que podríamos encontrar varios problemas con la mafia, pero dejémoslo en una metáfora y una lección).

Conté esta historia muchas veces en CD Baby. Los tipos de negocios me preguntaban: «¿Cuál es tu tasa de crecimiento? ¿Cuál es tu tasa de ganancias retenidas como porcentaje del bruto? ¿Cuáles son tus proyecciones?».

Simplemente decía: «No tengo ni idea. Ni siquiera sé lo que significan algunas de esas cosas. Empecé esto como un hobby para ayudar a mis amigos, y esa es la única razón por la que existe. Hay dinero en el banco y me va bien, así que no te preocupes».

Me decían que, si lo analizaba mejor, podría maximizar la rentabilidad.

Entonces les contaba lo del taxista de Las Vegas.

Nunca olvides por qué haces lo que haces. ¿Estás ayudando a la gente?

¿Son felices? ¿Estás contento tú? ¿Es rentable? ¿No es eso suficiente?

PUEDES PERMITIRTE SER GENEROSO

Tu negocio está asegurado. Incluso si no lo está, tienes que sentir que lo está. El dinero te llega. Te va bien. Eres uno de los afortunados. La mayoría de la gente no es tan afortunada. Puedes permitirte ser generoso. **Todo gran servicio proviene de este sentimiento de generosidad y abundancia.**

Piensa en todos los ejemplos de gran servicio que has encontrado: rellenar el café gratis, dejarte usar los baños aunque no seas cliente, leche y azúcar extra si lo necesitas, y un empleado que pasa una hora entera contigo para responder a todas tus preguntas.

Contrasta eso con todas las malas experiencias que has tenido: no dejarte usar los baños sin hacer una compra, cobrar veinticinco céntimos más por el ketchup, y vendedores que no te dedican ni un minuto de su tiempo porque no parece que tengas mucho dinero.

Todo mal servicio proviene de una mentalidad de escasez. Actúan como si fueran a quebrar si no protegen ferozmente su cuenta de resultados. El pensamiento a corto plazo de la supervivencia desesperada bloquea el pensamiento a largo plazo de la estrategia inteligente.

Si realmente te sientes seguro y abundante —que tienes mucho que compartir—, este sentimiento de generosidad fluirá en todas tus interacciones con los clientes. Dales devoluciones. Dales atención. Acepta una pequeña pérdida. Puedes permitírtelo.

Por supuesto, también es un negocio inteligente. Perder veinticinco céntimos en un sobrecito de kétchup puede significar ganar la lealtad de un cliente que gastará mil dólares contigo en los próximos diez años y que le dirá a veinte amigos que tú eres increíble.

PREOCÚPATE POR TUS CLIENTES MÁS QUE POR TI MISMO

En una conferencia en Los Ángeles, alguien del público me preguntó: «¿Qué pasaría si cada músico creara su propia tienda en su propio sitio web? Eso sería la muerte de CD Baby, ¿cómo piensas impedirlo?».

Le dije: «Sinceramente, no me importa CD Baby. Solo me importan los músicos. Si algún día los músicos ya no necesitan CD Baby, ¡genial! Lo cerraré y volveré a hacer música».

Estaba sorprendido. Nunca había oído a un empresario decir que no le importaba la supervivencia de su empresa.

Para mí, es de sentido común. Por supuesto, debes preocuparte por tus clientes más que por ti mismo. ¿No es esa la regla número uno de la prestación de un buen servicio? Se trata **de ellos, no de ti.**

Pero incluso las empresas bienintencionadas quedan atrapadas accidentalmente en el modo de supervivencia. Una empresa se pone en marcha para resolver un problema. Pero si el problema estuviera realmente resuelto, esa empresa ya no sería necesaria. Así que la empresa mantiene el problema para poder seguir resolviéndolo a cambio de una cuota. Cualquiera que esté en el negocio para venderte una cura no está motivado para centrarse en la prevención.

Es como las grandes fábulas en las que el héroe debe estar dispuesto a morir para salvar la situación. Tu empresa debe estar dispuesta a morir por tus clientes.

Ese es el Tao de los negocios: Preocúpate por tus clientes más que por ti mismo, y te irá bien.

COMO SI NO NECESITARAS EL DINERO

A los bancos les encanta prestar dinero a quienes no lo necesitan.

A los sellos discográficos les encanta firmar con músicos que no necesitan su ayuda.

La gente se enamora de personas que no les dan ni la hora.

Es una extraña ley del comportamiento humano. Es bastante universal.

Si estableces tu negocio como si no necesitaras el dinero, la gente estará más contenta de pagarte.

Cuando alguien hace algo por dinero, la gente lo percibe **como un amante desesperado. Es algo que desencanta.**

Cuando alguien hace algo por amor, siendo generoso en lugar de tacaño, confiado en lugar de temeroso, se activa esta ley: Queremos dar a los que dan.

Es otro Tao de los negocios: Monta tu negocio como si no necesitaras el dinero, y es probable que te llegue.

EL SERVICIO AL CLIENTE LO ES TODO

Sinceramente, me sorprendió que CD Baby tuviera un éxito tan arrollador. Pero me sorprendió aún más saber por qué.

Cada vez que asistía a un evento, escuchaba a los músicos decir a otros músicos por qué habían elegido CD Baby. ¿Fue por el precio? ¿Las características? No. La razón principal, con diferencia, era esta: «¡Me cogen el teléfono! Responden a mis correos electrónicos. Puedes hablar con una persona de verdad».

¿Quién podría haberlo imaginado? A pesar de todos los esfuerzos realizados en cuanto a características, precios, diseño, asociaciones y demás, **la gente elegiría una empresa en lugar de otra solo porque le gusta el servicio de atención al cliente.**

Así que estructuré mi empresa para que se ajustara a esta prioridad. De mis ochenta y cinco empleados, veintiocho se dedicaban a tiempo completo al servicio al cliente.

El servicio de atención al cliente no es un gasto que deba minimizarse. Es un centro de beneficios básico, como las ventas. Es **donde debes poner a tus mejores personas.**

Contrata a las personas más dulces y empáticas, y asegúrate de que disponen de todo el tiempo y los recursos necesarios para hacer muy felices a los clientes. Si están tan ocupados que sus interacciones se vuelven escuetas, es hora de contratar a otro. Merece la pena.

Es mucho más difícil conseguir un nuevo cliente que conseguir más negocio de un cliente existente. Las empresas se centran mucho en conseguir nuevos clientes, pero mantener a los clientes existentes entusiasmados es una mejor inversión.

CADA INTERACCIÓN ES TU MOMENTO PARA BRILLAR

Probablemente solo el 1 % de tus clientes potenciales se molestan en ponerse en contacto contigo. Así que, cuando lo hacen, es tu momento de brillar.

Los tres minutos que pases hablando con ellos van a dar más forma a su impresión de tu empresa que tu nombre, precio, diseño o características combinadas. Este es tu momento de gloria para ser el mejor, para dejarles boquiabiertos con lo bueno que ha sido ponerse en contacto contigo.

Si tu servicio de atención al cliente se empeña en ser eficiente, envía el mensaje: «Realmente no quiero hablar con usted. Hagamos esto rápido». Haz lo contrario. **Tómate unos minutos ineficientes para conocer a cualquier persona que se ponga en contacto.**

Cuando un músico llamaba para vender su música, nos tomábamos unos minutos para conocerlo. Como: «¿Cómo te llamas? Hola, John. ¿Tienes un sitio web? ¿Eres tú en la página de inicio? Qué bien. ¿Es una Les Paul de verdad? ¡Qué bien! Ahora déjame escuchar un poco de la música. Bonito, me gusta lo que estás haciendo. Muy sincopado. Un gran ritmo. En fin… ¿qué te gustaría saber?». A los músicos les resulta muy difícil conseguir que alguien escuche su música. Así que, cuando alguien se toma aunque sean un par de minutos para escucharla, es tan conmovedor que lo recuerdan de por vida.

Imagina lo que harías si te llamara tu estrella de rock favorita. Lo dejarías todo y le dedicarías todo el tiempo del mundo. Así es como deberías tratar a todos los que se ponen en contacto con tu empresa. ¿Por qué no? ¿No tienes tiempo? Hazte el tiempo. Es como todo el mundo merece ser tratado. Hace la vida mejor. Hace que el trabajo sea más divertido. Y es lo que hay que hacer.

PIERDE TODOS LOS COMBATES

El servicio de atención al cliente suele empezar cuando alguien tiene un problema y se siente molesto. Cuando te sientes atacado, es difícil no contraatacar, sobre todo cuando sabes que están equivocados.

Pero lo mejor es perder la batalla. Hazles saber que tenían razón y que la empresa estaba equivocada. Diles que estás dispuesto a hacer lo que sea necesario para que vuelvan a ser felices.

Si te sorprendes a ti mismo diciendo o escribiendo algo siquiera mínimamente agresivo, detente y sustitúyelo por algo humilde y generoso.

Hacer esto todos los días es realmente muy pacífico. **Actuar como un ángel hace que ambos se sientan mejor.** Se siente como una práctica diaria de empatía.

¿Viste alguna vez esa escena de las películas en la que alguien dice algo desagradable o secreto, pero se da cuenta de que hay un micrófono encendido? ¿Inmediatamente se endereza, se corrige y dice lo que es aceptable para el público? Pues bien, tu micrófono está encendido. En el servicio de atención al cliente no hay comunicación privada. Cualquier cosa que digas es probable que se comparta en línea para que el mundo lo vea. Así que debes ser siempre la mejor versión de ti mismo.

CD Baby tenía unos excelentes fanáticos; personas que decían a gritos y constantemente a todo el mundo que usara nuestra empresa. Cuando revisé su historial de contactos, vi que la primera vez que se pusieron en contacto con nosotros, se quejaron en voz alta. La gente ruidosa **es gente ruidosa, tanto si se queja como si alaba.** Así que, cuando recibas alguna queja ruidosa, aprovecha esa oportunidad para hacerles tan felices que se conviertan en promotores ruidosos.

NO CASTIGUES A TODOS POR EL ABUSO DE UNA PERSONA

Un pequeño restaurante cercano tiene estos grandes carteles de advertencia colocados por todas partes:

NOS RESERVAMOS EL DERECHO DE RECHAZAR EL SERVICIO
A CUALQUIER PERSONA POR CUALQUIER MOTIVO.

¡TODOS LOS PEDIDOS SON DEFINITIVOS! ¡NO HAY REEMBOLSOS!

SIN ZAPATOS, SIN CAMISA, SIN SERVICIO.

NO MÓVILES. NO FOTOS. NO VÍDEOS.

NO MERODEADORES.

¡BAÑO SOLO PARA CLIENTES!

TODOS LOS INFRACTORES SERÁN PERSEGUIDOS CON TODO
EL PESO DE LA LEY.

El pobre empresario necesita un abrazo. Cada vez que alguien le molesta, castiga a todos sus futuros clientes para siempre.

Cuando tenía seis años, asistía a una pequeña y estricta escuela en Abingdon, Inglaterra. A principios de curso, alguien derramó zumo de uva, así que prohibieron el zumo de uva durante el resto del año. Más tarde, alguien derramó zumo de naranja, por lo que se prohibió el zumo de naranja durante el resto del año. Finalmente, solo se nos permitió beber agua.

Hace muchos años, un tipo intentó prender fuego a sus zapatos en un avión. Ahora, millones de personas al día tienen que hacer cola para quitarse los zapatos en el aeropuerto, por culpa de ese estúpido momento.

Como propietario de un negocio, cuando alguien te fastidia, es tentador crear una nueva política que crees que evitará que te vuelvan a fastidiar.

Un empleado no puede concentrarse y se pasa el tiempo navegando por la web. En lugar de despedir o reasignar a esa persona a un trabajo más exigente, la empresa instala un costoso *firewall* de aprobación de contenidos para que nadie pueda volver a visitar sitios no aprobados.

Es importante resistirse a ese impulso simplista, airado y reaccionario de castigar a todo el mundo, y dar un paso atrás para ver el panorama general.

En ese momento, estás enfadado y te centras solo en esa persona horrible que te hizo daño. Tu pensamiento se nubla. Empiezas a pensar que todo el mundo es horrible y que el mundo está en tu contra. Este es el peor momento para establecer una nueva política.

Cuando un cliente hace algo malo, recuerda los miles que no lo hicieron.

Tienes suerte de tener tu propio negocio. La vida es buena.

No puedes evitar que ocurran cosas malas. Aprende a encogerte de hombros.

Resiste el impulso de castigar a todo el mundo por el error de una persona.

UNA PERSONA REAL, MUY PARECIDA A TI

Mi amiga Sara lleva doce años dirigiendo un pequeño negocio online desde el salón de su casa. Es toda su vida. Se lo toma como algo muy personal.

La semana pasada, una de sus clientas le envió un mordaz correo electrónico de diez páginas, en el que la despedazaba la llamaba estafadora y le dedicaba otros despiadados insultos personales, y le decía que iba a demandar a Sara como represalia por su cuenta mal gestionada.

Devastada, Sara apagó su ordenador y lloró. Apagó los teléfonos y cerró la tienda por un día. Pasó todo el fin de semana en la cama preguntándose si debería abandonar. Pensando que tal vez todos los insultos de la carta de la clienta eran ciertos, y que en realidad no era buena en lo que hacía, incluso después de doce años.

El domingo, pasó unas cinco horas —la mayor parte del día— abordando cuidadosamente cada punto de este correo electrónico de diez páginas. Luego revisó el sitio web de la clienta, aprendiendo todo sobre ella, y ofreció todo tipo de consejos, sugerencias y conexiones. Le devolvió el dinero a la cliente, más cincuenta dólares adicionales, con efusivas y profundas disculpas por haber molestado a alguien a quien honestamente intentaba ayudar.

Al día siguiente, llamó a la clienta para intentar hablar con ella.

La clienta atendió alegremente su llamada y dijo: «¡Oh, no te preocupes! En realidad no estaba tan alterada. Solo estaba de mal humor y **no creía que nadie fuera a leer mi correo electrónico**».

Mi amiga Valerie estaba buscando citas en línea. No estaba muy convencida al respecto. Quería un hombre mágicamente perfecto que la tomara en brazos y la llevara hacia un final feliz.

Estábamos en su ordenador cuando le pregunté cómo iba todo. Entró en su cuenta y me mostró su bandeja de entrada.

Había ocho nuevos mensajes de hombres, cada uno bien escrito, diciendo lo que les gustaba de su perfil, que tenían un interés mutuo en el senderismo, o que también hablaban alemán, preguntándole si también había estado en Berlín, o si había hecho senderismo en Nueva Zelanda.

Lo sentí por esos chicos. Cada uno de ellos abriendo su corazón, proyectando sus esperanzas en Valerie, esperando que ella responda con el mismo entusiasmo, esperando que sea ella la que finalmente lo vea y lo aprecie.

Ella dijo: «Ugh. Perdedores. Recibo cómo diez de estos al día», y pulsó [eliminar] sobre todos ellos, sin responder.

Cuando le gritamos a nuestro coche o a la cafetera, no pasa nada porque solo son aparatos mecánicos. Pero cuando le gritamos a una página web o una empresa, utilizando nuestro ordenador o teléfono, nos olvidamos de que no es un aparato, sino una persona la que se ve afectada.

Es deshumanizante que miles de personas pasen por la pantalla de nuestro ordenador, por lo **que decimos cosas que nunca diríamos si esas personas estuvieran sentadas a nuestro lado.**

Es demasiado abrumador recordar que al otro lado de la pantalla hay una persona real, muy parecida a ti, cuyo cumpleaños fue la semana pasada, que tiene tres mejores amigos pero nadie a quien abrazar por la noche, y que se ve afectada personalmente por lo que dices.

Aunque lo recuerdes ahora, ¿lo recordarás la próxima vez que te sientas abrumado, o tal vez podrías no olvidarlo nunca más?

DEBERÍAS SENTIR DOLOR CUANDO NO ERES CLARO

Las campañas de correo electrónico son el mejor entrenamiento para ser claros.

En CD Baby, tenía unos dos millones de clientes.

Cuando escribía un correo electrónico a todos, si no era perfectamente claro, recibiría veinte mil respuestas confusas, que mi personal tardaría toda la semana para responder, lo que me costaría al menos cinco mil dólares, además de la pérdida de moral.

Si era muy claro, pero tomaba más de unas pocas frases en explicar algo, recibía miles de respuestas de gente que no pasaba de las primeras frases.

Escribir ese correo electrónico a los clientes —eliminando cuidadosamente todas las palabras innecesarias y reformulando cada frase para asegurarme de que no se pudiera malinterpretar— me tomaba todo el día.

¿Una oración poco clara? Multa inmediata de cinco mil dólares. ¡Ay!

Desgraciadamente, las personas que escriben páginas web no reciben este tipo de respuesta. En cambio, **si no son claros, solo reciben silencio. Muchas visitas pero ninguna acción.**

Veo sitios web nuevos que intentan parecer impresionantes, llenos de cientos de frases innecesarias.

Me da pena que las personas que están detrás de esos sitios no hayan sentido el dolor de intentar enviar ese texto por correo electrónico a miles de personas, para ver directamente lo mal entendido o ignorado que es.

EL CORREO ELECTRÓNICO MÁS EXITOSO QUE HE ESCRITO

Cuando creas un negocio, estás creando un pequeño mundo en el que controlas las leyes. No importa cómo se hacen las cosas en el resto del mundo. En tu pequeño mundo, puedes hacerlo como debe ser.

Cuando creé CD Baby en 1998, cada pedido daba lugar a un correo electrónico automático que informaba al cliente de cuándo el CD era realmente enviado. Al principio, la nota era la normal: «Su pedido se ha enviado hoy. Por favor, avísenos si no llega. Gracias por su pedido».

Después de unos meses, eso me pareció realmente incongruente con mi misión de hacer sonreír a la gente. Sabía que podía hacerlo mejor. Así que me tomé veinte minutos y escribí esta tontería:

Tu CD ha sido extraído con delicadeza de nuestros estantes de CD Baby con guantes esterilizados libres de contaminación y colocado en una almohada de satén.

Un equipo de cincuenta empleados inspeccionó tu CD y lo pulió para asegurarse de que estaba en las mejores condiciones posibles antes de enviarlo.

Nuestro especialista en empaquetado de Japón encendió una vela y se hizo el silencio mientras ponía tu CD en la mejor caja forrada de oro que el dinero puede comprar.

Después tuvimos una maravillosa celebración y toda la oficina caminó hasta la oficina de correos donde todo el pueblo de Portland saludó con un «*Bon Voyage!*» a tu paquete, de camino a ti, en nuestro jet privado CD Baby hoy, viernes 6 de junio.

Espero que te hayas divertido comprando en CD Baby. Nosotros sí. Tu foto está en nuestra pared como «Cliente del Año». Estamos agotados pero ¡¡no podemos esperar a que vuelvas a CDBABY.COM!!

Ese tonto correo electrónico, que se enviaba con cada pedido, ha gustado tanto que, si buscas en la web «CD Baby private jet», obtendrás miles de resultados. Cada uno de ellos es alguien que recibió el correo electrónico y le gustó lo suficiente como para publicarlo en su sitio web y contárselo a todos sus amigos.

Ese único y tonto correo electrónico creó miles de nuevos clientes.

Cuando piensas en cómo hacer más grande tu negocio, es tentador intentar pensar en grande e idear planes de acción masiva que cambien el mundo.

Pero debes saber que, **a menudo, son los pequeños detalles los que realmente emocionan a la gente lo suficiente como para que hablen de ti a todos sus amigos.**

LOS PEQUEÑOS DETALLES MARCAN LA DIFERENCIA

Si encuentras la más mínima forma de hacer sonreír a la gente, **te recordarán más por esa sonrisa** que por tu elegante modelo de negocios.

Estas son algunas de las cosas que marcaron una gran diferencia en el sitio web de CD Baby:

Como hacíamos los envíos por FedEx a las cinco de la tarde cada día, los clientes solían llamar y preguntar: «¿Qué hora es allí? ¿Todavía estoy a tiempo de que me lo envíen hoy?». Así que añadí dos pequeñas líneas de código de programación que contaban cuántas horas y minutos quedaban hasta las cinco de la tarde y luego mostraban el resultado junto a las opciones de envío. «Tiene cinco horas y dieciocho minutos hasta nuestro próximo envío de FedEx». A los clientes les encantó.

Respondíamos al teléfono en dos tonos, siempre: de siete de la mañana a diez de la noche, los siete días de la semana. Los teléfonos estaban por todas partes, así que aunque el representante de atención al cliente estuviera ocupado, alguien en el almacén podía atender. Todo lo que había que hacer era decir «¡CD Baby!». ¡A los clientes les encantaba esto! Es tan raro que alguien atienda el teléfono en una empresa que los músicos me decían después en las conferencias que era la razón principal por la que se decidían por CD Baby: siempre podían hablar con una persona real de inmediato. Todos los empleados sabían que, mientras no estuviéramos completamente saturados, debían tomarse un minuto y conocer un poco a la persona que llamaba. Preguntar por su música. Preguntar cómo estaba. Sí, a veces daba lugar a conversaciones de veinte minutos, pero esas personas se convertían en fans de por vida.

Todo correo electrónico saliente tiene un nombre «De:», ¿verdad? ¿Por qué no utilizarlo también para hacer sonreír a la gente? Con una línea de código, hice que cada correo electrónico saliente personalizara el «De:» para que fuera «CD Baby ama a (el nombre)». Así, si el cliente se llamaba Susan, cada correo electrónico que recibiera de nosotros diría que era de «CD Baby ama a Susan». A los clientes les encantó.

A veces, después de haber hecho los cuarenta y cinco minutos de trabajo para añadir un nuevo álbum a la tienda, el músico cambiaba de opinión y nos pedía que lo volviéramos a hacer con una portada diferente o con distintos clips de audio. Yo quería decir que sí pero también hacerle saber que esto era muy difícil de hacer, así que hice una política que nos hizo sonreír a los dos: «Haremos cualquier cosa por una pizza». Si necesitabas un gran favor especial, te dábamos el número de nuestra pizzería local. Si nos comprabas una pizza, haríamos cualquier favor que quisieras. Cuando se lo contábamos a la gente por teléfono, a menudo se reían, sin creer que habláramos en serio. Pero cada pocas semanas recibíamos una pizza. A menudo, los músicos me decían que ese fue el momento en que se enamoraron de nosotros.

Al final de cada pedido, la última página del sitio web preguntaba: «¿Dónde has oído hablar de este artista? Le pasaremos cualquier mensaje que escribas aquí». Los clientes a menudo se tomaban la molestia de escribir cosas como: «Anoche escuché tu canción en la radio WBEZ. Busqué en la web. La encontré aquí. Me encantaría que tocaras en nuestra escuela». A los músicos les encantaba recibir esta información, y siempre hacía que el cliente y el músico se pusieran en contacto directamente. Esto es algo que las grandes tiendas como Amazon nunca harán.

Además, al final de cada pedido, había una casilla que preguntaba: «¿Alguna petición especial?». Una vez, alguien dijo: «Me gustaría un chicle de canela». Como uno de los chicos del almacén iba a ir a la tienda de todos modos, cogió un chicle de canela y lo incluyó en el paquete.

Una vez, alguien dijo: «Si pudiera incluir un pequeño calamar de goma, se lo agradecería. Si esto no se puede conseguir, un calamar de verdad». Por casualidad, un cliente de Corea nos había enviado un filete de calamar empaquetado. Así que los transportistas lo incluyeron en la caja con los CD del otro cliente.

Aunque quieras ser grande algún día, recuerda que nunca debes actuar como una empresa aburrida.

Durante diez años, parecía que cada vez que alguien alababa lo mucho que le gustaba el CD Baby, era por alguno de estos pequeños y divertidos toques humanos.

DELEGAR O MORIR: LA TRAMPA DE LOS AUTÓNOMOS

La mayoría de los autónomos caen en la trampa de la delegación.

Estás muy ocupado, haciéndolo todo tú mismo. Sabes que necesitas ayuda, pero **encontrar y formar a alguien te llevaría más tiempo del que tienes.** Así que sigues trabajando más, hasta que te quemas.

Esta es mi pequeña historia de cómo me introduje en la mentalidad de la delegación.

En 2001, CD Baby tenía tres años. Tenía ocho empleados, pero todo lo demás lo seguía haciendo yo. Trabajando de siete de la mañana a diez de la noche, siete días a la semana, todo seguía pasando por mí.

Cada cinco minutos, mis empleados tenían una pregunta para mí:

- «Derek, un tipo quiere cambiar la carátula del álbum cuando ya está en vivo en el sitio. ¿Qué le digo?».
- «Derek, ¿podemos aceptar la transferencia bancaria como forma de pago?».
- «Derek, alguien ha hecho hoy dos pedidos y quiere saber si podemos enviarlos juntos como uno solo, pero devolverle el ahorro de los gastos de envío».

Era difícil hacer algo mientras se respondía a las preguntas todo el día.

Sentía que también podía llegar al trabajo y sentarme en una silla en el pasillo, solo para responder a las preguntas de los empleados, a tiempo completo.

Llegué a mi punto de quiebre. Dejé de ir a la oficina y apagué mi teléfono. Entonces me di cuenta de que estaba huyendo de mis problemas en lugar de resolverlos. **Tenía que solucionarlo o me arruinaría.**

Después de una larga noche de pensar y escribir, me puse a pensar en la delegación.

Tuve que hacerme innecesario para el funcionamiento de mi empresa. Al día siguiente, nada más entrar por la puerta, alguien me preguntó: «Derek, alguien cuyos CD recibimos ayer ha cambiado de opinión y quiere que le devolvamos sus CD. Ya hemos hecho el trabajo, pero nos pide que le devolvamos los gastos de instalación, ya que nunca estuvo en el sitio».

Esta vez, en lugar de limitarme a responder a la pregunta, los reuní a todos durante un minuto.

Repetí la situación y la pregunta para todos.

Respondí a la pregunta, pero lo más importante es que expliqué el proceso de pensamiento y la filosofía tras mi respuesta.

«Sí, reembolsaremos su dinero en su totalidad. Aceptaremos una pequeña pérdida. Es importante hacer siempre lo que haga más feliz al cliente, siempre que no sea una barbaridad. Un pequeño gesto como este hace la diferencia para que le diga a sus amigos que somos una gran empresa. Que todo el mundo recuerde siempre que ayudar a los músicos es nuestro primer objetivo, y que el beneficio es el segundo. Tenéis todo mi permiso para usar esa pauta para tomar estas decisiones vosotros mismos en el futuro. Haced lo que les haga más felices. Aseguraos de que todos los que traten con nosotros se vayan con una sonrisa».

Me aseguré de que todos hubieran entendido la respuesta.

Le pedí a una persona que iniciara un manual y que escribiera la respuesta a esta única situación, y que escribiera la filosofía detrás de ella.

Luego todos volvieron a trabajar.

Diez minutos después, nueva pregunta. El mismo proceso:

1. Reunir a todo el mundo.
2. Responder a la pregunta y explicar la filosofía.
3. Asegurarse de que todo el mundo entiende el proceso de pensamiento.
4. Pedir a una persona que lo escriba en el manual.
5. Que todos sepan que pueden decidir esto sin mí la próxima vez.

Después de dos meses, no hubo más preguntas.

Luego le enseñé a alguien cómo hacer lo que todavía era mi trabajo. Como parte del aprendizaje, tenían que documentarlo en el manual y enseñárselo también a otra persona. (Aprender enseñando).

Entonces me volví totalmente innecesario.

Empecé a trabajar en casa, sin ir a la oficina.

Incluso les había enseñado mi proceso de pensamiento y mi filosofía sobre la contratación de nuevas personas. Así que nuestros dos empleados más recientes fueron enteramente encontrados, entrevistados, contratados y formados por otros empleados. Utilizaron ese manual para asegurarse de que todos los nuevos empleados entendían la filosofía y la historia de CD Baby, y de que sabían cómo tomar decisiones por sí mismos.

Llamaba una vez a la semana para asegurarme de que todo estaba bien. Lo estaba. Ni siquiera tenían preguntas para mí.

Como mi equipo dirigía el negocio, ¡yo era libre de mejorar el negocio!

Me trasladé a California, para dejar claro que la dirección de las cosas dependía de ellos.

Seguía trabajando doce horas al día, pero ahora dedicaba todo mi tiempo a mejoras, optimizaciones e innovaciones. Para mí, esto era lo divertido. Esto era jugar, no trabajar.

Mientras estaba fuera, mi empresa pasó de facturar un millón de dólares a veinte millones en cuatro años, y de ocho empleados a ochenta y cinco.

Hay una gran diferencia entre ser autónomo y ser propietario de un negocio.

Ser autónomo se siente como una libertad hasta que te das cuenta de que, si te tomas un tiempo libre, tu negocio se desmorona.

Para ser un verdadero propietario de un negocio, asegúrate de que podrías marcharte durante un año y que, cuando vuelvas, tu negocio estará yendo mejor que cuando te marchaste.

(Si te interesan estas cosas, lee un libro llamado E-Myth Revisited *de Michael Gerber).*

ESTÁ BIEN SER INFORMAL

Mi política de contratación era ridícula.

Como estaba demasiado ocupado para molestarme, me limitaba a preguntar a mis empleados actuales si tenían algún amigo que necesitara trabajo.

Alguien siempre decía que sí, así que yo decía: «Diles que empiecen mañana por la mañana. Diez dólares la hora. Enséñales lo que tienen que hacer». Y eso era todo.

La idea era que es casi imposible saber cómo va a ser alguien en el trabajo hasta que esté realmente en el trabajo durante unas semanas. Así que contrataba poco y despedía poco. Por suerte, no tuvimos que despedir tan a menudo.

Pero tal vez el hecho de que los nuevos contratados fueran amigos de amigos ayudó en la parte de la confianza.

Para ser justos, se trataba de una tienda de CD de venta por correo, por lo que la mayoría de mis empleados estaban en el almacén. Pero también adopté este mismo enfoque informal cuando necesitaba un importante administrador de sistemas de alta tecnología.

«¿Alguien tiene un amigo que sea bueno con Linux? ¿Sí? ¿Es guay? Vale, dile que empiece mañana».

La primera vez que lo hice encontré a Ryan. La segunda vez, encontré a Jason. Ambos fueron increíbles e importantes en CD Baby durante muchos años.

No intentes impresionar a un jurado invisible de profesores de MBA. Está bien ser informal.

RENUNCIA INGENUA

Mi primer trabajo real fue como bibliotecario en Warner/Chappell Music.

Me encantaba. Tenía veinte años, acababa de terminar la universidad y me acababa de mudar a Nueva York. Me lo tomé muy en serio y aprendí mucho.

Sin embargo, después de dos años y medio, decidí dejarlo para dedicarme a la música a tiempo completo. (¡En parte porque era demasiado feliz allí! Tenía miedo de que, si no me obligaba a dejarlo, no lo dejaría nunca. Demasiado cómodo).

Como nunca había renunciado a un trabajo y no sabía cómo hacerlo, hice lo que parecía ser lo más respetuoso y considerado: Encontré y formé a mi sustituto.

(No fue culpa de mi jefe que yo quisiera renunciar, así que ¿por qué debería convertirlo en su problema? Si quiero renunciar, es mi problema).

Llamé a mi vieja amiga Nikki, que sabía que sería perfecta, y le ofrecí mi trabajo con mi salario actual.

Vino conmigo a la oficina durante una semana mientras la formaba en todos los aspectos del trabajo.

Una vez que lo tenía dominado, fui al despacho de mi jefe un viernes por la tarde y le dije: «Necesito renunciar ahora, pero ya he formado a mi reemplazo. Es muy buena. Me sustituirá a partir del lunes».

Mi jefe parecía un poco aturdido, y luego dijo: «Uh. Bueno. BIEN. Te echaremos de menos. Dile que consulte a Recursos Humanos sobre el papeleo». Y eso fue todo.

Diez años después, ya dirigiendo mi propia empresa, por primera vez un empleado me dice que tiene que dimitir.

Dije: «Lástima. Bueno. BIEN. Te deseo lo mejor. ¿Quién es tu sustituto?».

Parecía confundido.

Le dije: «¿Ya has encontrado y formado a un sustituto?». Parecía un poco aturdido, y luego dijo: «No. Creo que eso es tu trabajo».

Me quedé de piedra. Pregunté a algunos amigos y descubrí que tenía razón. La gente puede dejar un trabajo sin encontrar y formar a su sustituto. Yo no tenía ni idea. Todos esos años, asumí que lo que hacía era normal.

Hay un beneficio en ser ingenuo a las normas del mundo: **Decidir desde cero lo que te parece correcto**, en lugar de limitarte a hacer lo que hacen los demás.

NO AÑADAS TUS DOS CENTAVOS

My two cents (mis dos centavos) es la jerga americana para añadir una pequeña opinión o sugerencia.

Un empleado le dice al jefe: «Llevo dos semanas trabajando en este nuevo diseño. ¿Qué te parece?».

El jefe dice: «Buen trabajo. Tal vez solo hay que cambiar el azul por el dorado, cambiar la palabra "gigante" por "enorme" y eliminar el borde. Aparte de eso, es genial».

Ahora, porque el jefe lo ha dicho, el empleado tendrá que hacer esos cambios.

Pero hay un gran inconveniente: El empleado ya no se siente totalmente dueño de su proyecto. (Luego se preguntan por qué no están motivados).

Imagina esto en su lugar:

El empleado dice: «Llevo dos semanas trabajando en este nuevo diseño. ¿Qué te parece?».

El jefe dice: «Es perfecto. Gran trabajo».

Este pequeño cambio supuso una gran diferencia en la psicología de la motivación. Ahora esa persona puede sentirse plenamente dueña de ese proyecto, lo que es más probable que conduzca a una mayor implicación y compromiso para futuros proyectos.

La opinión del jefe no es necesariamente mejor que la de los demás. Pero **una vez que te conviertes en el jefe, tu opinión es peligrosa** porque ya no es la opinión de una persona, ¡es una orden! Así que añadir tu opinión puede dañar la moral.

Una empresa no debe centrarse en el jefe, por lo que esta moderación es saludable. No debes dar tu opinión sobre todo solo porque puedes hacerlo.

Obviamente, si hay más de «dos centavos» de cosas que hay que cambiar, esta regla no se aplica. Pero, si tu contribución es pequeña y solo una opinión, déjala pasar. En cambio, deja que la otra persona se sienta totalmente dueña de la idea.

PREPÁRATE PARA DUPLICAR

CD Baby duplicó su tamaño cada año durante los primeros seis años. Tanto los clientes como los beneficios crecieron casi exactamente al 100 % cada año.

Como el negocio necesitaba un almacén para los CD, siempre tenía que comprar más estanterías. Cada vez que lo hacía, compraba el doble de lo que tenía antes. Siempre se llenaban rápido, incluso cuando se hacían del tamaño de un almacén. Cuando llené un almacén de cuatrocientos cincuenta metros cuadrados, alquilé novecientos metros cuadrados. Cuando llené novecientos metros cuadrados, alquilé mil ochocientos metros cuadrados. Incluso eso se llenaba rápido.

Pero no importa en qué negocio estés, es bueno prepararse para lo que sucedería si el negocio se duplicara.

¿Tienes diez clientes ahora? ¿Cómo sería si tuvieras veinte a la vez? ¿Sirves a ochenta clientes para comer cada día? ¿Qué pasaría si se presentaran ciento sesenta?

«Más de lo mismo» nunca es la respuesta. Hay que hacer las cosas de una manera nueva para gestionar el doble de negocio. Hay que agilizar los procesos.

No seas la típica trágica empresa pequeña que **se agota y enloquece cuando el negocio va bien.** Envía un mensaje repulsivo de «¡no puedo con esto!» al mundo.

En cambio, si tus procesos internos están siempre diseñados para manejar el doble de la carga existente, se envía un atractivo mensaje de «pasen, tenemos mucho espacio» al mundo.

SE TRATA DE SER, NO DE TENER

Desde los catorce años, estaba decidido a ser un gran cantante. Pero mi tono era malo, mi timbre era malo y todo el mundo decía que no era un cantante.

Durante once años recibí clases de canto y practiqué al menos una hora al día. Siempre fui el cantante principal de mi grupo, dando algunos conciertos a la semana, adquiriendo toda la experiencia posible en el mundo real. Todo el tiempo, la gente me decía que no era un cantante, que debía dejarlo y buscar un cantante de verdad.

Cuando tenía veinticinco años, grabé mi primer álbum. Mi mentor lo escuchó y me dijo: «Derek, no eres un cantante. Tienes que dejar de intentarlo. Admite que eres un compositor y encuentra un verdadero cantante». Pero yo no me inmuté. Sabía que tenía que trabajar más.

A los veintiocho años, empecé a notar que mi voz estaba mejorando. Grabé unas cuantas canciones nuevas y, por primera vez, ¡me gustaron mucho las voces!

A los veintinueve años, lo había conseguido. Tras quince años de práctica y unos mil conciertos, por fin era un muy buen cantante, al menos según mis propios criterios. (Alguien que me escuchó por primera vez y luego dijo: «El canto es un don con el que se nace o no. Tienes suerte. Has nacido con él»).

El punto es: No es que quisiera **tener** una buena voz. Es que quería **ser** un gran cantante.

Lo mismo que ser productor: Quería grabar mi álbum yo mismo, para aprender ingeniería de estudio de grabación y producción, porque pensé que sería realmente gratificante y empoderante saber hacerlo, como construir tu propia casa.

Mis amigos y mentores me dijeron que era ridículo, que debería contratar a un gran ingeniero, productor y estudio. Hacerlo todo yo mismo podría llevarme años, mientras que podría tenerlo todo hecho en unas semanas si contrataba a alguien bueno.

Me tomé unos años para aprender por mi cuenta, y fue una de las experiencias más gratificantes de mi vida. Durante los años siguientes, también me encargué de la producción y la grabación de los discos de algunos amigos. Ahora es algo que sé hacer y me sienta muy bien.

Lo mismo que ser programador: Cuando empecé con CD Baby, solo sabía algo de HTML básico, nada de programación. Pero, a medida que el sitio crecía, el HTML básico ya no era suficiente. Mis amigos técnicos me dijeron que tenía que crear un sistema automatizado impulsado por una base de datos del lado del servidor.

Como no podía permitirme contratar a un programador, eso significaba que tenía que aprenderlo yo mismo. Fui a la librería y conseguí un libro sobre programación PHP y MySQL. Fue un camino lento, ¡pero me encantó! Al igual que en el estudio de grabación, era maravilloso aprender a hacer que la tecnología hiciera lo que yo quería en lugar de ser un misterio. Y era agradable ser autosuficiente.

A medida que la empresa crecía, todo el mundo se sorprendía de que siguiera programando yo mismo. Pero para un negocio online, subcontratar la programación es como si un grupo musical subcontratara la composición de sus canciones.

Eso no era solo mi negocio, ¡era mi creación! Eso no era como cortar el césped, ¡era como escribir canciones!

En los últimos años, mis empleados se enfadaban porque no se añadían nuevas funciones tan rápido como querían, porque yo insistía en hacer toda la programación yo mismo.

Dijeron que estábamos perdiendo millones de dólares en negocios porque no teníamos ciertas características.

Pero a mí me parecía bien. Me encantaba el proceso. Era feliz.

Cuando quieras aprender a hacer algo por ti mismo, la mayoría de la gente no lo entenderá. Asumirán que la única razón por la que se hace algo es para conseguirlo, y que hacerlo uno mismo no es la forma más eficiente.

Pero eso es olvidarse de la alegría de aprender y hacer.

Sí, puede llevar más tiempo. Sí, puede ser ineficiente. Sí, incluso puede costarte millones de dólares en oportunidades perdidas porque tu negocio crece más lentamente por insistir en hacer algo tú mismo.

Pero el objetivo de hacer cualquier cosa es porque te hace feliz. Eso es todo.

Puede que crezcas más rápido y ganes más millones si subcontratas todo a los expertos. Pero, ¿cuál es el objetivo de crecer y ganar millones? ¿Ser feliz, no?

Al final, **se trata de lo que quieres ser, no de lo que quieres tener.**

Tener algo (una grabación terminada, un negocio o millones de dólares) es el medio, no el fin.

Ser algo (un buen cantante, un hábil empresario o simplemente feliz) es el verdadero objetivo.

Cuando te apuntas a correr una maratón, no quieres que un taxi te lleve a la meta.

EL DÍA EN QUE STEVE JOBS ME FALTÓ EL RESPETO EN UNA CONFERENCIA

En mayo de 2003, Apple me invitó a su sede para hablar de cómo introducir el catálogo de CD Baby en la tienda de música iTunes.

iTunes acababa de lanzarse dos semanas antes, con solo algo de música de los grandes sellos. Muchos de los que estábamos en el negocio de la música no estábamos seguros de que esa idea fuera a funcionar. Especialmente los que habíamos visto a empresas como eMusic hacer este mismo modelo durante años sin gran éxito.

Volé a Cupertino pensando que me reuniría con uno de sus responsables de marketing o tecnología. Cuando llegué, me enteré de que también se había invitado a un centenar de personas de pequeños sellos discográficos y distribuidores.

Todos entramos en una pequeña sala de presentación, sin saber qué esperar.

Entonces salió Steve Jobs. ¡Guau! Estrella del rock.

Estaba en pleno modo de presentación persuasiva. Intentando convencernos a todos de que diéramos a Apple todo nuestro catálogo de música. Hablando del éxito de iTunes hasta ahora, y de todas las razones por las que deberíamos trabajar con Apple.

Y dijo: «Queremos que la iTunes Music Store tenga toda la música que se haya grabado. Aunque esté descatalogada o no se venda mucho, la queremos toda».

Esto era muy importante, porque, hasta 2003, los músicos independientes no podían acceder a los grandes mercados. Que Apple vendiera toda la música, no solo la de los artistas que habían cedido sus derechos a una empresa, era algo increíble.

Luego nos mostraron el software que debíamos utilizar para enviarles cada álbum. El programa requería que pusiéramos el CD de audio en una unidad de CD-Rom de Mac, escribiéramos toda la información del álbum, los títulos de las canciones y la biografía, y luego hiciéramos clic en [codificar] para que se copiara, y [subir] cuando terminara.

Levanté la mano y pregunté si era obligatorio utilizar su software. Me dijeron que sí.

Volví a preguntar, diciendo que teníamos más de cien mil álbumes, ya copiados como archivos WAV sin pérdidas, con toda la información cuidadosamente introducida por el propio artista, listos para enviar a sus servidores con sus especificaciones exactas.

Los chicos de Apple dijeron: «Lo siento, tienes que usar este software; no hay otra manera».

Uf. Eso significaba que teníamos que volver a sacar cada uno de esos CD de la estantería, meterlos en un Mac y luego cortar y pegar cada título de canción en ese software de Mac. Pero que así sea. Si eso es lo que necesita Apple, de acuerdo. Dijeron que estarían listos para que empezáramos a subirlos en las siguientes dos semanas.

Volé a casa esa noche, colgué las notas de la reunión en mi sitio web, envié un correo electrónico a todos mis clientes para anunciarles la noticia y me fui a dormir.

Cuando me desperté, tenía correos electrónicos y mensajes de voz furiosos de mi contacto en Apple.

«¿Qué demonios estás haciendo? ¡Esa reunión era confidencial! ¡Quita esas notas de tu sitio inmediatamente! Nuestro departamento legal está furioso».

En la reunión no se mencionó la confidencialidad ni se firmó ningún acuerdo. Pero eliminé mis notas de mi sitio inmediatamente, para ser amable. Todo estaba bien, o eso creía.

Apple nos envió por correo electrónico el contrato de iTunes Music Store. Lo firmamos inmediatamente y lo devolvimos el mismo día. Empecé a crear el sistema para enviar la música de todos a iTunes.

Decidí que tendríamos que cobrar cuarenta dólares por este servicio, para cubrir nuestros costes de ancho de banda y de nómina por sacar cada CD del almacén, introducir toda la información, digitalizarla, cargarla y volver a meterla en el almacén.

Cinco mil músicos se inscribieron por adelantado, pagando cada uno cuarenta dólares. Esos doscientos mil dólares ayudaron a pagar el equipo adicional y el personal necesario para hacerlo realidad.

En dos semanas, se pusieron en contacto con nosotros Rhapsody, Yahoo Music, Napster, eMusic, etc., diciendo que querían todo nuestro catálogo. Sí. Es increíble.

Tal vez no puedas apreciar esto ahora, pero el verano de 2003 fue el mayor punto de inflexión que ha tenido la música independiente. Hasta ese momento, casi ninguna gran empresa vendía música independiente.

Cuando iTunes dijo que lo quería todo, y sus competidores tuvieron que seguirle el ritmo, ¡nos pusimos manos a la obra! Desde el verano de 2003, todos los músicos del mundo pueden vender toda su música en casi todos los puntos de venta en línea. ¿Te das cuenta de lo increíble que es eso?

Pero había un problema: **iTunes no nos respondía**. Yahoo, Rhapsody, Napster y el resto estaban funcionando. Pero iTunes no nos devolvía el contrato firmado. ¿Era porque había publicado mis notas de la reunión? ¿Había cabreado a Steve Jobs?

Nadie en Apple quiso decir nada. Habían pasado meses. Mis músicos se estaban impacientando y enfadando. Me disculpé con optimismo, pero también empecé a preocuparme.

Un mes más tarde, Steve Jobs hizo un discurso especial de transmisión simultánea en todo el mundo sobre iTunes. La gente había criticado a iTunes por tener menos música que la competencia. Tenían cuatrocientas mil canciones mientras que Rhapsody y Napster tenían más de dos millones de canciones. (Más de quinientas mil de ellas eran de CD Baby).

A los cuatro minutos, dijo algo que hizo que mi corazón palpitante se hundiera en mi estómago enardecido:

«Esta cifra podría haber sido fácilmente mucho mayor si hubiéramos querido dejar entrar todas las canciones. Pero nos damos cuenta de que las compañías discográficas hacen un gran servicio. ¡Editan! ¿Sabías que si tú y yo grabamos una canción, por cuarenta dólares podemos pagar algún servicio para publicarlo en un sitio, a través de algunos intermediarios? ¿Podemos estar en Rhapsody y todos esos otros tipos por cuarenta dólares? Bueno, ¡no queremos permitir esas cosas en nuestro sitio! Así que hemos tenido que editarlo. Y son cuatrocientas mil canciones de calidad».

¡Guau! ¡Steve Jobs me acababa de despreciar duramente! Era el único que cobraba cuarenta dólares. ¡Era yo a quien se refería!

Mierda. BIEN. Eso es todo. Steve cambió de opinión. No hay independientes en iTunes. Ya lo has oído.

Odié la posición en la que esto me ponía. Desde que creé mi empresa en 1998, había ofrecido un servicio excelente. Podía hacer promesas y cumplirlas, porque tenía todo el control. Ahora, por primera vez, había prometido algo que estaba fuera de mi control.

Así que era el momento de hacer lo correcto, por mucho que doliera. Decidí reembolsar los cuarenta dólares a todos, con mis más sinceras disculpas. Con cinco mil músicos inscritos, eso significaba **devolver doscientos mil dólares**. ¡Ay! Como no podíamos prometer nada, no podía cobrar nada.

Quité toda mención a iTunes de mi sitio. Quité el coste de cuarenta dólares. Cambié el lenguaje para decir que no podemos prometer nada. Envié un correo electrónico a todos para informarles de lo sucedido. Decidí convertirlo en un servicio gratuito a partir de ese momento.

Al día siguiente, Apple nos devolvió el contrato firmado, junto con las instrucciones de carga. Increíble.

Preguntamos: «¿Por qué ahora?», pero no obtuvimos respuesta. Lo que sea. Maldita Apple.

Empezamos a codificar y cargar inmediatamente. Volví a añadir tranquilamente iTunes a la lista de empresas de nuestro sitio.

Pero nunca más le prometí a un cliente que podía hacer algo que estuviera fuera de mi control.

MI ERROR DE TRES MILLONES DE DÓLARES

Desde que era adolescente, mi padre me enviaba de vez en cuando cosas para firmar, cosas para el negocio familiar.

No entendía las complejidades del asunto, ni lo necesitaba, así que firmaba sin preguntar.

Cuatro años antes de fundar CD Baby, mientras grababa mi primer álbum, necesitaba un préstamo de veinte mil dólares para comprar el equipo de estudio. Mi padre me dijo: «En lugar de prestarte dinero, crea una corporación. Así la empresa familiar podrá comprar acciones de tu corporación».

Así que lo hice. Como mi banda se llamaba Hit Me, llamé a la empresa Hit Media Inc.

La empresa de mi padre compró algunas acciones y eso me ayudó a terminar mi álbum y a seguir gestionando mi estudio de grabación con beneficios.

Cuatro años más tarde, vivía en Woodstock, Nueva York, y empecé este pequeño hobby llamado CD Baby.

La primera vez que recibí un cheque a nombre de «CD Baby», lo llevé al banco y le dije a la cajera: «Necesito establecer esto como un nuevo negocio, así que vamos a abrir una nueva cuenta comercial».

Ella dijo: «Oh, no necesitas hacer eso. Puedes hacer un alias en tu cuenta de Hit Media». En ese momento, Hit Media era un estudio de grabación y una agencia de contratación.

Me pareció un poco extraño, ya que CD Baby era definitivamente un negocio nuevo, pero me ahorré diez minutos y cien dólares, así que dije que sí.

Cuatro años después, a CD Baby le iba muy bien. Unos cuantos millones de dólares en ventas. Probablemente medio millón de dólares en beneficios netos. Le devolví a mi padre los veinte mil dólares que me prestó.

Llamé a mi contable en enero para decirle: «Vale, tengo todos los libros de contabilidad equilibrados. ¿Debemos presentar la declaración antes de tiempo este año?».

Me dijo: «Oh, no tienes que declarar. CD Baby es solo una partida en la declaración de impuestos de la empresa de tu padre».

Dije: «Eh... ¿qué?».

«¿No sabías que la compañía de tu padre es dueña del 90 % de CD Baby?».

«Uh... ¿qué?».

«Deberías hablar con tu padre».

Sí, resulta que en uno de esos papeles que firmé sin rechistar había vendido el 90 % de las acciones de Hit Media Inc. a su empresa.

Entonces, como la cajera del banco me aconsejó hacer de CD Baby un alias de Hit Media, eso significaba que la empresa de mi padre también era dueña del 90 % de CD Baby.

Qué sensación de hundimiento. Lo que pensé que era mi empresa todos estos años no era realmente mi empresa. Solo poseía el 10%.

No podía enfadarme con mi padre. Me había hecho un favor y pensaba que yo conocía el negocio. Nadie pensó que mi pequeña afición se convertiría en un negocio multimillonario.

La culpa fue mía por no leer lo que firmé. La culpa fue mía por dejar que el rápido consejo de una cajera del banco tomara esa importante decisión para mi estructura empresarial.

Lo que hizo que fuera aún peor es que no pude volver a comprarlo por los veinte mil dólares originales. La agencia tributaria no lo permite. La única manera era pagar el valor total de mercado, determinado por una empresa de valoración externa.

Al final, tuve que pagar tres millones trescientos mil dólares para recomprar ese 90%.

HAZ LO QUE TE HAGA FELIZ

Cuando tu empresa lleve un tiempo funcionando, llegará a una interesante encrucijada.

Todo el mundo da por sentado que, como propietario de la empresa, serás el tradicional director general, que tendrá almuerzos elegantes con otros directores generales y que hará todos los grandes negocios.

¿Pero qué pasa si no te gusta hacer eso? ¿Y si lo que más te gusta es la soledad del oficio? ¿O hablar con los clientes?

No olvides nunca que puedes hacer con tu papel lo que quieras.

Todo lo que odias hacer, le gusta a otra persona. Así que encuentra a esas personas y deja que lo hagan.

A mí me encantaba sentarme solo y programar, escribir, planificar e inventar. Pensar en ideas y hacerlas realidad. Esto me hacía feliz, no los negocios o la gestión. Así que encontré a alguien a quien le gustaba hacer negocios y lo puse a cargo de todo eso.

Si lo haces, te encontrarás con un montón de reacciones negativas e incomprensión, pero ¿a quién le importa? No puedes vivir según las expectativas de otra persona de un negocio tradicional.

Tienes que hacer lo que más te gusta, o perderás el interés.

En una nota similar, la gente también asume que quieres ser grande, tan grande como sea posible. Pero, ¿realmente lo quieres?

Un gran crecimiento significa muchas reuniones, inversores, banqueros, medios de comunicación y responder a otros. Está bastante lejos del verdadero núcleo del negocio.

La felicidad es la verdadera razón por la que haces algo, ¿verdad? Incluso si dices que es por dinero, el dinero es solo un medio para la felicidad, ¿verdad? Pero, ¿y si se demuestra que, a partir de cierto punto, el dinero no crea ninguna felicidad, sino solo dolores de cabeza? Puede que seas mucho más feliz con un negocio de un millón de dólares que un negocio de mil millones de dólares.

Lo curioso es que no quería que CD Baby creciera en absoluto. Incluso desde el principio, no quería que este pasatiempo de la web se llevara por delante mi carrera como músico, pero lo hizo. No quería que tuviera más de un par de empleados ni que superara mi casa, pero lo hizo. Cuando tenía veinte empleados, prometí mantenerlo así de pequeño, pero la demanda de los clientes seguía creciendo y tenía que mantenerlos contentos. Cuando tenía cincuenta empleados, juré que era suficiente y que había que frenar el crecimiento, pero el negocio siguió creciendo.

Cuando la gente me preguntaba: «¿Qué estás haciendo para que tu empresa crezca?». Yo decía: «¡Nada! ¡Estoy intentando que deje de crecer! No me gusta esto. Es demasiado grande».

Pensaron que era lo más extraño. ¿No quieren todas las empresas ser lo más grandes posible?

No. Asegúrate de **saber qué te hace feliz y no lo olvides.**

CONFÍA, PERO VERIFICA

En 2005, el principal negocio de CD Baby era hacer entregas digitales de música a todos los minoristas de música digital: iTunes, Amazon, Napster, Rhapsody, MSN, Yahoo! y cincuenta más.

Esta función era de vida o muerte para la empresa porque era la principal razón por la que la mayoría de nuestros nuevos clientes contrataban. Y había muchos competidores en este campo, así que era crucial que lo hiciéramos todo bien.

Construí un sistema que hacía la mayor parte del trabajo, pero seguía siendo necesario que alguien ejecutara las salidas, conectara los discos duros y los enviara a los minoristas.

Contraté a un tipo que parecía bueno. Me senté junto a él durante una semana, mostrándole el sistema, haciéndolo funcionar yo mismo y explicándole cómo funcionaba todo. Lo entendió.

El punto clave era que teníamos que entregar todos los álbumes a todas las compañías, cada semana, sin importar qué. Me firmó un contrato que decía, en letras enormes, «CADA ÁLBUM, A CADA COMPAÑÍA, CADA SEMANA, PASE LO QUE PASE». Hablamos mucho sobre lo absolutamente crucial que era eso, que era realmente su único requisito de trabajo porque era así de importante. Estuvo de acuerdo.

Sus primeras semanas las observé de cerca para asegurarme de que todo iba bien. Lo estaba. Así que volví a centrar mi atención en otras cosas.

Unos meses más tarde, empecé a escuchar muchas quejas de músicos que decían que su música no había sido enviada a estas empresas.

Me conecté al sistema para ver qué pasaba. Resulta que hacía meses que no enviábamos música a Napster, Amazon ni ninguna otra empresa. ¡Meses!

Llamé al responsable y le pregunté qué pasaba. Me dijo: «Sí, me he retrasado. Es mucho trabajo».

Le dije: «¿Cuál es la regla número uno? ¿La única misión de tu trabajo?».

Dijo: «Lo sé. Cada álbum a cada compañía cada semana sin importar qué. Pero he estado abrumado».

Volé a Portland y lo despedí. Nunca había despedido a alguien tan rápido, pero esto era extremo. La reputación de nuestra empresa quedó permanentemente dañada. Este trabajo era tan crucial para la supervivencia de la empresa que decidí hacerlo yo mismo durante un tiempo. No solo hacerlo, sino construir un sistema que no permitiera que los errores volvieran a pasar desapercibidos. Así que, durante los siguientes seis meses, viví en el almacén de Portland y mi único trabajo era hacer entregas digitales. Me costó jornadas de quince horas para ponerme al día con meses de retraso, pero al final volvimos a tener un sistema fluido.

A posteriori, aprendí una dura lección:

Confía, pero verifica.

Recuérdalo cuando delegues. Hay que hacer las dos cosas.

DELEGA, PERO NO ABDIQUES

Delegar no es algo natural para ninguno de nosotros. Pero yo me esforzaba por ser bueno en ello. Sabía lo importante que era entrar en la mentalidad de la delegación. Intentaba empoderar a mis empleados, hacerles saber que podían tomar decisiones por sí mismos, sin mí.

Cuando me preguntaron: «¿Cómo debemos organizar todas las habitaciones de la nueva oficina?». Les dije: «Cualquier forma en la que queráis hacerlo está bien».

Cuando me preguntaron: «¿Con qué plan de salud debemos ir?». Les dije: «El que elijáis, lo pagaré yo».

Cuando me preguntaron: «¿Con qué plan de reparto de beneficios deberíamos ir?». Les dije: «El que vosotros creáis que es mejor».

Una revista local votó a CD Baby como «Mejor lugar para trabajar» en el estado de Oregón.

Seis meses después, mi contable me llamó y me dijo: «¿Sabías que tus empleados crearon un programa de participación en los beneficios?».

Dije: «Sí. ¿Por qué?».

Dijo: «¿Sabías que se están devolviendo todos los beneficios de la empresa a sí mismos?».

¡Uy!

Cuando cancelé el programa de reparto de beneficios, me convertí en un tipo muy impopular. En nuestras reuniones semanales de la empresa, el mensaje general de los empleados era: «Tenemos que sacar a Derek de aquí, para que deje de decirnos lo que tenemos que hacer. No tenemos que responder ante él. Él tiene que responder ante nosotros».

Entonces me di cuenta de que existe el exceso de delegación. Había empoderado tanto a mis empleados que les había dado todo el poder. Después de una ruptura total de la comunicación, eran ochenta y cinco personas (mis empleados) contra una (yo). Me convertí en el chivo expiatorio de todas sus insatisfacciones.

Pensé en intentar reparar las relaciones con cada uno de los ochenta y cinco empleados, a lo largo de cientos de horas de conversación. Pero, si alguna vez has tenido una ruptura sentimental, sabes que a veces no tiene arreglo.

Así que me planteé despedir a todo el mundo y contratar a un equipo nuevo. También me planteé cerrar la empresa por completo, porque ya no disfrutaba con eso. Incluso consideré la posibilidad de hacer una jugada de Willy Wonka, en la que pondría cinco boletos dorados en cinco CD y luego regalaría toda la empresa a algún afortunado.

Al final, hice lo que era mejor para mis clientes y para mí: Me retiré a la soledad, quedándome en casa de un amigo en Londres, y me centré por completo en la programación de algunas nuevas e importantes funciones de software para CD Baby.

No volví a ver ni a hablar con mis empleados. No volví a ver la oficina.

He aprendido una palabra importante: abdicar. Abdicar significa entregar o renunciar al poder o a la responsabilidad. Esta palabra se suele utilizar cuando un rey abdica al trono o la corona.

Lección aprendida demasiado tarde: Delega, pero no abdiques.

CÓMO SUPE QUE DEBÍA DEJAR MI EMPRESA

Pensé que nunca vendería mi empresa. Cuando la *National Public* Radio hizo un reportaje sobre mí en 2004, dije que aguantaría hasta el final, y lo dije en serio.

En 2007 reescribí el software del sitio web desde cero. Y vaya si era un código hermoso. El logro que me dio más orgullo en mi vida hasta ese momento fue ese software. Maravillosamente organizado, extensible y eficiente: la culminación de todo lo que había aprendido sobre programación en diez años.

Después de un relanzamiento exitoso y de las prisas navideñas, me planteé mi plan para 2008 y más allá. Todos mis planes requerían un gran esfuerzo para una escasa recompensa, pero eran necesarios para el crecimiento futuro. Lo había dividido en unos veinte proyectos, cada uno de los cuales llevaba de dos a doce semanas.

Pero no me entusiasmó ninguno de ellos.

Lo había llevado mucho más allá de mis objetivos, y me di cuenta de que no tenía una gran visión para que fuera mucho más.

A la semana siguiente, recibí llamadas de tres empresas, cada una de las cuales me preguntaba si estaba interesado en vender. Les dije que no, como siempre, ya que llevaba diez años dando la misma respuesta.

Pero, para tener la mente abierta, ese fin de semana abrí mi agenda y empecé a responder a la pregunta: «¿Y si vendiera?».

Lo había hecho varias veces en años anteriores, pero la respuesta siempre había sido: «¡Ni hablar! ¡Hay mucho más que quiero hacer! Este es mi bebé. No hay manera de que lo deje ir».

Esta vez fue diferente. Pensé en lo agradable que sería no tener ochenta y cinco empleados y toda esa responsabilidad. Escribí sobre lo agradable que sería salir un poco y sentirme libre de todo eso. Me entusiasmé con todos los proyectos nuevos que podría hacer en su lugar.

Me di cuenta de que **el mayor reto de aprendizaje y crecimiento para mí era dejar ir, no quedarme.**

Sorprendido por esto, le pedí consejo a Seth Godin. Todo lo que dijo fue: «Si te importa, vende».

Creo que su punto era que mi falta de visión entusiasta estaba haciendo un flaco favor a mis clientes. Sería mejor para todos si pusiera la empresa en manos más motivadas que pudieran ayudarla a crecer.

Llamé a un amigo y le pedí que me interrogara sobre esta gran decisión. «¿Qué otras formas hay de conseguir la libertad que quieres, sin vender?». Tras una hora de preguntas de este tipo, ambos llegamos a la conclusión de que realmente debía dejarlo.

Como con cualquier ruptura, graduación o mudanza, desconectas emocionalmente y todo se siente como si estuviera en el pasado lejano.

Me sentí como si estuviera en la carretera con una pequeña caja de cosas, moviéndome a través del país, mi antiguo hogar desaparecido hace mucho tiempo, para no volver a verlo.

Al final de ese día, ya no era derek@cdbaby.com.

Desgraciadamente, al igual que un divorcio, los trámites tardaron otros siete meses. Dejé que dos empresas pujaran y acabé eligiendo a la que tenía la oferta más baja, pero que me parecía que entendía mejor a mis clientes.

Pero nunca fue por el dinero. La decisión se tomó en aquel día introspectivo en el que escribí en mi diario y hablé con mis amigos. No tenía ningún conflicto y sabía que era la decisión correcta.

Esa noche (18 de enero de 2008) me fui a la cama y dormí más de lo que había dormido en meses. Luego me desperté lleno de ideas detalladas para mi próxima empresa, pero esa es otra historia.

La razón por la que cuento todo esto es porque otros empresarios me han hecho la pregunta varias veces: «¿Cómo sabes cuándo es el momento de vender?».

Mi respuesta es: «Lo sabrás», pero espero que esta detallada historia ayude a ilustrar ese sentimiento.

POR QUÉ DONÉ MI EMPRESA A UNA ORGANIZACIÓN BENÉFICA

Dos amigos estaban en una fiesta en la extravagante finca de un multimillonario. Uno dijo: «¡Vaya! ¡Mira este lugar! Este tipo lo tiene todo». El otro dijo: «Sí, pero yo tengo algo que él nunca tendrá: lo suficiente».

Cuando decidí vender mi empresa, ya tenía suficiente.

Vivo con sencillez. No tengo casa, ni coche, ni siquiera televisión. Cuanto menos tengo, más feliz soy. La falta de cosas me da la inestimable libertad de vivir en cualquier lugar y en cualquier momento.

Así que no necesitaba ni quería el dinero de la venta de la empresa. Solo quería asegurarme de tener lo suficiente para llevar una vida sencilla y cómoda. El resto irá a la educación musical, ya que es lo que ha marcado la diferencia en mi vida.

He creado un fideicomiso benéfico llamado *Independent Musicians Charitable Remainder Unitrust*. Cuando muera, todos sus activos se destinarán a la educación musical. Pero mientras esté vivo, me pagará el 5 % de su valor al año.

Unos meses antes de la venta, transferí al fideicomiso la propiedad de CD Baby y HostBaby, toda la propiedad intelectual, como las marcas y el software.

Había desaparecido de forma irreversible e irrevocable. Ya no era mío. Todo pertenecía a la fundación benéfica.

Luego, cuando Disc Makers la compró, no me la compró a mí, sino al fideicomiso, convirtiéndolo en veintidós millones de dólares en efectivo a beneficio de la educación musical.

Así, en lugar de vender la empresa (tributando por los ingresos y donando lo que queda a la beneficencia), esa medida de regalar la empresa a la beneficencia y luego hacer que la beneficencia la venda ahorró unos cinco millones de dólares en impuestos. (Esto significa que cinco millones de dólares más estarán destinados a la educación musical).

Además, el hecho de entregarlo ahora a un fideicomiso —en lugar de conservarlo hasta que muera— significa que sus inversiones crecen y se componen libres de impuestos de por vida, lo que también significa que al final se destina más a los músicos.

Solo escribo esto porque mucha gente me ha preguntado por qué lo he regalado, así que he pensado en escribir mi larga explicación de una vez por todas.

No es que sea altruista. No sacrifico nada. Simplemente he aprendido lo que me hace feliz. Y hacerlo de esta manera me ha hecho más feliz.

Tengo la felicidad más profunda de saber que la racha de suerte que he tenido en mi vida beneficiará a montones de personas, no solo a mí.

Tengo el orgullo de saber que hice algo irreversiblemente inteligente antes de poder cambiar de opinión.

Tengo la seguridad de saber que no seré objeto de una demanda frívola, ya que tengo muy poco patrimonio.

Tengo la libertad desahogada de tenerlo fuera de mis manos para no hacer una estupidez.

Pero, sobre todo, recibo el inestimable recordatorio constante de que tengo suficiente.

POR QUÉ NECESITAS TU PROPIA EMPRESA

Todos necesitamos un lugar para jugar.

Los niños necesitan parques infantiles y areneros. Los músicos necesitan un instrumento. Los científicos locos necesitan un laboratorio. ¿Los que tenemos ideas de negocio? Necesitamos una empresa.

No por el dinero, sino porque es nuestro lugar para experimentar, crear y convertir los pensamientos en realidad. Tenemos que perseguir nuestra motivación intrínseca.

Tenemos muchas ideas y teorías interesantes. ¡Tenemos que probarlas!

Las personas más felices no están descansando en las playas. Se dedican a un trabajo interesante.

Seguir la curiosidad es mucho más divertido que estar ocioso. Aunque no tengas que trabajar ni un solo día en tu vida.

Esa es la mejor razón para tener una empresa. Es tu patio de recreo, tu instrumento, tu laboratorio. Es tu lugar para jugar.

Saca las ideas de tu cabeza y llévalas al mundo.

TÚ CREAS TU MUNDO PERFECTO

Empecé con CD Baby centrándome en la importancia de crear un mundo perfecto para los músicos.

En el camino aprendí la importancia de hacer de mi negocio un sueño hecho realidad también para mí.

Los negocios son tan creativos como las bellas artes. Puedes ser tan poco convencional, único y extravagante como quieras. Un negocio es un reflejo del creador.

Algunos quieren ser multimillonarios con miles de empleados. Otros quieren trabajar solos.

Algunos quieren ser famosos en Silicon Valley. Otros quieren ser anónimos.

Independientemente del objetivo que elijas, habrá mucha gente que te diga que estás equivocado.

Presta mucha atención a lo que te excita y a lo que te agota. Presta mucha atención a cuándo estás siendo tu verdadero yo y cuándo estás tratando de impresionar a un jurado invisible.

Incluso si lo que haces es frenar el crecimiento de tu negocio, si te hace feliz, no pasa nada. Es tu elección seguir siendo pequeño.

Habrás notado que, a medida que mi empresa crecía, mis historias sobre ella eran menos felices. Esa fue mi lección aprendida. Soy más feliz con cinco empleados que con ochenta y cinco, y más feliz trabajando solo.

Hagas lo que hagas, es tu creación, así que haz que tu sueño personal se haga realidad.

2

SI NO TE ENTUSIASMA, NO LO HAGAS

Haz solo lo que vale la pena

ÍNDICE

INICIO

ACTUALIZA TU IDENTIDAD

DECIR «NO»

HAZ QUE LAS COSAS SUCEDAN

CAMBIO DE PERSPECTIVA

¿QUÉ VALE LA PENA HACER?

CORRIGIENDO LOS PENSAMIENTOS ERRÓNEOS

DECIR QUE SÍ

INICIO

ACERCA DE ESTE LIBRO

En mi primer libro, *Lo que tú quieras (Anything you want,* traducido inicialmente como *Sigue tu pasión),* conté la historia de cómo empecé, crecí y vendí mi empresa.

Como parte de la venta de la empresa, firmé un acuerdo de no competencia que decía que no podía hacer la única cosa que había estado haciendo desde los veintisiete años. Así que tuve que hacer un verdadero cambio en mi vida.

Pensé mucho en lo que vale la pena hacer, en arreglar mis pensamientos erróneos y en hacer que las cosas sucedan. Durante los siguientes diez años, escribí durante horas al día en mi diario privado, haciéndome preguntas y respondiéndolas. Cuando estos pensamientos me parecían útiles para otros, los convertía en artículos, que ahora son los capítulos de este libro.

Escribo de forma sucinta porque solo introduzco ideas. Tú puedes aplicarlas a tu vida mejor que yo. Pero, si quieres escuchar más ideas o hablar de ellas, ve a la URL que aparece al final de cada capítulo: (sive.rs/). Allí encontrarás muchos comentarios interesantes sobre esa idea y podrás publicar los tuyos.

O simplemente saluda en sive.rs/contact. Me encanta saber de la gente que ha encontrado mi trabajo. Respondo a todos los correos electrónicos.

Derek Sivers, Oxford, Inglaterra, 2019

ACTUALIZA TU IDENTIDAD

¿Y SI NO NECESITARAS DINERO NI ATENCIÓN?

¿Recuerdas esa sensación que tienes después de una gran comida? ¿Cuando estás tan lleno que no quieres nada más?

¿Te has preguntado alguna vez cómo se sentiría eso en otras facetas de tu vida?

Hacemos muchas cosas por la atención, para sentirnos importantes o alabados. Pero ¿qué pasaría si tuvieras tanta atención y tantos elogios que no pudieras querer más? ¿Qué harías entonces? ¿Qué dejarías de hacer?

Hacemos muchas cosas por el dinero, lo necesitemos o no. ¿Pero qué pasaría si tuvieras tanto dinero que no pudieras querer más? ¿Qué harías entonces? ¿Qué dejarías de hacer?

Y entonces, si dejaras de hacer todas esas cosas que haces solo por el dinero o la atención, ¿qué quedaría? ¿Quién serías si no hicieras estas cosas? Si estuvieras completamente saciado, ¿entonces qué? Después de un periodo comprensible de relajación, ¿a qué te dedicarías?

No digas «sentarme y no hacer nada», porque eso sigue siendo relajarse. Me refiero a después de eso, cuando estés listo para volver a ser útil a los demás.

¿Qué harías entonces, si no necesitaras el dinero ni la atención?

NO TIENES QUE SER LOCAL

Puedes concentrar tu tiempo a nivel local o global.

Si eres local, te centras en tu comunidad, haciendo cosas en persona. Pero esto significa que tienes menos tiempo para centrarte en el resto del mundo.

Si eres global, haces cosas para todo el mundo. Pero esto significa que tienes menos tiempo para formar parte de tu comunidad local.

Ninguno de los dos enfoques es correcto o incorrecto, pero hay que ser consciente de las ventajas y desventajas.

Viví en Woodstock, Nueva York, durante tres años. Allí puse en marcha mi empresa, totalmente en línea. Nunca conocí a nadie en Woodstock. Solo vivía allí, pero no socializaba. Mi atención estaba centrada en el mundo entero, lo que ayudó a que mi negocio creciera rápidamente.

Luego viví en Portland, Oregón, durante tres años. Trabajé cada hora que estuve despierto, superproductivo. Hice grandes amigos en todo el mundo, pero nunca salí por Portland. Era solo mi lugar para trabajar y dormir. Mi atención seguía centrada en el mundo entero.

Luego viví en Singapur durante tres años y decidí hacer lo contrario: implicarme plenamente en mi comunidad local. Tenía las puertas abiertas, decía que sí a todas las peticiones, me reunía con cientos de personas y acudía a todos los eventos posibles. Pasé la mayor parte del tiempo hablando con la gente, y llegué a conocer realmente a la comunidad de Singapur.

Pero algo no funcionaba. Después de un día de charla, a menudo me sentía agotado e insatisfecho. Dos horas dedicadas a una persona que quería hacerme un par de preguntas son dos horas que podría haber dedicado a hacer algo útil para todo el mundo, incluida esa persona.

Entonces la gente de Estados Unidos empezó a enviarme correos electrónicos para preguntarme por qué había estado tan callado. ¿No hay nuevos artículos? ¿Ningún proyecto nuevo? ¿Nada?

Así que ahí está la contrapartida. Cuando me concentro en lo local, puedo ser útil para mi comunidad, pero no estoy siendo tan útil para el resto del mundo.

Así que finalmente lo admito: No soy local.

Me siento igual de conectado a muchos lugares. El hecho de que ahora viva en un lugar no significa que deba ignorar los demás. Concentrarme en lo local nunca ha sido lo mío. Cuando vivía en Woodstock y

Portland, la gente me preguntaba qué hacía para promover la escena musical local. Yo argumentaba que no debía favorecer a Woodstock o Portland más que a Wellington o Praga. Pero así soy yo.

Algunas personas sienten una fuerte separación entre los de dentro y los de fuera. Si formas parte de su familia, vecindario, organización o círculo de amigos, entonces eres un *insider*. Todos los demás son forasteros.

Otros no sienten ninguna separación. Te tratan por igual, no importa de dónde seas o a quién conozcas. No hay forasteros. Haces conexiones basadas en quién eres ahora, no en dónde has estado.

Al igual que tu tendencia a ser introvertido o extrovertido, o conservador o liberal, estas visiones fundamentales del mundo dan forma a tu entendimiento de la vida y el trabajo.

Una empresa puede centrarse en hacer crecer su mercado local o en internacionalizarse. Un músico puede centrarse en hacer conciertos locales o en llegar a los fans por Internet. Enfoques muy diferentes. Ambos son necesarios. Ninguno es correcto o incorrecto. Solo tienes que ser consciente de que puedes elegir el equilibrio entre local y global que mejor te funcione.

LAS ACCIONES, NO LAS PALABRAS, REVELAN NUESTROS VERDADEROS VALORES

Le dije a mi antiguo coach que quería crear una nueva empresa.

Me dijo: «No, no lo quieres».

Le dije: «¡Sí, lo quiero! Esto es realmente importante para mí».

Me dijo: «No, no lo es. Decirlo no lo hace cierto».

Le dije: «No puedes ignorar lo que digo. Me conozco bien. Te estoy diciendo lo que es importante para mí».

Me dijo: «Sí, puedo ignorar lo que dices y fijarme solo en tus acciones. Nuestras acciones siempre revelan nuestros verdaderos valores».

Lo pensé, pero me sonó mal. ¿Qué pasa con la gente que quiere aprender idiomas, o crear empresas, pero aún no ha empezado? ¿Qué pasa con la gente que quiere dejar de fumar o de trabajar, pero aún no ha podido hacerlo?

Dijo: «**Si realmente quisieran hacerlo, lo habrían hecho.** Llevas hablando de esta idea de empresa desde 2008, pero nunca la has lanzado. Viendo tus acciones, y conociéndote, diría que en realidad no quieres crear otra empresa. En realidad prefieres la vida sencilla que tienes ahora, centrada en aprender, escribir y jugar con tu hijo. **No importa lo que digas, tus acciones revelan la verdad**».

Vaya. Sí. Tenía razón.

Llevaba años engañándome a mí mismo, diciéndome que quería hacerlo, pero mis actos demostraban lo contrario. Sí, lo quería un poco, pero quería otras cosas aún más.

Ahora he estado compartiendo este pensamiento con amigos que hablan de querer algo, pero no lo hacen realidad. Siempre tienen la misma reacción que yo.

No importa lo que le digas al mundo o a ti mismo, tus acciones revelan tus verdaderos valores. Tus acciones te muestran lo que realmente quieres.

Hay dos reacciones inteligentes a esto:

1. Dejar de mentirte a ti mismo y admitir tus verdaderas prioridades.
2. Empezar a hacer lo que dices que quieres hacer, y comprobar si es realmente lo que quieres.

SIGUE GANANDO TU TÍTULO, O ESTE EXPIRA

Hasta ayer, me consideraba un empresario. Ahora no lo hago. Ya han pasado años desde que creé una empresa, así que no puedo seguir usando ese título.

Alguien que jugó al fútbol en el instituto no puede llamarse a sí mismo futbolista para siempre. Alguien que hizo algo con éxito hace mucho tiempo no puede seguir llamándose a sí mismo exitoso.

Hay que seguir ganándoselo.

Aferrarse a un viejo título da satisfacción sin acción. Pero el éxito viene de hacer, no de declarar.

Al usar un título sin hacer el trabajo, te engañas a ti mismo creyendo que el éxito futuro está asegurado, pensando: «¡Esto es lo que soy!». Pero esa prematura sensación de satisfacción puede impedirte hacer el trabajo duro necesario.

Deja de engañarte a ti mismo. Sé sincero sobre lo que es pasado y lo que es presente. Retirar los títulos obsoletos te permite admitir lo que realmente estás haciendo ahora.

Y, si no te gusta la idea de perder tu título, ¡haz algo al respecto! Esto se aplica también a títulos como «líder», «audaz» y «buen amigo».

Hoy he actualizado mi sitio web para reflejar cuáles de mis logros están en el pasado. Es liberador hablar en pasado de lo que has hecho y solo hablar en presente de lo que estás haciendo.

¿POR QUÉ LO HACES?

Es fundamental saber por qué se hace lo que se hace.

La mayoría de la gente no lo sabe. Simplemente se dejan llevar por la corriente.

Las normas sociales son poderosas. Los factores que te influencian son poderosos. Una gran charla, un libro o un vídeo pueden cambiar instantáneamente tu forma de pensar.

Pero en tu lecho de muerte, no quieres ese horrible arrepentimiento, el sentimiento de que has pasado tu vida persiguiendo lo que alguien dijo que debías querer en lugar de lo que realmente querías.

Por ejemplo, si quieres ganar mucho dinero, tienes que admitirlo. Si quieres ser famoso, tienes que perseguirlo. Si quieres libertad y no tener responsabilidades, o quieres aprender lo máximo posible o cualquier otra cosa, tienes que darte cuenta y aceptarlo.

Decidas lo que decidas, tienes que ir a por ese objetivo y estar dispuesto a dejar de lado los demás.

No puedes disipar tu energía, tratando de hacer un poco de todo, o siempre estarás en conflicto contigo mismo.

Por ejemplo, una forma de ganar dinero es asumir muchas responsabilidades, lo que significa dejar de lado algunas libertades.

Una forma de hacerse famoso es dejar que otros ganen más dinero, mientras tú te llevas el protagonismo. Esto lo aprendí cuando vivía en Los Ángeles, cuando conocí a algunos actores famosos de Hollywood y me di cuenta de que no son tan ricos como uno piensa. Las personas más ricas de Hollywood son aquellas de las que nunca has oído hablar, porque han optimizado sus carreras para conseguir dinero. Saben que otros están dispuestos a aceptar menos dinero a cambio de más fama, así que se benefician de la otra parte de ese trato.

Tal vez lo más importante para ti sea aprender, o crear, o dar. Tal vez sea la cantidad de vidas en las que puedes influir. Tal vez sea la profundidad con la que puedes influir en la vida de unas pocas personas.

Una vez que te das cuenta de lo que realmente quieres y lo admites, tienes que perseguirlo.

Si quieres libertad, entonces ten un negocio pero delega todo el trabajo. No aprenderás, ni crearás, ni darás tanto como podrías hacerlo con una estrategia diferente, pero eso está bien. Sabes que lo que buscas es la libertad.

A veces la mejor estrategia es la contraria a la intuición. Si tienes un trabajo bien pagado, pero te das cuenta de que las donaciones benéficas son lo que más te importa, entonces la mejor estrategia no es dejar tu trabajo para ir a colgar mosquiteros en África, sino mantener tu trabajo y ganar todo el dinero que puedas mientras financias organizaciones en

África que cuelgan miles de mosquiteras. (A menos que tu objetivo sea solo parecer caritativo. En ese caso, admítete eso también).

Pero elijas lo que elijas, prepárate, porque la gente siempre te va a decir que estás equivocado.

Por eso tienes que saber por qué haces lo que haces. Conócelo de antemano. Utilízalo como brújula y crea tu vida en torno a eso. Deja que los demás objetivos sean secundarios para que, cuando lleguen esos momentos de decisión, puedas elegir el valor que ya sabes que te importa más.

ALGUNOS SIEMPRE DIRÁN QUE TE EQUIVOCAS

A algunas personas les gusta el dinero. A otras no. A algunas personas les inspira ayudar a los necesitados. A otras no. A algunos les gusta la fama, el poder y el prestigio. A otros les gusta el anonimato y la libertad de responsabilidad.

La gente tiene diferentes preferencias en distintas partes de su vida. Famosos en Internet, pero anónimos en su barrio. Generosos con el tiempo, pero tacaños con el dinero. Introvertidos cuando trabajan, pero extrovertidos cuando no.

Tienes que conocer bien tus preferencias porque, hagas lo que hagas, alguien te dirá que estás equivocado.

Si no te gusta el dinero, mucha gente dirá que eres tonto. Si no te gusta la caridad, mucha gente dirá que eres avaro. Si no te gustan las multitudes, mucha gente dirá que te estás perdiendo algo fantástico.

Algunas profesiones vienen con excusas: El novelista clásico prospera en la soledad, solo en una cabaña en el bosque, escribiendo libros que llegan a millones de personas. El periodista clásico prospera en una multitud, hablando con todo el mundo, construyendo la historia a partir de mil relatos. El bibliotecario tranquilo. El abogado agresivo. El artista excéntrico. No hace falta explicar nada.

Pero cuando vas en contra del estereotipo, la gente se confunde.

- El empresario al que no le gusta el dinero.
- El músico que evita las multitudes.
- El ecologista ambicioso.
- El artista disciplinado.

Si esperas las críticas de antemano y te enorgulleces de tu postura inusual, puedes seguir adelante con una sonrisa, siendo quien quieres ser.

Entonces, cada vez que te digan que te equivocas, será una señal de que lo estás haciendo bien.

IMITA. SOMOS ESPEJOS IMPERFECTOS

¿Sabes esa canción que te encanta y que te gustaría haber escrito? Cópiala.

¿Sabes ese negocio que ya existe y en el que te gustaría haber pensado? Cópialo.

¿Por qué? Porque somos espejos imperfectos.

Al igual que un espejo de feria que distorsiona lo que refleja, tu imitación resultará muy diferente del original. Tal vez incluso mejor.

Cuando un músico versiona la canción de otro, revela su propia perspectiva deformada, ya que sabemos cómo suena el original. Por eso, versionar una canción es una buena forma de definir quién eres como artista.

Cuando un músico escribe una nueva canción que imita la de otro, casi nadie se da cuenta del parecido. La gente no hace la conexión a menos que el músico les revele la fuente de su inspiración.

Por lo tanto, un empresario puede imitar el negocio de otro y seguir aportando un gran servicio al mundo.

Solía creer que todo lo que hacía tenía que ser 100 % original. Mi antigua empresa tenía un competidor que ofrecía máquinas de tarjetas de crédito a los músicos. Los clientes me decían lo mucho que les gustaba ese servicio, e incluso me decían que les gustaría que nosotros también lo tuviéramos. Pero copiar al competidor me parecía imposible.

Me llevó mucho tiempo tragarme el orgullo y darme cuenta de que haría un favor a mis clientes si imitaba esa idea. Así que la copié, y fue una de las cosas más exitosas que he hecho. Esas pequeñas máquinas de tarjetas de crédito generaron más de ocho millones de dólares para miles de músicos.

Así que mira a tu alrededor las ideas que existen en el mundo. Puedes imitarlas y seguir ofreciendo algo valioso y único.

AMANDO LO QUE SOLÍA ODIAR

Ten cuidado cuando digas que te gusta o no te gusta algo, porque podrías cambiar de opinión pronto.

La primera vez que escuché la música de Tom Waits, cuando fue invitado en *David Letterman,* pensé que era tan horrible que debía ser una broma. Incluso años después, cuando volví a escucharlo, odié su música con pasión. Pero entonces escuché su versión de la canción de Cole Porter *It's All Right with Me,* y me encantó. Así que me hice con su álbum *Rain Dogs* y me enamoré de él, y luego también del resto de su música. Lo curioso es que en YouTube encontré su antigua interpretación de mi nueva canción favorita, y entonces me di cuenta de que era esa misma aparición en *David Letterman* que tanto había odiado antes.

Al principio no tenía prejuicios contra Indonesia. Dirigía cdbaby.com desde mi habitación en Nueva York, vendiendo CD a todo el mundo. Empecé a recibir grandes pedidos de Indonesia, enviando miles de dólares en CD. Al cabo de unos meses, los bancos me dijeron que eran pedidos fraudulentos realizados con tarjetas de crédito robadas, y me retiraron todo el dinero. Maldije a Indonesia por ser una «nación de ladrones» y bloqueé todos los pedidos indonesios en mi sitio.

Diez años después, vivía en Singapur y me invitaron a hablar en TEDxJakarta. Escuché a veinte ponentes indonesios que contaban sus historias y mostraban su increíble trabajo. Fue muy conmovedor y entrañable. Pasé una semana en casa de mis nuevos amigos indonesios y me enamoré de su gente. Después recordé que antes odiaba Indonesia. Pero la experiencia borra los prejuicios.

Lo mismo ocurre con el levantamiento de pesas. Durante décadas me burlé de eso como una actividad sin sentido de atletas tontos y vanidosos. Luego seguí leyendo investigaciones científicas que demostraban que es una de las mejores cosas que puedes hacer por tu salud. Así que lo probé y desde entonces me encanta.

Por supuesto, también hay ejemplos que van en sentido contrario: comida y música que me gustaban de adolescente pero que ya no me gustan.

Tengo que sonreír, pensando en lo que diría mi antiguo yo. Pero el yo anterior no siempre tiene razón. No debemos conservar nuestras primeras opiniones como si reflejaran nuestra naturaleza pura, inmaculada y verdadera. A menudo son solo el resultado de la inexperiencia o de una fase temporal. Las viejas opiniones no deben definir quiénes seremos en el futuro.

NO ERES TU «YO» PÚBLICO

Espero que no tengas que aprender esta lección como lo hice yo.

Un día, escribí una entrada en mi blog compartiendo lo que había aprendido al cambiar entre el lenguaje de programación PHP y el *framework* Ruby on Rails. En ese momento, mi blog no tenía lectores, así que pensé que nadie lo vería. Solo lo escribí para que quedara constancia.

Pero cuando me desperté a la mañana siguiente, mi post estaba en todos los sitios de noticias tecnológicas, y era como si hubiera insultado la religión de todo el mundo. Había más de mil comentarios diciendo que era un completo idiota y un terrible programador.

Al principio me sentí molesto e insultado, como lo haría cualquiera. Luego, por suerte, algo cambió en mi cabeza y me di cuenta de lo más importante: No estaban hablando de mí. Estaban hablando de un recorte de cartón que se parecía a mí. Un pequeño avatar online que tiene el mismo nombre que yo, pero que no soy yo.

No podía ofenderme cuando decían que era un programador terrible, porque nunca habían visto mi código. No podía ofenderme cuando decían que era un idiota, porque no me conocían. Habían leído unos cuantos párrafos de un artículo y habían soltado algunos insultos. Sus reacciones no tenían nada que ver con el verdadero yo.

De repente fue como ver a un pequeño personaje de videojuego ser atacado. Era divertido verlo, formaba parte del juego y no era nada personal.

Entonces me di cuenta de que era lo mismo con los cumplidos.

Tampoco puedo tomarme los elogios como algo personal. A algunas personas les han gustado las cosas que he escrito o hecho, y han dicho cosas bonitas sobre mí. Pero esos tampoco son mi verdadero yo.

Así que la conclusión es esta: Los comentarios del público son solo un feedback sobre algo que has hecho. Merece la pena leerlos para ver cómo se ha percibido algo. Incluso puedes tomarlo como una retroalimentación sobre la imagen pública que has creado. Todo lo que la gente sabe es lo que has decidido mostrarles. Así que, si tu imagen pública no se percibe bien, intenta modificarla.

Nunca olvides que quien eres en público no eres tú.

TU CARÁCTER PREDICE TU FUTURO

Hace muchos años, trabajé en la industria musical de Nueva York. Luego lo dejé.

Quince años después, volví a Nueva York y me reuní con muchas de las personas que no había visto desde entonces.

Cada uno de ellos había terminado más o menos donde se esperaba, según su carácter.

Los disciplinados habían triunfado. Los temperamentales habían fracasado. Los que habían actuado como líderes eran líderes. Los que culpaban a los demás de su falta de resultados seguían haciéndolo.

No importaba dónde estuvieran antes. Lo que importaba era la dirección que tomaban. Algunos habían sido becarios no remunerados en el escalafón más bajo, pero su determinación y sus enfoques inteligentes les habían llevado a la cima. Algunos habían sido famosos o exitosos, pero parecían muy frágiles o combustibles, y sí, se derrumbarían.

El carácter no es la suerte o el destino. El carácter no es el ADN, decidido antes de nacer. El carácter es el resultado de tus pequeñas decisiones y pequeñas acciones.

Cómo se hace cualquier cosa es cómo se hace todo. Todo es importante.

Tus acciones están completamente bajo tu control, y parecen ser el mejor indicador de tu futuro éxito.

LOS PECES NO SABEN QUE ESTÁN EN EL AGUA

Los peces no saben que están en el agua. Si tratas de explicárselo, dirán: «¿Agua? ¿Qué es el agua?». Están tan rodeados por ella que les es imposible de ver. No pueden verla hasta que saltan fuera de ella.

Esto es lo que pienso de la cultura. Estamos tan rodeados de ella que es imposible verla. Muchas cosas que creemos que son verdaderas son en realidad nuestra cultura local. No podemos verla hasta que salimos de ella.

Nací en California y crecí con lo que me pareció una educación normal con valores normales. He estado rodeado de artistas y empresarios durante la mayor parte de mi vida.

La semana pasada estuve hablando en una clase de una escuela de negocios en Singapur. Pregunté: «¿A cuántas personas les gustaría crear su propia empresa algún día?». En una sala de cincuenta personas, solo subió reticentemente una mano. Estaba sorprendido y confundido. Si hubiera hecho esta pregunta en California, se habrían levantado todas las manos. Pensé que tal vez los estudiantes de Singapur estaban siendo tímidos, así que pregunté a algunos de los presentes: «¿De verdad? ¿Por qué no?». Algunas de sus respuestas fueron:

- «¿Por qué correr el riesgo? Solo quiero seguridad».
- «He gastado todo este dinero en la escuela y necesito recuperarlo».
- «Si fracaso, será una gran vergüenza para mi familia».

Entonces me di cuenta de que estaba viendo la cuestión a través de mi cultura local americana. Había oído que Estados Unidos era el país de los emprendedores y del exceso de confianza, pero no pude verlo realmente hasta que estuve fuera de él.

Todos mis amigos singapurenses viven con sus padres. Incluso los que tienen bastante éxito, incluso los casados, hasta los treinta y cinco años viven en casa de sus padres. Cuando le conté a una amiga que me había ido de casa a los diecisiete años se quedó horrorizada. Me dijo: «¿No es un insulto para tus padres? ¿No estaban destrozados?».

Entonces volví a fijarme en mi cultura local americana. Había oído que los estadounidenses hacen hincapié en el individualismo, la rebelión y la expresión personal, pero no pude verlo realmente hasta que estuve fuera.

Mi cultura no está en el centro. Está en el borde, como un pétalo de una flor, como lo están todas. No está bien ni mal: solo es una de las muchas opciones.

Así que solo soy un pez que no sabía que estaba en el agua. Y, en algún aspecto de tu vida, probablemente también tú lo seas.

¿ESTÁS CENTRADO EN EL PRESENTE O EN EL FUTURO?

Todo el mundo sabe lo que es ser introvertido o extrovertido, pero hay otro eje que marca una diferencia mucho mayor. Se trata de la concentración en el presente frente a la concentración en el futuro.

Algunas personas se centran sobre todo en el momento presente. Viven el día de hoy y hacen lo que les hace sentir bien en ese momento.

Otras personas se centran sobre todo en el futuro. Utilizan el día de hoy como un trampolín y hacen lo mejor para su futuro.

Me enteré de esto por el libro *La paradoja del tiempo,* del legendario psicólogo Phil Zimbardo, y me dejó boquiabierto. Me ayudó a entender a esas personas que antes me parecían locas. También me ayudó a entender por qué actúo como lo hago.

Mira estos ejemplos:

Personas centradas en el presente:

- Buscan el placer, la emoción y la novedad.
- Están centradas en la gratificación inmediata.
- Aprecian especialmente la vida, la naturaleza y la gente que les rodea.
- Son juguetones, impulsivos y sensuales.
- Evitan todo lo que sea aburrido, difícil o repetitivo.
- Sumergidos totalmente en el momento, pierden la noción del tiempo.
- Son más propensos a consumir drogas y alcohol.
- Son mejores para ayudar a los demás que para ayudarse a sí mismos.

Personas centradas en el futuro:

- Retrasan la gratificación.
- Son impulsados por su autodisciplina porque ven con claridad sus objetivos futuros.
- Tienden a vivir en sus mentes, imaginando otros escenarios y futuros posibles.
- Les encanta su trabajo.
- Hacen ejercicio, invierten y acuden a los exámenes médicos preventivos.
- Son mejores para ayudarse a sí mismos, pero peores para ayudar a los demás.
- Tienen más probabilidades de tener éxito en sus carreras, pero a menudo a expensas de las relaciones personales, que requieren un enfoque presente.

Tu enfoque temporal se genera por el ambiente en el que vives. Las personas que crecen en lugares inestables se centran más en el presente porque imaginar el futuro es difícil. Las personas que crecen en climas fríos se centran más en el futuro porque tienen que prepararse para el invierno.

Tu enfoque temporal puede cambiar en un instante. Si le pides a una persona centrada en el presente que describa su carrera definitiva y escriba los pasos para alcanzar esos objetivos, su enfoque cambiará hacia el futuro. Si le pides a una persona centrada en el futuro que nombre todos los sonidos de fondo que puede oír, o el lugar donde su cuerpo toca su silla, su enfoque cambiará al presente.

Tus valores cambian tu enfoque. Estar enamorado o hacer arte empuja a alguien a centrarse en el presente. La ambición empuja a alguien a centrarse en el futuro.

Ambas mentalidades son necesarias. Es necesario centrarse en el presente para disfrutar de la vida. Pero demasiado enfoque en el presente puede impedir una felicidad más profunda, la del logro. (Yo llamo a esto «felicidad superficial» frente a «felicidad profunda»).

Me gustaría que todo esto formara parte de un entendimiento común, del mismo modo que entendemos que los extrovertidos quieren salir a divertirse y los introvertidos prefieren quedarse en casa con un libro.

Este concepto incluso me ayuda a entenderme a mí mismo cuando actúo fuera de lugar. Si estoy actuando demasiado indisciplinadamente, me doy cuenta de que es porque he dejado de ver vívidamente mi futuro. Solo veo el presente. Si actúo demasiado desconectado, me doy cuenta de que es porque estoy obsesionado con mis objetivos. Solo puedo ver el futuro.

Espero que la idea te resulte tan útil como a mí.

TUS PEQUEÑAS ACCIONES CAMBIAN TU IDENTIDAD

Cuando pensamos en lo que vale la pena hacer, solemos pensar en cosas grandes.

Pero cuando escuchas las historias de cómo la gente tuvo éxito, suelen empezar con una pequeña acción:

- Decir que sí cuando alguien pide voluntarios.
- Acercarse a una celebridad.
- Leer un libro o hacer un curso.

Esa pequeña acción cambia la forma en que piensas en ti mismo.

Una vez dado ese paso, empiezas a considerarte valiente, o un triunfador, o un poco experto en un tema.

Si haces una sola cosa que te hace sentir generoso, empiezas a actuar con generosidad, y te conviertes en generoso.

Si haces una sola cosa que te hace sentir como un líder, empiezas a actuar como tal y te conviertes en un líder.

El mundo te trata como te tratas a ti mismo. Tus acciones muestran al mundo quién eres.

No actuarás de forma diferente hasta que no pienses en ti mismo de forma diferente. Así que empieza por realizar una pequeña acción que cambie tu identidad.

DECIR «NO»

SI NO DICES «¡CLARO QUE SÍ!», ENTONCES DI «NO»

La mayoría de nosotros tenemos vidas llenas de mediocridad. Dijimos que sí a cosas que queríamos a medias.

Así que estamos demasiado ocupados para reaccionar cuando se nos presentan oportunidades. Nos perdemos lo bueno porque estamos ocupados con lo mediocre.

La solución es decir «sí» a menos cosas.

Si no sientes que algo es «¡magnífico!», di que no.

Es una decisión fácil. Di «no» a casi todo. Esto empieza a liberar tu tiempo y tu mente.

Así, cuando encuentres algo que realmente te entusiasme, tendrás el espacio en tu vida para prestarle toda tu atención. Serás capaz de emprender una acción masiva, de una manera que la mayoría de la gente no puede, porque has limpiado el desorden por adelantado. Decir «no» hace que tu «sí» sea más poderoso.

Aunque es bueno decir que sí cuando estás empezando, quieres cualquier oportunidad o necesitas variedad, es malo decir que sí cuando estás abrumado, estás demasiado comprometido o necesitas concentrarte.

Rechaza casi todo. No hagas casi nada. Pero las cosas que hagas, hazlas hasta el final.

DI «NO» A TODO LO DEMÁS

Steven Pressfield se llamó a sí mismo autor durante años, pero nunca había terminado un libro. Con el tiempo, el dolor psicológico de no terminar siguió creciendo hasta que no pudo soportarlo más. Decidió finalmente vencer al demonio que él llama «la resistencia».

Creó una situación sin salida. Alquiló una cabaña, se llevó su máquina de escribir y cerró todas las demás opciones.

Dijo:

«No hablé con nadie durante ese año… no salí. Solo trabajé. Tenía un libro en mente y había decidido que lo terminaría o me suicidaría. No podía huir de nuevo, ni defraudar a la gente de nuevo, ni defraudarme a mí mismo de nuevo. Esto era todo, hacer o morir».

Tras un año difícil de lucha contra esos demonios internos y de evitar todas las tentaciones, lo consiguió. Terminó su primer libro. No fue un éxito, pero no importaba. Por fin había vencido a la resistencia. Siguió escribiendo muchas novelas de éxito.

Contó esta historia en el gran libro *Turning Pro,* el tercero de su serie de pequeños libros sobre la lucha creativa, entre los que se encuentran *The War of Art* y *Do the Work.* Lee los tres.

«¡Claro que sí! o no» es un filtro que puedes usar para decidir qué vale la pena hacer. Pero esto es más sencillo y más serio. Es una decisión de dejar de decidir. Es una decisión, por adelantado, de que la respuesta a todas las distracciones futuras es «no» hasta que termines lo que has empezado. Es **decir «sí» a una cosa, y «no» a absolutamente todo lo demás.**

EL ARTE ES INÚTIL, Y TAMBIÉN LO SOY YO

El arte es inútil por definición. **Si fuera útil, sería una herramienta.**

Durante los últimos veinte años, he estado obsesionado con ser útil. Esa medida impulsaba todas mis decisiones diarias: «¿Cómo puedo ser el más útil para el mayor número de personas hoy?».

Esa pregunta me sirvió, pero tuvo sus inconvenientes. Me impedía tocar y hacer cosas solo para mí. No es casualidad que dejara de hacer música hace veinte años. No era lo más útil que podía hacer.

Hace unos meses, decidí dejar de esforzarme por ser útil. Necesitaba un poco más de tiempo para mí. Dejé de pasar horas al día respondiendo a correos electrónicos de desconocidos.

He empezado a aprender en serio mi primera lengua extranjera. Es totalmente inútil para los demás, pero me encanta. Ahora me doy cuenta de por qué todos mis intentos anteriores de aprender un idioma no llegaron a buen puerto. Siempre fue una prioridad menor bajo todos mis objetivos útiles.

Empecé a tocar música de nuevo, por primera vez en veinte años. Esta vez no intento ser famoso. No me importa si alguien la escucha o no. Esta vez es solo para mí, solo tocar por el amor a tocar.

Es difícil relajarse en esta mentalidad después de veinte años de lo contrario. Es un lujo no pensar en ti, ahí fuera, y en cómo podrías valorarme.

En la parte superior de cada página de mi sitio web, solía tener una frase que describe lo que hago, otra forma de decir cómo podría ser útil para el extraño que navega por mi sitio. Pero la borré la semana pasada.

Por ahora, no soy la herramienta de nadie.

SOY MUY LENTO PARA PENSAR

Cuando un amigo me dice algo interesante, no suelo reaccionar hasta mucho después.

Cuando alguien me hace una pregunta profunda, digo: «No lo sé». Al día siguiente, tengo una respuesta.

Soy una persona decepcionante para intentar debatir o atacar. Simplemente no tengo nada que decir en el momento, excepto quizás, «buen punto». Luego, unos días después, tras pensarlo mucho, tengo una respuesta.

Probablemente esto me haga parecer estúpido en el momento, pero no me importa. No intento ganar ningún debate.

De hecho, te voy a contar un secreto. Cuando alguien quiere entrevistarme para su programa, le pido que me envíe algunas preguntas con una semana de antelación. Me paso horas escribiendo las respuestas desde diferentes perspectivas antes de elegir la más interesante. Luego, cuando estamos en una conversación en directo, intento que mis respuestas parezcan espontáneas.

La gente dice que tu primera reacción es la más honesta, pero yo no estoy de acuerdo. Tu primera reacción suele ser vieja.

O bien es una respuesta que se te ocurrió hace tiempo y que ahora utilizas en lugar de pensar, o bien es una respuesta emocional instintiva a algo de tu pasado.

Cuando uno es menos impulsivo y más deliberado, puede ser un poco incómodo para los demás, pero no pasa nada.

Alguien te hace una pregunta. No es necesario que respondas. Puedes decir «No lo sé» y tomarte tu tiempo para responder después de pensar. Las cosas suceden. Alguien espera que respondas. Pero puedes decir: «Ya veremos».

Y tal vez, a través del ejemplo, puedas mostrarles que ellos pueden hacer lo mismo.

INCLINANDO MI ESPEJO (LA MOTIVACIÓN ES DELICADA)

La motivación es delicada.

Cuando notes que tu motivación se desvanece, tienes que buscar la causa sutil. **Un simple ajuste puede marcar la diferencia entre conseguir algo o no.**

A una hora de mi ciudad, hay una pequeña cordillera.

El otro lado es precioso. Pero la carretera que cruza las montañas es muy retorcida, con curvas cerradas cada pocos segundos. Las dos primeras veces que crucé en coche, mi hijo vomitó en el asiento trasero. También es estresante porque estoy rodeado de paisajes montañosos pero no puedo apartar la vista de la sinuosa carretera. Aunque conduzco a una velocidad normal, los demás coches me siguen impacientes, porque muchos de ellos recorren esta carretera todos los días.

Cruzar las montañas solo lleva media hora, pero siempre llego agotado. El estrés estaba afectando a mi motivación lo suficiente como para querer dejar de ir.

Así que un día probé un nuevo enfoque: Conduje muy despacio. Entonces las curvas no hicieron enfermar a mi hijo. Entonces pude permitirme unos segundos para mirar de reojo y apreciar el paisaje. Entonces no fue estresante, excepto por una cosa: la cola impaciente de coches detrás de mí.

Me preocupan (quizá demasiado) los demás, así que el mero hecho de verlos por el retrovisor me hizo volver a conducir más rápido de lo que quería, lo que me devolvió todos los problemas originales.

Así que hice un simple ajuste: incliné el espejo retrovisor hacia el techo para no ver nada detrás de mí.

Ese pequeño ajuste lo cambió todo.

Ahora siento que estoy casi solo en ese magnífico viaje por la montaña. Voy a mi propio ritmo, sin la influencia ni el estrés de nadie más.

Hay un carril de adelantamiento cada pocos minutos, así que, cuando llega, los otros coches me pasan zumbando. Pero durante treinta minutos, no son mi problema. Cuando llego al otro lado de la montaña, vuelvo a poner el retrovisor.

Ahora voy todo el tiempo sin ningún tipo de estrés. Ya sabes que voy a por la metáfora:

- Comentarios en las redes sociales.
- Entornos de distracción.
- Los miembros de la familia que buscan desanimarte.
- La bandeja de entrada de correo electrónico.

Incluso los más duros tienen una motivación delicada.

Cuando notes que algo está afectando a tu conducción, busca la manera de ajustar tu entorno, aunque eso suponga un pequeño inconveniente para los demás.

DEJA ALGO QUE TE ENCANTA

El cambio personal necesita un espacio para producirse. Para introducir algo nuevo en tu vida, necesitas un lugar donde colocarlo. Si tus hábitos actuales llenan tu día, ¿dónde se supone que van a ir estos nuevos hábitos?

La palabra inglesa «*quit*» viene del francés antiguo, y significa «liberar» o «soltar».

Sabes que debes dejar algo que es malo para ti, o algo que odias. Pero ¿qué hay de dejar algo que te gusta?

Me rebelo contra todo lo que parece una adicción. Cuando me oigo decir «necesito esto», quiero desafiar esa dependencia y demostrar mi independencia.

Suele ser algo pequeño. Por ejemplo, solía guardar caramelos de menta en el coche. Un día, cuando se me acabaron, pensé: «¡Oh, no! ¡Necesito más!». Pero tan pronto como sentí esa necesidad, me dije no: es hora de dejarlo. Desde ese día no hay caramelos de menta en el coche.

A veces es algo grande. Solía tener un trabajo increíble. Me gustaba tanto que estaba demasiado cómodo. Así que me obligué a dejarlo. Eso me hizo descubrir cómo ser un músico a tiempo completo.

Hace diez años, me sentía adicto a Estados Unidos. Era mi zona de confort. Lo amaba demasiado. No podía imaginarme viviendo en otro lugar. Así que me obligué a dejarlo. Hace diez años que no vivo allí, y probablemente nunca más lo haré. La gente me pregunta a menudo si lo echo de menos. ¿Me arrepiento de algo? De nada.

Sigo amando todo lo que dejé. Pero no tanto como amo todo este espacio para el cambio.

¿CÓMO TERMINARÁ ESTE JUEGO?

Imagina que voy a subastar un billete de cien dólares. La puja comienza en un dólar. Se aplican las reglas habituales de las subastas con un cambio: Si eres el segundo mejor postor, no te llevas el billete de cien dólares, pero tienes que pagar lo que has pujado. ¿De acuerdo? Adelante.

Recibo ofertas de uno, dos, tres dólares. ¿Por qué no? ¡Alguien podría ganar cien dólares por solo 3 dólares! Pero las ofertas siguen llegando. Una vez que llegan a noventa y nueve dólares, la persona que ofrece noventa y ocho dólares piensa: «Oh no. La otra persona no se está echando atrás». Sube su oferta a cien dólares, para no ser el segundo mejor postor y perderlo todo.

Pero ahora la persona que ofrece noventa y nueve dólares sube su oferta a ciento uno. Mejor perder solo un dólar que noventa y nueve, ¿no? Pronto me ofrecen más de cien dólares para comprar un billete de cien dólares, esperando que la otra persona renuncie primero.

El verdadero problema fue no pensarlo bien de antemano. Cuando el juego comienza, es fácil pensar a corto plazo y decir: «¡Oh! Buen trato». Luego, cuando es demasiado tarde, te das cuenta poco a poco: «Uh-oh. ¿Qué he hecho?».

Mucha gente se mete en malas situaciones de la vida de esta manera.

Un propietario compra una casa en el extremo superior de su presupuesto. Un romántico se enamora de alguien que ya está en una relación. Después se quejan de que están muy endeudados o de que su pareja les engaña.

Antes de empezar algo, piensa en las formas en que podría terminar. A veces, la opción más inteligente es decir que no a todo el juego.

SOCIALITÉ SOLITARIO

Durante los últimos diez años, he contestado hasta doscientos correos electrónicos al día. Me siento solo en mi pequeño despacho durante horas, atendiendo a las historias y preguntas de todo el mundo durante unos minutos.

Luego, cuando mis amigos quieren salir conmigo, les digo que primero necesito un poco de tiempo para mí. Se preguntan por qué, ya que he estado solo todo el día, así que les explico que en realidad he sido muy social y he conectado con mucha gente.

Me gusta lo que hago, así que no me quejo, solo lo explico. Es **inusual estar físicamente solo, pero extremadamente social.** Un *socialité* solitario.

Al principio pensé que esto era una cosa nueva de Internet. Pero desde hace décadas, hay gente que habla por teléfono todo el día. Antes, había gente que se limitaba a responder al correo en papel todo el día.

A mí me funciona. Me encanta conectar con la gente de uno en uno. Cuando no estoy respondiendo a los correos electrónicos, suelo hablar por teléfono con uno de mis queridos amigos del otro lado del mundo, entablando grandes conversaciones durante horas.

Pero es una vida extraña. El *socialité* solitario.

SALIR DE UN MAL ESTADO DE ÁNIMO

La última vez que estuve en un estado de ánimo muy malo, utilicé estos cinco pasos para salir de él. He compartido esto con algunos amigos en una situación similar, y dijeron que les ayudó. Espero que a ti también te sirva.

1. Preguntarme qué es lo que está mal en este mismo segundo.
¿Tengo dolor físico o estoy peligro? No. Tengo dolor mental, pero eso es solo porque me imagino cosas o recuerdo cosas. Nada de eso es real.

Si dejo de lado la tortura mental que me estoy provocando lo único real es este momento físico. ¿Es tan malo? No. No es perfecto, pero no es horrible. Miro a mi alrededor y aprecio que no estoy en el infierno. Es un lugar bonito, árboles bonitos, comida sabrosa, y tiene gente agradable.

Por supuesto que la angustia mental sigue ahí, pero esta pregunta es un buen recordatorio de que el dolor está todo en mi cabeza.

2. Observar ahora. Actuar después.
Cuando me siento nublado, mis decisiones y acciones también lo estarán. Así que espero unos días antes de actuar. Veo pasar las emociones como una tormenta. Y, cuanto más espero, más inteligente me vuelvo.

3. Elevar los estándares. Decir «no» a todo lo que no sea genial.
Cuando estoy deprimido, evito a cualquiera que no me rejuvenezca. No están permitidos en mi vida en este momento, ni siquiera por un minuto.

No es necesario dar grandes explicaciones. Sin compromiso. Sin favores.

Todo lo que estoy haciendo que no es bueno para mí. Todo lo que estoy comiendo o bebiendo que no me está haciendo más saludable. ¿La gente que está «bien» o con la que «mato el tiempo», pero que en realidad no quiero ni disfruto? No. No es lo suficientemente bueno. Digo que no.

Subir el listón no solo me da una gran sensación de autoestima, sino que también vacía mi tiempo. El tiempo vacío me ayuda a pensar con claridad, porque hay más tiempo para procesar y reflexionar.

El tiempo vacío tiene el potencial de ser llenado con grandes cosas. El tiempo lleno de pequeñas cosas tiene poco potencial.

4. Centrarme en mi objetivo

El espacio vacío del punto anterior me ayuda a recordar lo que realmente estoy haciendo con mi vida.

Crear, aprender, mejorar, lo que sea. Es el tipo de plan a diez años. Despejar el desorden me ayuda a ver el horizonte.

Es una enorme sensación de energía de «¡Oh, sí! ¡Ahí es donde voy! ¡Lo había olvidado! ¡Ya lo veo! ¡Vamos!».

La concentración me ayuda a decir que no, porque, una vez puedes ver claramente hacia dónde te diriges, es menos probable que dejes que algo se interponga en tu camino.

5. Hacer todo lo necesario

Cuando estoy enfadado, no tengo ganas de hacer nada más que revolcarme en el sentimiento.

Pero, a pesar de sentirme así, me lavo los dientes, hago comidas saludables, saco al niño a jugar, lavo los platos, pago las facturas tomo mis vitaminas, me ducho y me acuesto temprano.

Estas tareas son mundanas, pero me ayudan a sentirme bajo control. Cuando las responsabilidades cotidianas están hechas, mi mente se distrae menos.

Cuando pregunto: «¿Qué está mal ahora mismo?» y veo la casa limpia, las facturas pagadas y el niño feliz, puedo responder «¡Nada!».

Seguir el proceso, aunque no me apetezca, me genera paz. Pienso y proceso en un segundo plano mientras avanzo en la vida real.

Es un gran recordatorio de que tengo que comer, aunque no tenga hambre. Tengo que limpiar la casa, aunque mi mente sea un desastre. Tengo que dormir, ¡no importa lo que pase!

Al igual que el número uno, este paso separa la angustia mental de la realidad física. Me mantiene centrado en lo que es real frente a lo que solo estoy imaginando.

HAZ QUE LAS COSAS SUCEDAN

NO HAY LÍMITE DE VELOCIDAD

Tanto si eres estudiante, profesor o padre, creo que apreciarás esta historia de cómo un profesor puede cambiar la vida de alguien de forma completa y permanente en solo unas pocas lecciones.

Tenía diecisiete años y estaba a punto de empezar mi primer año en el *Berklee College of Music.*

Llamé a un estudio de grabación local con una pregunta al azar sobre la composición musical.

Cuando el dueño del estudio se enteró de que iba a ir a Berklee, me dijo: «Yo también me gradué en Berklee y di clases allí. Apuesto a que puedo enseñarte dos años de teoría y arreglos en solo unas pocas lecciones. Sospecho que puedes graduarte en dos años si entiendes que no hay límite de velocidad. Pásate por mi estudio mañana a las 9:00 para tu primera lección, si estás interesado. Sin coste alguno».

¿Graduarse en la universidad en dos años? ¡Impresionante! Me gustaba su estilo. Ese era Kimo Williams.

Me presenté en su estudio a las 8:40 de la mañana siguiente, súper emocionado, aunque esperé fuera antes de tocar su timbre a las 8:59.

Abrió la puerta. Un hombre alto con una camisa hawaiana y un gran sombrero, con una cicatriz cuadrada en la nariz, un comportamiento relajado y una enorme sonrisa, que me miraba y asentía.

(Hace poco le oí contar la historia desde su perspectiva. Dijo: «El timbre de mi puerta sonó a las 8:59 una mañana y no tenía ni idea de por qué. Me encuentro todo el tiempo con chicos que dicen que quieren ser grandes músicos. Les digo que puedo ayudarles, y les digo que se presenten en mi estudio a las 9:00 si van en serio. Nadie lo hace nunca. Así separo a los que van en serio de los que solo hablan. Pero ahí estaba Derek, listo para aprender»).

Tras un minuto de bienvenida, nos sentamos al piano, analizando la partitura de una pieza de jazz. Rápidamente me explicó los acordes basados en la escala diatónica —como la disonancia del tritono en la quinta con la séptima es lo que hace que quiera resolver a la tónica. En un minuto, empezó a interrogarme. «Si la quinta con la séptima tiene ese tritono, entonces también lo tiene otro acorde de la séptima. ¿Cuál?».

«Uh... ¿la segunda?».

«¡Claro! Así que ese es un acorde sustituto. Cualquier acorde de la séptima puede ser sustituido por otro de la séptima que comparta el mismo tritono. Así que rearmoniza todos los acordes que puedas en esta tabla. Vamos».

El ritmo era intenso y me encantaba. Por fin, alguien me desafiaba —me impulsaba por encima de mis posibilidades— me animaba y esperaba que me levantara rápidamente. Estaba aprendiendo tan rápido que sentía como la adrenalina que se siente al jugar a un videojuego. Me lanzaba todos los datos y me obligaba a demostrar que lo entendía.

En nuestra clase de tres horas de esa mañana, me enseñó un semestre completo de los cursos de armonía de Berklee. En nuestras siguientes cuatro lecciones, me enseñó los siguientes cuatro semestres de clases de armonía y arreglos.

Cuando llegué a la universidad y me presenté a las pruebas de acceso, superé esos seis semestres de requisitos.

Luego, como sugirió Kimo, compré los materiales del curso para otras clases requeridas y me enseñé a mí mismo, haciendo los deberes en mi tiempo libre. Luego fui al jefe de departamento y me presenté al examen final, obteniendo todos los créditos de esos cursos.

Al hacer esto, además de completar mi carga de cursos, me gradué de la universidad en dos años y medio. Me licencié a los veinte años.

Las altas expectativas de Kimo me marcaron un nuevo ritmo. Me enseñó que «el ritmo estándar es para los tontos», que el sistema está diseñado para que cualquiera pueda seguir el ritmo. Si tienes más ganas que la mayoría de la gente, puedes hacer mucho más de lo que todos esperan. Y este principio se aplica a toda la vida, no solo a la escuela.

Antes de conocer a Kimo, solo era un niño que quería ser músico, haciéndolo de forma informal. Desde nuestras cinco lecciones, no tengo límite de velocidad. Todo lo que ha ocurrido en mi vida se lo debo a las grandes expectativas de Kimo. Un encuentro al azar y cinco lecciones de música me mostraron que puedo hacer mucho más de lo normal.

Veinte años después, Berklee me invitó a pronunciar el discurso de apertura ante los alumnos de primer año. Visita sive.rs/berklee para verlo. Kimo sabe lo mucho que significa para mí, y hasta hoy somos amigos.

RELÁJATE PARA OBTENER EL MISMO RESULTADO

Hace unos años, vivía en Santa Mónica, California, justo en la playa.

Hay un gran carril bici que recorre la orilla del océano a lo largo de doce kilómetros. Así que son veinticuatro kilómetros de ida y vuelta. En las tardes de los días laborables, está casi vacío. Es perfecto para ir a toda velocidad.

Así que unas cuantas veces a la semana, me subía a la bicicleta y corría lo más rápido que podía durante la vuelta de veinticuatro kilómetros. Me refiero a correr a toda velocidad, al 100 %, con la cabeza hacia abajo y con la cara roja.

Terminaba agotado y miraba la hora: **cuarenta y tres minutos.** Siempre. Tal vez un minuto más en un día muy ventoso, pero básicamente siempre cuarenta y tres minutos.

Al cabo de unos meses, me di cuenta de que cada vez me entusiasmaba menos este paseo en bicicleta. Creo que lo había relacionado mentalmente con estar completamente agotado.

Así que un día decidí **que haría el mismo recorrido, pero relajado.** Tomándomelo con calma, bien y despacio. Vale, no superlento, pero reduciendo el esfuerzo a un 50 % de lo habitual.

Y ahhh… qué buen paseo. Iba relajado, sonriendo y mirando a mi alrededor. Apenas me esforzaba.

Vi dos delfines en el agua. Un pelícano voló justo sobre mí en Marina del Ray. Cuando levanté la vista para decir «¡uau!» se cagó en mi boca. Todavía recuerdo ese sabor a marisco digerido. Tuve que reírme de la novedad.

Suelo ser muy impulsivo, siempre hago todo lo más intensamente que puedo. Era agradable tomárselo con calma por una vez. Sentí que podía hacer esto siempre, sin agotamiento.

Cuando terminé, miré la hora: **cuarenta y cinco minutos.**

Espera, ¿qué? ¿Cómo puede ser eso? Sí. Volví a comprobarlo: cuarenta y cinco minutos, frente a mis cuarenta y tres habituales.

Así que, aparentemente, todo ese esfuerzo agotador, con la cara roja y el empuje total que había estado haciendo solo me había dado un 4 % de impulso. Podía tomármelo con calma y obtener el 96 % de los resultados.

¡Y qué diferencia de experiencia! Recorrer la *misma* distancia, en más o menos el *mismo* tiempo; pero un camino me dejaba exhausto, y el otro, rejuvenecido.

Pienso en esto a menudo. Cuando me doy cuenta de que estoy estresado por algo o de que me estoy agotando, me acuerdo de ese paseo en bicicleta y trato de reducir mi esfuerzo en un 50 %. Resulta sorprendente que a menudo todo se hace igual de bien y de rápido, con lo que parece la mitad de esfuerzo.

Lo que me hace darme cuenta de que la mitad de mi esfuerzo no era esfuerzo, sino solo estrés innecesario que me hacía sentir que lo estaba haciendo lo mejor posible.

DESCONECTAR

Todos los momentos más felices y creativamente productivos de mi vida tienen algo en común: estar desconectado.

No hay Internet. No hay televisión. Sin teléfono. Sin gente. Larga soledad ininterrumpida.

Cuando tenía veintidós años, dejé mi trabajo y pasé cinco meses solo en una casa en un lugar remoto de la costa de Oregón. Practicando, escribiendo, grabando, haciendo ejercicio y aprendiendo. Sin Internet. Sin televisión. Sin teléfono. Sin gente. Solo iba a la ciudad una vez al mes para ver a los amigos y a la familia. El resto del tiempo estaba completamente desconectado.

En esos cinco meses, escribí y grabé más de cincuenta canciones, mejoré enormemente mi técnica musical, leí veinte libros y me puse en la mejor forma física de mi vida.

Cuando tenía veintisiete años, me mudé a los bosques de Woodstock y volví a hacerlo. Meses y meses de encantadora soledad. Así es como empecé con CD Baby.

No es que odie a la gente. Los otros mejores momentos de mi vida fueron con gente. Pero es interesante saber cuántos momentos destacados fueron simplemente sentado en una habitación en ese maravilloso flujo creativo, libre del parloteo del mundo. Sin actualizaciones. Sin noticias. Sin *pings*. Sin chats. Sin navegar.

El silencio es un gran lienzo para tus pensamientos. Ese vacío ayuda a convertir todas tus ideas en resultados. Esa falta de interrupción te ayuda a fluir.

Todas las empresas quieren hacerte adicto a sus infinitas actualizaciones, *pings*, chats, mensajes y noticias. Pero si lo que quieres de la vida es crear, esos son tus obstáculos.

La gente me pregunta a menudo qué puede hacer para tener más éxito. Yo les digo que desconecten. Aunque sea por unas horas. Desenchufa. Apaga el teléfono y el wifi. Concéntrate. Escribe. Practica. Crea. Eso es lo raro y valioso hoy en día.

No se obtiene ninguna ventaja competitiva por consumir lo mismo que los demás. Es inusual, ahora, concentrarse. Y da mejores recompensas.

LUGARES IMPROBABLES Y METAS DESENREDADAS

Una vez estuve sin comer durante diez días, y estuvo bien. Pero las dos cosas de las que no puedo prescindir durante mucho tiempo son la soledad y el silencio. (La libertad de la gente y sus ruidos).

Estaba de vacaciones en Irlanda con siete miembros de mi familia, todos metidos en una furgoneta, explorando el país. Una semana después de que se fueran, tenía que estar en una conferencia en Dublín. Así que, entre esos dos acontecimientos, solo quería soledad y silencio.

Un amigo irlandés me sugirió que me alojara en la abadía de Mount Melleray, hogar de los monjes de la Orden Cisterciense de la Estricta Observancia, conocidos por su silencio. Ofrecen una habitación de invitados gratuita para quien lo pida. Me pareció perfecto, así que envié un correo electrónico y les pregunté. Dijeron que sí, así que me preparé para una sólida semana de silencio. Llevé a mi familia al aeropuerto y conduje hasta la abadía.

Cuando un monje me recibió en la puerta y me indicó el camino a mi habitación, me sorprendió que hablara. Pensé que todos estaríamos haciendo gestos en silencio. Me dijo que las comidas se servirían dos veces al día al final del pasillo.

A la hora de la cena, bajé al vestíbulo, esperando de nuevo gestos silenciosos. Pero, en cambio, había una sala llena de otros treinta invitados de todo el mundo, todos charlando. Intenté sentarme solo, pero no había manera de hacerlo.

Un estadounidense ruidoso se pegó a mí y me bombardeó con preguntas superficiales. Le di respuestas vagas de una sola palabra, pero eso no fue suficiente para detenerlo. Comí rápidamente y me retiré a mi habitación de nuevo. Pensé en cómo evitar esta charla durante los siguientes seis días.

A la mañana siguiente, intenté llegar temprano al desayuno, pero no llegué lo suficientemente temprano. El estadounidense ruidoso estaba allí con nuevas preguntas sobre mis creencias religiosas. Empezó a presentarme a todo el mundo.

Supongo que fueron allí por razones diferentes a las mías.

Volví a mi habitación, recogí y dejé una nota de agradecimiento para los monjes, antes de partir hacia lo desconocido.

Me di cuenta de que podía conseguir más silencio en un hotel, así que fui a Lyrath Estate en Kilkenny. Estaba fuera de temporada, a mitad de precio, era espacioso y estaba casi vacío. Estuve todo el tiempo en sus diversos salones y balcones, escribiendo durante seis días en silencio, hablando solo una frase al día si pedía la cena. Era justo lo que quería.

Me hizo pensar en todos los lugares improbables donde podemos conseguir lo que queremos.

Algunas personas creen que tienen que ir hasta Tailandia para meditar, o a la India para aprender yoga. Pero, por supuesto, son cosas que pueden hacerse gratis en casa.

Algunas personas creen que necesitan viajar a un país para aprender su idioma. Pero fíjate en Moses McCormick, que aprende más de una docena de idiomas desde Ohio, o en Benny Lewis, que aprende árabe desde Brasil.

Algunas personas creen que tienen que pagar una fortuna a una universidad para obtener una gran educación. Pero las mejores escuelas tienen todos sus cursos en línea de forma gratuita.

Y esta idea no se refiere solo a los lugares. Algunas personas creen que necesitan un equipo caro para empezar una nueva afición, cierta ropa para dar la talla o que todo esté a punto. Pero las personas con recursos saben que no es así.

Es muy importante separar el objetivo real de las viejas asociaciones mentales. Tenemos viejos sueños. Tenemos imágenes que queremos recrear. Es difícil desenredarlas del resultado que realmente queremos. Se convierten en excusas y en razones para procrastinar.

CUANDO ESTÁS EXTREMADAMENTE DESMOTIVADO

Como todo el mundo, tengo esos momentos en los que estoy desmotivado para hacer algo. No tengo cerebro. Ni energía. Todo se siente como, «¿Por qué molestarse? ¿Qué sentido tiene?».

Pero por fin he descubierto qué hacer con esos momentos.

Como todo el mundo, tengo una lista de tareas aburridas que hay que hacer pero que llevo años posponiendo. Nunca las hago porque siempre me entusiasma más otra cosa.

Durante mi último bajón de desmotivación, me di cuenta de que, como nada me entusiasma, eso significa que nada me entusiasma más que estas aburridas cosas necesarias.

Y, como no quiero malgastar mis tiempos de inspiración en trabajos descerebrados, este es un momento perfecto para hacer esas tareas aburridas.

Así que hice una lista de estas cosas necesarias. Me quejé y refunfuñé, pero, con algo de cafeína, las superé. De hecho, me sentí bastante bien.

La sabiduría convencional nos dice que hagamos primero lo importante y difícil. Pero hacer este trabajo aburrido me hace pasar de un estado de no hacer nada a hacer algo. Me hace sentir que vuelvo a hacer algo importante.

Así que la próxima vez que te sientas extremadamente desmotivado, haz esas cosas que nunca quieres hacer de todos modos.

PIENSA COMO UN MEDALLISTA DE BRONCE, NO DE PLATA

Imagínate los Juegos Olímpicos, en los que los tres ganadores de una carrera suben al podio: el oro, la plata y el bronce.

Imagina lo que es ser el medallista de plata. ¡Si hubieras sido un segundo más rápido, podrías haber ganado el oro! ¡Maldita sea! ¡Tan cerca!

¡Maldita sea, maldita sea! Lleno de envidia, no dejarías de compararte con el ganador del oro.

Ahora imagina lo que es ser el medallista de bronce. Si hubieras sido solo un segundo más lento, ¡no habrías ganado nada! ¡Impresionante! Estarías encantado de ser oficialmente un medallista olímpico y poder subir al podio de los ganadores.

Comparar hacia arriba o hacia abajo: Tu felicidad depende de dónde te centres.

La metáfora es fácil de entender, pero difícil de recordar en la vida cotidiana. Si te sorprendes ardiendo de envidia o resentimiento, piensa como el medallista de bronce, no como el de plata. Cambia tu enfoque. En lugar de comparar hacia arriba con la situación inmediatamente superior, compara hacia abajo con la situación inmediatamente inferior.

Por ejemplo, si aspiras a comprar «lo mejor», puede que te sientas de oro cuando lo consigas, pero cuando salga el nuevo «mejor» al año siguiente sentirás esa envidia de plata. En cambio, si te propones comprar lo «suficientemente bueno», te mantendrá en la mentalidad de bronce. Como no te estás comparando con lo mejor, no sentirás la necesidad de seguir el ritmo.

He conocido a muchos músicos famosos. Los más desgraciados estaban molestos por no ser más famosos, porque se comparaban amargamente con las superestrellas. Los más felices estaban encantados de poder ganarse la vida haciendo música.

Por otro lado, cuando eres ambicioso intentando ser el mejor en una habilidad específica, es bueno estar insatisfecho, como ese medallista de plata que se centra en el oro. Puedes utilizar ese impulso para practicar y mejorar.

Pero la mayoría de las veces, hay que estar más agradecido por lo que se tiene, por lo mucho peor que podría haber sido y por lo bonito que es haber conseguido algo siquiera. Ambición frente a gratitud. Comparar hacia arriba frente a comparar hacia abajo.

Si quieres ver ideas más divertidas sobre esto, busca en la web las rutinas de Louis C.K. «todo es increíble y nadie es feliz» y de Jerry Seinfeld «medalla de plata».

¿TE IMAGINAS MUCHOS PASOS TEDIOSOS? ¿O UN PASO DIVERTIDO?

Si odiamos hacer algo, pensamos que es difícil. Nos imaginamos que tiene muchos pasos molestos.

Si nos gusta hacer algo, nos parece sencillo. Pensamos que es un paso divertido.

Si le preguntas a alguien que odia correr cómo hacerlo, te dirá: «Uf... Primero te pones la ropa de correr. Luego hay que estirar. Luego te pones las zapatillas. Luego sales a la calle. Luego te pones a sudar. Luego tienes que refrescarte. Luego hay que ducharse. Luego hay que cambiarse. ¿Quién tiene tiempo?».

Si le preguntas a alguien que ama correr cómo hacerlo, te dirá: «¡Fácil! Solo tienes que ponerte las zapatillas y salir».

Una vez que te das cuenta de esta diferencia, es útil fijarte en cómo piensas en un proyecto. Aunque digas que quieres hacer algo, si te sorprendes a ti mismo pensando en muchos pasos tediosos, quizá no quieras hacerlo realmente. ¿Por qué lo harías? Suena muy mal.

La gente me pregunta a menudo sobre la creación de mi empresa. «¡Debe haber sido muy difícil! ¡Es una empresa enorme! ¿Cómo te las arreglaste para todo eso?». Pero yo respondo con sinceridad: «En realidad no hubo nada que hacer. Solo hice este pequeño sitio web, y a la gente le gustó. Eso es todo». Apenas recuerdo los detalles. En mi cabeza solo fue un paso divertido.

Ahora tengo que prestar atención a eso, con cada nuevo proyecto que empiezo. ¿Cuántos pasos estoy imaginando?

TRUCO PARA LA PROCRASTINACIÓN: CAMBIAR «Y» POR «O»

Mi condición no escrita para saber cuándo hacer ejercicio era esta:

Cuando es un buen día, he terminado mi trabajo, y no acabo de terminar de comer, y me siento con energía.

Pero, por supuesto, eso rara vez sucede, así que no estaba haciendo suficiente ejercicio.

Mi entrenador me sugirió que cambiara «y» por «o».

Cuando hace un buen día, o he terminado mi trabajo, o no acabo de terminar de comer, o me siento con energía.

Ahora hago ejercicio con bastante frecuencia.

¿Tienes una lista de condiciones que debes cumplir antes de hacer algo?

Intenta cambiar «y» por «o».

SIEMPRE HAY MÁS DE DOS OPCIONES

La gente a veces me pide ayuda para tomar grandes decisiones. Suelen tratar de decidir entre dos opciones.

Pero eso no es una decisión, es un dilema creado por uno mismo. Hay que recordar que siempre hay más de dos opciones.

Cuando alguien dice que solo tiene una opción, en realidad está diciendo «No tengo elección», y tú sabes que eso no es cierto. Como mínimo, añade «No hacer nada» y «Volverme loco» como opciones.

Cuando la gente dice que solo tiene dos opciones, significa que se ha atascado. Una vez que la gente tiene dos opciones, empieza a comparar los pros y los contras de esas dos, y se olvida de pensar en más.

Por ejemplo, un amigo estaba intentando decidir si seguir con su frustrante trabajo o dejarlo para crear su propia empresa. Le sugerí otras opciones:

- Construye tu nueva empresa fuera del horario de trabajo. Hazlo hasta que los ingresos de la nueva empresa supongan el 50 % de tu salario; entonces, deja de trabajar.
- Preséntate en tu trabajo, pero trabaja en secreto en tu propia empresa todo el día. Hazlo hasta que te despidan.
- Lleva tu idea de nueva empresa a tu jefe y proponle que sea una división de su empresa, para que puedas seguir cobrando tu sueldo.
- No hagas ninguna de las dos cosas y múdate a Nueva Zelanda para ser guía turístico.

Después de explorar más opciones, mi amigo se dio cuenta de que, en realidad, no quería iniciar un nuevo negocio, sino que estaba evitando arreglar su situación actual.

Las grandes revelaciones solo se consiguen abriendo la mente a muchas opciones. Haz una lluvia de ideas, apunta desde las híbridas hasta las ridículas. Se tarda menos de una hora, pero siempre ha ayudado a mis amigos a sentirse menos estresados, a pensar con claridad y a entusiasmarse con las decisiones que antes se sentían como dilemas.

CUIDADO CON LOS CONSEJOS

Imagina que le das a alguien tu cámara y le pides que te haga una foto. Lo hace, pero cuando miras la foto después, te das cuenta de que se ha hecho una foto a sí mismo por error.

Imagina que tienes una gran pregunta como: «¿Debo dejar mi trabajo y crear mi propia empresa?». Vas a pedir consejo a algunas personas de éxito que respetas.

Como no pueden saberlo todo sobre ti y tu situación particular, te darán consejos que en realidad son un reflejo de su propia situación actual.

Así que veamos algunas formas en las que los consejos son tendenciosos.

Los números de la lotería: Cuando la gente de éxito da consejos, suelo escucharlos así: «Aquí están los números de la lotería que jugué: 14, 29, 71, 33, 8. ¡Me funcionaron!». El éxito se basa en muchos factores. Algunos son suerte. Otros no lo son. Es difícil saber cuáles son cuáles. Entonces, ¿de cuáles aprendes?

La opinión impopular en su contexto: Alguien que da consejos no quiere decir lo que ya se ha dicho demasiado. Pero se basa en su entorno, no en el tuyo. Así que, si todo el mundo a su alrededor está dejando su trabajo, su consejo para ti será que mantengas tu trabajo. Ese consejo no tiene nada que ver con lo que es mejor para ti, es solo la opinión que parece poco representada en su entorno ese día.

Chispas creativas: Tú preguntas: «¿Qué debo hacer, la opción A o la B?». Él responde: «¡Cebra!». Trata la situación como una invitación a la lluvia de ideas, dando una sugerencia loca solo para abrir más opciones. Al igual que una ocurrencia de Oscar Wilde, pretendía ser sobre todo entretenida, tal vez útil, y probablemente no correcta.

El problema es tomarse demasiado en serio los consejos de cualquier persona. Lo ideal es que pedir consejo sea como la ecolocalización. Intercambia ideas con tu alrededor y escucha todos los ecos para obtener la imagen completa.

En última instancia, solo tú sabes qué hacer, basándote en todos los comentarios que has recibido y en todos tus matices personales, que nadie más conoce.

CAMBIA DE ESTRATEGIA

La vida es como cualquier viaje. Tienes que cambiar de dirección unas cuantas veces para llegar a donde quieres.

Al principio de tu carrera, la mejor estrategia es decir que sí a todo. Cuantas más cosas pruebes y más gente conozcas, mejor. Cada una de ellas puede conducirte a tu golpe de suerte.

Entonces, cuando algo es muy gratificante, es el momento de cambiar de estrategia. Centra toda tu energía en esa cosa. No te distraigas. Ataca mientras esté caliente. Sé un maniático. Da todo lo que tienes.

Si llegara a ser un camino sin salida, entonces vuelve a cambiar tu estrategia a decir que sí a todo.

Con el tiempo, tu concentración en algo dará sus frutos. Como tendrás éxito, te verás abrumado por las oportunidades y las ofertas. Querrás hacerlas todas.

Pero ahí es cuando hay que volver a cambiar de estrategia. Es entonces cuando aprendes a decir «¡Claro que sí! o no» para evitar ahogarte.

Reconoce entonces que has llegado a tu primer destino. Allí es donde dejas de seguir las viejas direcciones y decides a dónde vas ahora. El nuevo plan significa que tienes que volver a cambiar de estrategia.

NO SEAS UN ASNO

¿Intentas seguir muchas direcciones diferentes a la vez?

¿Te frustra que el mundo quiera que elijas una cosa, porque tú quieres hacerlas todas?

El problema es pensar a corto plazo; es decir, asumir que, si no se hacen todas las cosas ahora, no se harán.

La solución es pensar a largo plazo. Hacer una sola cosa durante unos años, luego otra durante unos años, y luego otra.

Puede que hayas oído esta historia: El asno de Buridan está parado a medio camino entre una pila de heno y un cubo de agua. Sigue mirando a derecha e izquierda, tratando de decidir entre el heno y el agua. Incapaz de decidirse, acaba muriendo de hambre y sed.

Un asno no puede pensar en el futuro. Si pudiera, se daría cuenta claramente de que primero puede beber el agua y luego ir a comer el heno.

No seas asno. Puedes hacer todo lo que quieras. Solo necesitas previsión y paciencia.

Si ahora tienes treinta años y tienes seis direcciones diferentes que quieres seguir, entonces puedes hacer cada una de ellas durante diez años, y haberlas hecho todas para cuando tengas noventa años. Parece ridículo planear hasta a los noventa años cuando se tienen treinta, ¿verdad? Pero es probable que llegues, así que más vale que lo aproveches.

Puedes concentrarte plenamente en una dirección a la vez, sin sentirte conflictivo o distraído, porque sabes que llegarás a las demás.

Todos hemos hecho esto a pequeña escala. Cuando algo es urgente y hay que hacerlo ese día, te concentras. Durante un minuto, te vienen pensamientos de distracción, como «Vaya, estaría bien ir a ver una película ahora». Pero lo apartas de tu mente porque sabes que, si te centras en esta única cosa ahora, puedes conseguirlo y hacer las otras cosas después. Así que amplía esa situación a meses o años. Concéntrate en una cosa a la vez, sabiendo que puedes hacer las otras cosas después.

La mayoría de las personas sobreestiman lo que pueden hacer en un año y subestiman lo que pueden hacer en diez años.

Piensa a largo plazo. Utiliza el futuro.

No mantengas la vista en el corto plazo. No seas asno.

CAMBIO DE PERSPECTIVA

SUPONGO QUE ESTOY POR DEBAJO DE LA MEDIA

El 96 % de los pacientes de cáncer afirman tener mejor salud que la media de los pacientes de cáncer.

El 94 % de los profesores dicen que son mejores que la media.

El 90 % de los estudiantes cree que es más inteligente que el estudiante medio.

El 93 % de los conductores dicen que son más seguros que la media.

Cuando me enteré de esto, me sacudió el alma. Al principio, como casi todo el mundo, pensé: «Sí, ¡pero si estoy realmente por encima de la media!». Luego me di cuenta de que lo estaba haciendo de nuevo.

Así que decidí apostar por lo contrario. Ahora solo asumo que estoy por debajo de la media.

Me sirve de mucho. Escucho más. Hago muchas preguntas. He dejado de pensar que los demás son estúpidos. Asumo que la mayoría de la gente es más inteligente que yo.

Asumir que estás por debajo de la media es admitir que todavía estás aprendiendo. Te centras en lo que tienes que mejorar, no en tus logros pasados.

Muchas personas están tan preocupadas por quedar bien que nunca hacen nada excelente. Muchas personas están tan preocupadas por hacer algo grande que nunca hacen nada en absoluto.

Destruyes esa parálisis cuando piensas en ti mismo como un simple estudiante, y en tus acciones actuales como una simple práctica.

TODO ES CULPA MÍA

Solía enfadarme con la gente. Me mentían. Me traicionaban. Desaparecían.

¿Oyes el patrón? «Ellos esto. Ellos aquello».

Cuando alguien te molesta, es parte de la naturaleza humana sentir que es culpa suya. Pero un día intenté pensar que todo era culpa mía.

Creé el ambiente que les hizo sentir que tenían que mentir. Confundí su comportamiento neutral con la traición. Hice que les resultara más atractivo desaparecer que comunicarse.

Me sentí muy bien al pensar que todo era culpa mía.

Esto es mucho mejor que perdonar. Cuando perdonas, sigues asumiendo que ellos están equivocados y tú eres la víctima.

¡Pero al decidir que es tu culpa te sientes increíble! Ahora ya no eres el perjudicado. La gente solo estaba jugando su papel en la situación que ayudaste a crear.

¡Qué poder! Ahora eres la persona que ha hecho que las cosas sucedan, se ha equivocado y puede aprender de ello. Ahora tienes el control y no hay nada de lo que quejarse.

Esta filosofía me sienta tan bien que he decidido aplicar esta regla al resto de mi vida. En cuanto me sorprendo culpando a alguien de algo, decido que es culpa mía.

- ¿El tipo que huyó con mi inversión? La culpa es mía. Debería haber verificado sus declaraciones.
- ¿El amor de mi vida que me dejó de repente? La culpa es mía. Dejé que nuestra relación se estancara.
- ¿No me gusta el gobierno? La culpa es mía. Podría involucrarme y cambiarlo.

¿No te sientes más poderoso? Pruébalo. Quizá en lugar de culpa prefieras la palabra «responsabilidad», pero la idea es la misma. Piensa en todas las cosas malas que te han ocurrido, e imagina que tú las has provocado.

ME ENCANTA EQUIVOCARME

La mayor parte del tiempo me siento inteligente, con éxito y con ganas, como si lo tuviera todo resuelto. Pero el mes pasado un montón de cosas me golpearon en el trasero. Nunca me había sentido tan mal.

Pedí ayuda a mis amigos de forma vulnerable. Me dieron un montón de buenos consejos y me ayudaron a ver las cosas desde un nuevo punto de vista. Cada perspectiva diferente me hizo sentir bien durante un tiempo. Luego volvía a caer en el torbellino de pensamientos destructivos.

Siempre que algo ha ido mal en mi vida, me he preguntado: «¿Qué tiene esto de bueno?». Normalmente encuentro una respuesta. Pero esta vez, mi única respuesta fue: «Nada. Esto es una mierda». Intenté preguntármelo de nuevo cada uno o dos días, pero la respuesta era la misma.

Con el tiempo, tuve una epifanía. En realidad, me encanta equivocarme, aunque me haga perder la confianza, porque es el único momento en que aprendo. En realidad, me encanta perderme, aunque alimente los miedos, porque es entonces cuando voy a un lugar inesperado.

Persigo equivocarme y perderme en pequeñas dosis. Me encantan las pequeñas lecciones que sorprenden mis expectativas y me hacen cambiar de opinión. Si no nos sorprendemos, no estamos aprendiendo.

Así que finalmente me di cuenta de lo genial de esto. Ser golpeado en el trasero me hizo más humilde. Hacía años que no pedía ayuda. Hacía años que no estaba tan abierto a los consejos.

Sonrío, pensando en lo mucho que aprendí de mis amigos este último mes. Me di cuenta de lo feliz que me hace estar tan vacío, aunque al principio me duela mucho.

Es mejor que pensar que lo tengo todo resuelto.

CANTANDO LA CONTRAMELODÍA

Mis consejos y opiniones pueden parecer extraños por sí solos.

¿Sabes lo que es el contrapunto musical? Debajo de la melodía principal, hay una contramelodía que va en contra de ella, y juntas forman una armonía. Esto es diferente de la armonización, en la que alguien canta junto con la melodía en un intervalo. La contramelodía es una melodía separada que podría valerse por sí misma, pero que está ahí principalmente para complementar la melodía principal.

Bueno, si mis consejos y opiniones suenan extraños, es porque solo soy la contramelodía.

Sé que no soy la única voz que escuchas. Hay un mensaje común que todos escuchamos estos días. Llamémoslo la melodía.

Puede que a mí también me guste esa melodía, pero no quiero limitarme a duplicarla. Así que intento pensar en una buena contramelodía.

Lo hago para compensar algo que creo que falta en el mensaje común. Mi escrito público es un contrapunto que pretende complementar el punto popular.

Por supuesto que no creo que lo que digo sea el único camino a seguir. Yo solo soy la contramelodía.

Realmente espero que escuches la combinación. Al final te encontrarás cantando con la melodía que más te guste, o inventando la tuya propia.

¿CUÁLES SON LAS PROBABILIDADES DE ESO?

Tres historias reales:

En 1992, en Tokio, salí con una chica llamada Masako. Después de un mes juntos, se mudó a Londres. Perdimos el contacto.

En 2008, estuve en Londres durante unos días. Me pregunté si Masako seguía viviendo allí, dieciséis años después.

Un minuto más tarde, pasó por allí. «¡Masako!».

«¡¿Derek?!».

En 1993, tuve una amiga en Argentina por correspondencia llamada Lucía. Ella estudiaba noruego y planeaba mudarse a Oslo, en Noruega, algún día. Perdimos el contacto.

En 2007, mi banda estuvo de gira en Oslo durante unos días. Estaba sentado en un parque, preguntándome si Lucía se habría mudado allí.

Un minuto después, pasó por allí. «¡Lucía!».

«¡¿Derek?!».

Hoy estoy en Singapur. He ido a la biblioteca a escribir. Estaba muy concurrida, sin ningún sitio donde sentarse, así que he caminado de sala en sala hasta que finalmente he encontrado el último asiento libre.

Me he dado cuenta de que el tipo que estaba a mi lado estaba leyendo un libro que recomiendo a menudo: *El ego es el enemigo*.

Le he dicho: «¡Gran libro!».

Y él me ha respondido: «Lo conseguí gracias a ti. Eres Derek, ¿verdad?». Su nombre es Thomas. Nos habíamos enviado un correo electrónico hace unos días. A **algunas personas les gusta pensar que no hay coincidencias.**

Dicen: «¿Qué probabilidades hay de que eso ocurra?», como si quisieran decir que no puede ser casualidad. La vida les parece más sorprendente si todo tiene un sentido. (Buscar patrones en el azar se llama apofenia).

Me gusta pensar que todo es una coincidencia. La vida me parece más asombrosa si no tiene sentido. Sin agenda secreta. Es maravillosamente aleatoria.

¿Cuáles son las probabilidades de ganar la gran lotería? ¿Cincuenta millones a uno? Ah, pero eso es solo si eres egocéntrico y piensas únicamente en ti mismo. Siempre la gana alguien. **Así que, si miras más allá**

de ti mismo y te preguntas: «¿Qué probabilidades hay de que esta cosa rara le ocurra a alguien?». Casi el 100 %.

Es un buen recordatorio cuando las probabilidades parecen imposibles. A la gente le ocurren cosas increíblemente raras todos los días.

DOS TRES CUATRO UNO, DOS TRES CUATRO UNO

Uno de mis músicos favoritos es Fela Kuti, de Nigeria.

Solía tocar la guitarra en un grupo de afropop que hacía muchas canciones de Fela Kuti. El director de la banda me explicó que lo que conocemos como el «uno» —el compás de entrada, el **comienzo** de una frase— se considera el **final** de una frase en la música de África Occidental. En lugar de «UNO dos tres cuatro, UNO dos tres cuatro», es «dos tres cuatro UNO, dos tres cuatro UNO». En lugar de «¿Cómo llegas a la ciudad?» es «Llegas a la ciudad, ¿cómo?».

La mayoría de los músicos primero graban las canciones en el estudio y luego las interpretan en concierto. Fela Kuti hizo lo contrario. Solo interpretaba en concierto canciones nuevas no grabadas. Luego, una vez las grababa en el estudio, no las volvía a interpretar. No pude evitar notar la similitud. Es como si, para él, la grabación fuera el final de la vida de una canción, en lugar del principio. Tiene mucho sentido si lo piensas así.

Lo que, por supuesto, hace que me pregunte por todos los demás principios y finales, y tantas cosas que damos por sentadas, pero que tienen tanto sentido como sus opuestos.

232 DÓLARES DE ARENA

Cuando tenía veintidós años, viví solo en la costa de Oregón durante un año, únicamente practicando, grabando, soñando y haciendo largas carreras por la playa.

Llevaba yendo a esa playa desde que era un bebé y había pasado cientos de horas recorriendo cada trozo de la misma. De niño, el premio gordo era encontrar una concha de dólar de arena intacta. Había sucedido tal vez cinco veces en mi vida.

Pero ese año que viví allí, una tarde entre semana en la que tenía toda la playa para mí, encontré uno: un dólar de arena intacto. Unos minutos más tarde, ¡encontré otro! Treinta segundos después, otro, y otro, y otro.

Al principio los llevaba en el bolsillo, pero encontré tantos que tuve que quitarme la camisa para usarla como bolsa.

Cuando llegué a casa había recogido doscientas treinta y dos conchas de dólar de arena sin romper. Las puse todas al sol para que se secaran, sorprendido por mi buena suerte. Presumí ante mi familia. Intenté pensar en todas las cosas que podría hacer con doscientos treinta y dos dólares de arena.

Al cabo de dos días se me pasó la emoción. Me di cuenta de que nunca iba a hacer nada con ellos. Era estúpido para mí tener todos esos dólares de arena abandonados allí sin hacer nada. **La emoción estaba en encontrarlos, no en guardarlos.**

El día siguiente había una gran fiesta, así que la playa iba a estar llena de turistas. Así que a las seis de la mañana cogí los doscientos treinta y dos dólares de arena y me fui a dar un largo paseo por la playa, tirándolos en la arena, de uno en uno, muy espaciados, para que todos los niños turistas pudieran encontrar algunos. Cuando me dirigía a casa, tuve la tranquila satisfacción de ver a dos niños gritar de emoción al encontrar uno.

Espero vivir mi vida así.

MI FÁBULA FAVORITA

Un granjero solo tenía un caballo. Un día, su caballo se escapó.

Sus vecinos dijeron: «Lo sentimos mucho. Es una noticia muy mala. Debes estar muy disgustado».

El hombre solo dijo: «Ya veremos».

Unos días más tarde, su caballo volvió con veinte caballos salvajes que lo seguían. El hombre y su hijo acorralaron a los veintiún caballos.

Sus vecinos dijeron: «¡Felicidades! Qué buena noticia. Debes estar muy contento».

El hombre solo dijo: «Ya veremos».

Uno de los caballos salvajes pateó al único hijo del hombre, rompiéndole las dos piernas.

Sus vecinos dijeron: «Lo sentimos mucho. Es una noticia muy mala. Debes estar muy disgustado».

El hombre solo dijo: «Ya veremos».

El país entró en guerra y todos los jóvenes sanos fueron reclutados para luchar. La guerra fue terrible y mató a todos los jóvenes, pero el hijo del granjero se salvó, ya que sus piernas rotas le impidieron ser reclutado.

Sus vecinos dijeron: «¡Felicidades! Qué buena noticia. Debes estar muy contento».

El hombre solo dijo: «Ya veremos».

¿QUÉ VALE LA PENA HACER?

OBVIO PARA TI, SORPRENDENTE PARA OTROS

Cualquier creador de algo conoce este sentimiento:

Experimentas el trabajo innovador de otra persona. Es hermoso, brillante, impresionante. Te quedas atónito. Sus ideas son inesperadas y sorprendentes, pero perfectas.

Piensas: «Nunca se me habría ocurrido eso. ¿Cómo se le ocurre eso? Es una genialidad».

Después, piensas: «Mis ideas son tan obvias. Nunca tendré tanta inventiva».

Tengo esta sensación a menudo. Libros increíbles, música, películas o incluso conversaciones increíbles. Me asombra que el creador piense así. Me siento humilde.

Pero sigo haciendo mi trabajo. Cuento mis historias. Comparto mi punto de vista. Nada espectacular. Solo mis pensamientos ordinarios.

Un día alguien me envió un correo electrónico y me dijo: «Nunca se me habría ocurrido eso. ¿Cómo se te ocurrió? Es una genialidad».

Por supuesto, no estuve de acuerdo y le expliqué por qué no era nada especial.

Pero después, me di cuenta de algo sorprendentemente profundo:

A cada uno sus propias ideas le resultan obvias.

Apuesto a que incluso John Coltrane o Richard Feynman sentían que todo lo que tocaban o decían era bastante obvio.

¿Así que lo que es obvio para mí es sorprendente para otra persona?

Los compositores de éxitos suelen admitir que su canción más exitosa fue una que pensaron que era simplemente estúpida, una que incluso no valía la pena grabar.

Está claro que somos malos jueces de nuestras propias creaciones. Deberíamos exponerlas y dejar que el mundo decida.

¿Te estás guardando algo que parece demasiado obvio para compartirlo?

FELIZ, INTELIGENTE Y ÚTIL

Hay tres cosas que hay que tener en cuenta a la hora de tomar grandes decisiones:

- Lo que te hace feliz.
- Lo que es inteligente, es decir, lo que es bueno para ti a largo plazo.
- Lo que es útil para los demás.

Tenemos tendencia a olvidar una de ellas. Por ejemplo:

Inteligente y útil (pero no feliz)

Este es el estereotipo del padre estricto que dice: «Irás a la mejor escuela, sacarás notas perfectas, te graduarás en derecho o medicina y ganarás mucho dinero. Lo que tú quieras no importa. Esto es lo mejor para ti y tu familia».

Ser inteligente y útil no es malo. Es racional, como una máquina. **Pero la felicidad es el aceite.** Sin ella, la fricción mata el motor.

Feliz e inteligente (pero no útil)

Este es el estereotipo del adicto al «diseño de estilo de vida» o a la autoayuda: siempre aprendiendo, siempre mejorando y obsesivamente centrado en cómo ser feliz y crear la vida perfecta.

Buscan ingresos pasivos en lugar de centrarse en hacer algo que sea realmente valioso para los demás.

Ser feliz e inteligente no está mal. El enfoque en uno mismo sienta muy bien al principio. Pero, en realidad, no puedes levantarte siempre tú solo. **En última instancia, deberán levantarte quienes te rodean.**

Feliz y útil (pero no inteligente)

Este es el estereotipo de los voluntarios de la caridad. Tras obtener costosos títulos universitarios, pasan años volando a exóticos lugares empobrecidos para cavar pozos y construir techos de paja.

Si el tiempo de un graduado puede valer doscientos dólares por hora, y, sin embargo, está haciendo un trabajo que los locales podrían hacer mejor por diez dólares por hora (sin billetes de avión ni hoteles), entonces están haciendo un favor flaco a los demás. (Para más reflexiones sobre este tema, hay dos artículos en Internet: *Efficient Charity: Do Unto Others* y *The Reductive Seduction of Other People›s Problems*).

En esta misma categoría están las personas que se quedan en los mismos trabajos toda la vida sin mejorar, y los músicos que siempre actúan en los locales pero nunca hacen buenas grabaciones.

Ser feliz y útil no es malo. Esta gente está haciendo un bien para el mundo, así que es difícil encontrar un fallo. **Tienen grandes intenciones, pero estrategias poco convincentes: un esfuerzo desperdiciado y un potencial desaprovechado.**

Simplemente feliz (no inteligente o útil)

Esta es la parábola del pescador mexicano.

Algunos dicen: «Solo sé feliz. Eso es lo único que importa». Suena tan sencillo que debe ser profundamente cierto, ¿no?

Pero, como en la fábula de Esopo de *La hormiga y el saltamontes*, estarás lleno de remordimientos si no piensas más que en el día de hoy y no te preparas para los tiempos difíciles.

Y te sentirás muy poco recompensado si solo te sirves a ti mismo, no a los demás.

Entonces...

Cuando la vida o un plan se sienten finalmente insatisfechos, descubro que es porque he olvidado encontrar la intersección de los tres:

- Lo que me hace feliz.
- Lo que es inteligente.
- Lo que es útil para los demás.

CÓMO HACER LO QUE TE GUSTA Y GANAR UN BUEN DINERO

Las personas con un trabajo bien pagado me piden consejo porque quieren dejarlo para convertirse en artistas a tiempo completo.

Pero los artistas a tiempo completo me piden consejo porque les resulta imposible ganar dinero.

(Definamos el «arte» como cualquier cosa que hagas para expresarte, incluyendo bloguear o lo que sea).

Para ambos, prescribo el estilo de vida de las personas más felices que conozco:

- **Ten un trabajo bien remunerado.**
- **Persigue seriamente tu arte por amor, no por dinero.**

Veamos los ingredientes de este plan. Primero: el **equilibrio**. Has oído hablar de equilibrar el corazón y la mente, o el cerebro derecho y el cerebro izquierdo, o como quieras llamarlo. Todos tenemos una necesidad de estabilidad y aventura, de certeza e incertidumbre, de dinero y expresión.

Si tienes demasiada estabilidad, te aburres. Si no tienes suficiente estabilidad, entras en pánico. Así que mantén el equilibrio.

Haz algo por amor y algo por dinero. No intentes que una sola cosa satisfaga toda tu vida.

Cada mitad de tu vida se convierte en un remedio para la otra. Tienes estabilidad salarial durante una parte del día, pero luego necesitas tiempo creativo para expresarte. Así que esfuérzate creativamente, expón tu arte vulnerable al público, siente la frustración del rechazo y la apatía, y luego anhela algo de estabilidad de nuevo. Cada mitad es un remedio para la otra.

Sobre el trabajo: Sé inteligente y elige algo que esté bien pagado y tenga un futuro sólido. Busca estadísticas en tu zona sobre lo que mejor se paga teniendo en cuenta la formación necesaria. Es probable que tengas que estudiar unos cuantos años para adquirir las escasas habilidades que están bien recompensadas. Se trata de una elección de cabeza, no de corazón, ya que no pretendes que tu trabajo sea toda tu vida.

Sobre tu arte: Persíguelo con seriedad. Toma clases. Progresa semanalmente. Sigue mejorando, aunque lleves décadas haciéndolo.

Si no progresas y te desafías a ti mismo creativamente, no equilibrarás la balanza. Publica y vende tu trabajo como un profesional. Encuentra algunos fans. Deja que te paguen. Pero tu actitud es diferente a la de alguien que necesita el dinero. No necesitas preocuparte si no se vende. No necesitas complacer al mercado. No necesitas comprometer tu arte ni valorarlo en función de las opiniones de los demás. Solo lo haces por ti mismo: el arte por sí mismo. Y lo estás publicando porque esa es una de las partes más gratificantes —importante para la identidad propia— y te da una buena información sobre cómo mejorar.

Tu principal obstáculo para esta increíble vida será el autocontrol. Necesitarás una buena gestión del tiempo para dejar de lado adicciones como las redes sociales y los vídeos, y hacer de tu arte tu principal actividad relajante. Necesitarás una buena gestión de la mente para no pensar en tu trabajo cuando salgas de la oficina.

La mayoría de los artistas a tiempo completo que conozco solo dedican una o dos horas al día a su arte. El resto lo dedican al aburrido trabajo que supone tratar de convertirlo en una carrera a tiempo completo. Así que deja de lado la carrera artística y dedícate al arte.

Y ese es mi consejo para una vida gratificante. He conocido a miles de personas en los últimos veinte años... muchos de ellos músicos a tiempo completo, muchos de ellos no; pero las personas más felices que conozco son las que tienen este equilibrio.

No esperes que tu trabajo satisfaga todas tus necesidades emocionales. No manches algo que amas con la necesidad de ganar dinero con ello. No intentes hacer de tu trabajo tu vida entera. No intentes que tu arte sea tu único ingreso. Deja que cada cosa sea lo que es, y haz el esfuerzo extra para equilibrar ambas, para tener una gran vida.

¿QUÉ ODIAS NO HACER?

Cuando nos preguntamos qué vale la pena hacer, nos preguntamos: «¿Qué es lo que realmente me gusta?» o «¿Qué me hace feliz?».

Esa pregunta nunca sale bien, ¿verdad?

Tal vez sea porque hay una larga lista de cosas que nos hacen felices y tenemos que reducirla aún más. O tal vez porque las cosas con las recompensas más profundas no siempre proporcionan placeres superficiales en el camino.

Así que prueba con esta pregunta en su lugar:

¿Qué odias **no** hacer?

¿Qué te hace sentir deprimido, molesto, o como si tu vida se hubiera desviado, si no lo haces lo suficiente?

Las respuestas a esta pregunta doblemente negativa parecen ser mejores indicadores de lo que realmente vale la pena hacer.

NO SE NECESITA CONFIANZA, SOLO CONTRIBUCIÓN

Hace años, era confiado e ingenuo. Estaba seguro de que tenía razón y de que todos los demás estaban equivocados.

Después de vender mi empresa, me sentí preparado para hacer algo nuevo, así que empecé a aprender. Pero, cuanto más aprendía, más me daba cuenta de lo poco que sabía y de lo tonto que había sido.

Seguí aprendiendo hasta que me sentí como un absoluto idiota. Para entonces estaba paralizado, incapaz de crear nada nuevo.

Empezaba a hacer cosas nuevas, pero luego veía lo estúpido que resultaba, así que dejaba de hacerlo. Perdí toda la confianza. Pasé unos años completamente atascado.

Con el tiempo, algunos nuevos pensamientos ayudaron:

- **Aprender sin hacer es un desperdicio.** Si no utilizo lo que aprendo, no tiene sentido. Qué horror desperdiciar esos cientos de horas que pasé aprendiendo y no convertirlo en acción. Es como tirar la comida buena a la basura, moralmente incorrecto.
- **No se trata de mí.** Lo que siento en este momento no importa, ya pasará. Nadie me juzga porque nadie piensa en mí. Solo están buscando maneras de mejorar sus propias vidas. De todos modos, mi yo público no es mi yo real, así que, si juzgan mi persona pública, está bien.
- **El trabajo es lo importante, y mi trabajo es único.** Si puedo hacer algo que la gente encuentre útil, entonces debería hacerlo.

No importa si es una obra maestra o no, mientras la disfrute. Tengo mi propio y extraño punto de vista sobre las cosas, que es una contramelodía útil en la gran orquesta de la vida.

Me alegro de que mi antigua confianza haya desaparecido, porque pensaba que tenía razón, y tal vez incluso que era genial, pero ya no.

Ahora pretendo que mi trabajo —mi pequeña contribución al mundo— sea único y útil.

DEJA QUE LOS PEATONES DEFINAN LAS ACERAS

Se construyó un nuevo campus universitario, pero todavía se debatía una cosa: ¿En qué parte del césped deberíamos colocar las aceras pavimentadas? Algunos pensaban que las calzadas debían rodear el césped, para dejarlo verde. Otros pensaban que las pasarelas debían cruzar en diagonal.

Un profesor tuvo la idea ganadora: **No hacer ninguna pasarela ese año. Al final del año, ver dónde se ha desgastado la hierba.** Eso mostrará por dónde caminan los estudiantes. **Entonces, solo hay que pavimentar esos caminos.**

Brillante.

Pienso en esta idea aplicada a los planes de vida o a los planes de negocio. A medida que pasa el tiempo, nos volvemos más inteligentes. Aprendemos más sobre nosotros mismos o nuestros clientes: lo que realmente queremos nosotros o ellos. Por tanto, somos más tontos al principio y más listos al final.

¿Cuándo hay que tomar decisiones? Cuando tengas más información, cuando seas más inteligente: **lo más tarde posible.** Como el campus universitario, puedes prescindir de las aceras durante un año.

Resiste la tentación de averiguarlo todo de antemano. Date cuenta de que ahora, al principio, es cuando menos sabes.

Cuando la gente espera que tomes decisiones por adelantado, acostúmbrate a decir: «Todavía no lo sabemos». Luego cuenta esta sencilla historia sobre las aceras para demostrarles lo sabio que eres.

NO EMPIECES UN NEGOCIO HASTA QUE LA GENTE TE LO PIDA

Cuando preparas un pastel, tienes que hacer primero lo primero. Tienes que conseguir los ingredientes antes de encender el horno. Tienes que hornearlo antes de decorarlo y cortarlo.

Conozco a mucha gente que quiere montar un negocio. Algunos aún no tienen una idea. No lo entiendo. Es como querer llevar una venda cuando no tienes una herida.

La mayoría tiene una idea pero no tiene clientes. A ellos siempre les digo: «No empieces un negocio hasta que la gente te lo pida…».

Esto no pretende ser desalentador. Solo significa que tienes que conseguir los ingredientes antes de encender el horno.

Primero encuentra a personas reales cuyos problemas puedes resolver. Escucha profundamente para encontrar la propuesta de sus sueños. Asegúrate de que estén dispuestos a pagarte lo suficiente.

No anuncies nada. No elijas un nombre. No hagas una página web o una aplicación. No construyas un sistema. **Tienes que ser libre de cambiar o abandonar tu idea por completo.**

Entonces conseguirás tu primer cliente de pago. Proporciona un servicio personal individualizado. Entonces conseguirás otro cliente que pague. **Demuestra que existe una demanda real.**

Luego, lo más tarde posible, pon en marcha oficialmente el negocio.

LA CRIANZA DE LOS HIJOS: ¿PARA QUIÉN ES REALMENTE?

Desde que nació mi hijo, hace cinco años, he pasado al menos treinta horas a la semana con él, a solas, prestándole toda mi atención. Pero nunca había escrito sobre la crianza de los hijos porque es un tema delicado, demasiado fácil de malinterpretar.

Entonces, ¿por qué escribo hoy sobre ello? Porque me he dado cuenta de que las cosas que hago para él como padre son también para mí. Y esa es una idea que vale la pena compartir.

Estas son las cosas que he hecho por mi hijo desde que nació:

Cultivar su capacidad de atención

Lo que sea que esté haciendo ahora es lo más importante. Así que le animo a que siga haciéndolo el mayor tiempo posible. Nunca le digo: «¡Vamos! ¡Vamos!».

A veces vamos a la playa o al bosque, y hacemos cosas con palos y arena durante medio día antes de que esté listo para cambiar.

Otras familias van al parque infantil durante veinte o treinta minutos, pero nosotros nos quedamos allí durante horas.

Nadie más puede jugar con nosotros así. Todos los demás se aburren mucho.

Por supuesto, mi mente adulta se desvía hacia todas las demás cosas que podríamos estar haciendo. Pero las dejo pasar y vuelvo a centrarme en el presente.

Entrar en su mundo

Soy muy ambicioso y trato de hacer muchas cosas con mi vida. Pero cuando estoy con él, dejo todo lo demás. Teléfono apagado. Ordenador apagado.

Intento ver las cosas a través de sus ojos, ponerme en su mente. Cuando se enfada, intento recordar cómo era a su edad y relacionarme a ese nivel.

Cuando se inventa historias, yo entro en su mundo inventado. Si dice que somos gatos en París, somos gatos en París. ¿El minotauro nos persigue? Los dos corremos.

Por supuesto que me siento tentado a revisar mi teléfono. La mayoría de nosotros tenemos esa adicción. Pero me pregunto: «¿Qué es más importante?» y lo dejo apagado.

Amplío sus experiencias

Quiero que tenga una amplia gama de estímulos para sus sentidos.

Vamos a jugar a todos los bosques, playas, montañas y ciudades posibles, tocando y oliendo todo lo que podamos.

Toco música muy variada de fondo. Cuando jugamos en casa, escucha la tradicional persa, clásica india, jazz de los años sesenta, glitch, Bartok, Stevie Wonder (del 72 al 76), mucho Bach, coro búlgaro, o lo que sea.

Tenemos abonos para la Orquesta Sinfónica de Nueva Zelanda desde que tenía tres años, y nunca nos perdemos un concierto. Le llevé a la ópera *Carmen* y estuvo fascinado de principio a fin.

Cada semana sacamos unos cuantos libros nuevos de la biblioteca y leemos juntos durante una hora cada noche.

Vemos una gran variedad de películas, pero siempre desde el principio hasta el final, sin interrupciones, para que él entienda la historia completa. Para los grandes éxitos de Disney, vemos las versiones dobladas al portugués o al chino.

Y ahora, mi punto:

La razón por la que finalmente escribo sobre esto es porque me he dado cuenta de que **estoy haciendo todas estas cosas tanto por mí como por él.**

Al cultivar su larga capacidad de atención, estoy cultivando la mía.

Al entrar en su mundo, me desprendo del mío, como en la meditación.

Al ampliar sus experiencias, estoy ampliando las mías.

Pensé que estaba siendo desinteresado. Pero en realidad, como la mayoría de las cosas que consideramos desinteresadas, me benefician tanto a mí como a él.

P.D. No encontrarás su nombre ni su cara en Internet. No creo que sea correcto poner a alguien en línea sin su permiso. Se pondrá en línea cuando esté listo.

OK MILT, VOY A EMPEZAR A ESCRIBIR DE NUEVO

Ayer procrastiné, jugueteé y perdí el tiempo, sin hacer nada de valor.

Esta mañana me he enterado de que uno de mis mejores amigos murió ayer. Estaba dando un paseo en bicicleta por una calle tranquila cuando un coche se desvió hacia el carril bici, matándolo al instante.

Compartíamos mi cuenta de música online. Puedo ver que ayer, antes de salir con su bicicleta, acababa de descargar todo el catálogo de Bruce Springsteen y Neil Young.

Llevo toda la mañana llorando, pensando en lo que hacemos con nuestro tiempo: lo que merece la pena y lo que es una pérdida.

El tiempo es realmente limitado. No podemos fingir que no lo es. El tiempo que se emplea en hacer una cosa es tiempo que se pierde en no hacer otra.

Es muy fácil perder el tiempo haciendo cosas que no son importantes, ni divertidas, ni útiles para nadie, ni siquiera para uno mismo.

Es muy difícil luchar contra la resistencia a hacer lo más difícil pero más importante. Terminar ese libro. Escribir esa canción. Lanzar ese proyecto.

He pasado esta mañana pensando en lo que no importa y en lo que sí. Para mí, escribir es lo más digno que puedo hacer con mi tiempo. Me encanta que la palabra distribuida sea eterna, recibir correos electrónicos de desconocidos cada día agradeciéndome cosas que escribí hace años y que les ayudaron. Me encanta pensar que estas cosas seguirán ayudando a la gente mucho después de que yo me haya ido.

Mi amigo era un estupendo conversador, una de las mentes más brillantes que he conocido, pero nunca puso sus pensamientos por escrito. **Es muy triste que sus pensamientos también se hayan ido.**

Así que esta lección está dedicada a ti, Milt Olin. Voy a empezar a escribir de nuevo.

CORRIGIENDO LOS PENSAMIENTOS ERRÓNEOS

DESAPRENDER

Las cosas que aprendí en el pasado son ahora erróneas. Los tiempos han cambiado.

Las creencias que eran verdaderas ahora son falsas. Se basaban en antiguas limitaciones que ya no existen.

Los caminos que solían funcionar ya no lo hacen. La antigua carretera se derrumbó. Ahora hay un túnel a través de la montaña. Cuando el mapa viejo está mal, no podemos simplemente dibujar una nueva línea en él; tenemos que conseguir un nuevo mapa o estaremos siguiendo caminos sin salida.

A veces el mundo es el mismo, pero mi situación ha cambiado. Lo que me trajo aquí no me llevará allí.

La solución es desaprender deliberadamente.

1. Duda de lo que sabes.
2. Deja el hábito de pensar que lo sabes.
3. Exige pruebas actuales de que sigue siendo cierto hoy en día. De lo contrario, déjalo pasar.

Donde antes tenía experiencia, ahora no la tengo. La gente me pide consejo sobre cosas que conocía bien hace años. Es tentador pensar que todavía sé la respuesta, pero en lugar de eso tengo que admitir: «Lo siento. No lo sé».

Duele pasar de sentirse un experto a sentirse un idiota. Pero es crucial pasar por ese dolor o nunca crecerás.

John Cage dijo: «No puedo entender por qué la gente se asusta de las nuevas ideas. A mí me asustan las viejas».

Alvin Toffler dijo: «Los analfabetos del siglo xxi no serán los que no sepan leer y escribir, sino los que no puedan aprender, desaprender y volver a aprender».

Muchas personas solo aprenden en su primer tercio de vida, por lo que las escuelas no enseñan a desaprender.

Queremos ver el mundo con claridad y saber cómo son las cosas. Pero, una vez superada la primera etapa de la sabiduría, la siguiente consiste en adaptarse a los nuevos cambios.

No nos hacemos sabios solo sumando y sumando. También tenemos que restar.

RESTA

La vida se puede mejorar sumando o restando. El mundo nos empuja a sumar, porque eso genera beneficios. Pero el secreto es centrarse en restar.

Imagina una línea numérica, con el 0 a la izquierda y el 20 a la derecha. Digamos que quiero estar en el medio, en el 10. Pero estoy en el 17.

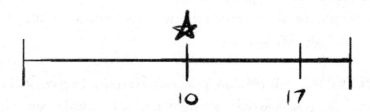

¿Qué puedo añadir para llegar a 10? Intenté añadir 8 pero no funcionó. Tal vez sumar 3 podría ayudar. Quizás debería ir a por todas y añadir 50.

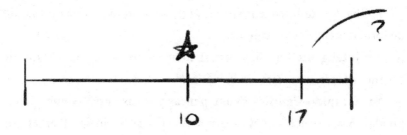

Ninguna suma me llevará a donde quiero estar.

La mentalidad de añadir está muy arraigada. **Es fácil pensar que necesito algo más. Es difícil, en cambio, fijarse en lo que hay que eliminar.**

Las personas con menos éxito que conozco corren en direcciones contradictorias, se ven atraídas por las distracciones, dicen que sí a casi todo y se encadenan a los obstáculos emocionales.

Las personas más exitosas que conozco tienen un enfoque estrecho, se protegen contra las pérdidas de tiempo, dicen que no a casi todo y han dejado de lado viejas creencias limitantes.

Hay más gente que muere por comer demasiado que por comer poco. La mayoría de nosotros cargamos demasiado; demasiados compromisos y demasiadas prioridades.

Restar me recuerda que lo que necesito cambiar es algo que ya está aquí, no allá afuera.

LAS PERSONAS INTELIGENTES NO PIENSAN QUE LOS DEMÁS SON ESTÚPIDOS

La mujer parecía estar diciendo algunas cosas muy interesantes hasta que se detuvo con: «¡Uf! ¡Esa gente es tan estúpida!».

Podría haber dicho sureños, norteños, liberales, conservadores, chinos o estadounidenses. No importa. Acababa de demostrar que no estaba siendo inteligente.

No hay gente inteligente o estúpida, solo gente que está actuando de forma inteligente o estúpida.

Ser inteligente significa pensar bien las cosas. Significa tratar de encontrar la respuesta real, no la más fácil.

Ser estúpido significa evitar pensar y sacar conclusiones precipitadas. Sacar conclusiones es como abandonar un juego. Pierdes por defecto.

Por eso decir «No lo sé» suele ser inteligente, porque es negarse a sacar una conclusión precipitada.

Así que cuando alguien dice «¡Son tan estúpidos!» significa que ha dejado de pensar. Lo dice porque es satisfactorio saltar a esa conclusión.

Así que, si decides que alguien es estúpido, significa que no estás pensando, por lo que no estás siendo inteligente.

Por lo tanto, las personas inteligentes no creen que los demás sean estúpidos.

EL ESPEJO: SE TRATA DE TI, NO DE ELLOS

Si ves un cuadro precioso que te fascina, ¿importa si descubres que la artista no pagó sus impuestos? ¿Dejarías de disfrutar del cuadro?

Si alguien te enseña una forma estupenda de memorizar nombres, ¿importa si descubres que esa persona es alcohólica? ¿Dejarías de confiar en sus técnicas de memorización?

Cuando compro un libro que tiene una foto del autor en la portada, arranco y tiro la portada antes de salir de la tienda. No me importa quién es el autor. Lo único que importa son las ideas que contiene el libro y lo que hago con ellas.

James Brown fue mi mayor influencia musical. Incluso llamé a mi banda *Hit Me* en homenaje a él. Tenía pósteres suyos en la pared. Pero cuando trabajé en Warner/Chappell Music a principios de los 90 y me dijeron que iba a venir a la oficina ese día, me fui a casa temprano para evitar encontrarme con él. No quería que un hombre completamente defectuoso manchara esa música impecable que cambió mi vida.

Tal vez estos ejemplos parezcan una tontería, pero para mí era importante recordar que **lo que importa es lo que yo saco de su trabajo, no la persona que lo hizo.**

A menudo hablo a la gente de un gran libro que creo que les ayudará, pero a veces descartan el libro porque han oído algo que no les ha gustado del autor.

Lo que creo que realmente están diciendo es: «Ahora que he demostrado que el mensajero no es perfecto, no tengo que escuchar nada de lo que dice».

Pero el acto de leer un libro es realmente sobre ti y lo que obtienes de él. Lo único que importa es lo que haces con las ideas, sin importar la fuente. Aplícalas a tu propia vida y a tu manera.

Nunca se trató de ellos. Se trata de ti.

ASUME QUE LOS HOMBRES Y LAS MUJERES SON IGUALES

Los hombres dicen: «Las mujeres nunca pueden decidirse».

Pero, en realidad, tanto los hombres como las mujeres son igualmente indecisos.

Las mujeres dicen: «Los hombres piensan una cosa pero dicen otra». Pero, en realidad, tanto los hombres como las mujeres son igual de indirectos.

Pensamos que las diferencias entre nuestro grupo y otro grupo son mayores de lo que son.

Pero las diferencias entre los hombres, y las diferencias entre las mujeres, son mucho mayores que las diferencias entre hombres y mujeres.

Así que, para compensar tu tendencia a exagerar esas diferencias, asume que los hombres y las mujeres son iguales.

No son lo mismo, pero si sigues esta regla, tu pensamiento estará más cerca de ser correcto que de no serlo.

MUDANZA PERMANENTE

Eres como eres por lo que has vivido.

Tu país, tu familia, tu ciudad, tus circunstancias y tus amigos han moldeado tu forma de pensar. Si hubieras crecido en el otro lado del mundo, tendrías una serie de valores y patrones de pensamiento diferentes.

Pero si sigues experimentando las mismas cosas, tu mente mantiene sus mismos patrones. Las mismas preguntas, las mismas respuestas.

Tu cerebro, que antes era curioso y estaba en crecimiento, se va estancando en hábitos profundos. Tus valores y opiniones se endurecen y se resisten al cambio. Si no te mueves, pierdes tu flexibilidad.

Solo se aprende de verdad cuando uno se sorprende. Si no te sorprendes, todo encaja en tus patrones de pensamiento existentes. **Por eso, para ser más inteligente, hay que sorprenderse, pensar de forma nueva y comprender profundamente las diferentes perspectivas.**

Con esfuerzo, podrías hacerlo desde la comodidad de tu casa. Pero la forma más eficaz de sacudir las cosas es trasladarse al otro lado del mundo. Elige un lugar que sea lo más diferente a lo que conoces y vete.

Hacerlo te mantiene en una mentalidad de aprendizaje. Hábitos que antes eran tan rutinarios que los hacías sin pensar, como la compra de alimentos, ahora mantienen la mente abierta, atenta, y notando cosas nuevas. Los recién llegados a una cultura suelen darse cuenta de lo que los lugareños no notan. (Los peces no saben que están en el agua).

No pienses que estás de visita. Piensa que te has mudado, y hazlo en serio. Comprométete. Sumérgete. Hazte nativo.

Entabla una amistad profunda con los lugareños. Haz muchas preguntas. Pide a la gente que te explique y muestre cómo se hacen las cosas. Cuando afirmen un hecho, pregunta cómo lo saben. Cuando digan una opinión, pide ejemplos.

Al principio, sus valores y métodos te parecerán equivocados. Sentirás el impulso de decirles cómo sus vidas o sus ideas podrían ser mejores, más parecidas a lo que tú conoces. Pero intenta entender una perspectiva en la que ellos tienen razón y tú estás equivocado. **Con el tiempo, te darás cuenta de que tus creencias no eran correctas: eran solo la cultura local del lugar donde creciste.** Eres un producto de tu entorno.

Cada país tiene una filosofía compartida en funcionamiento. Sumérgete y trata de entenderla realmente. Es una de las mejores cosas que puedes hacer por tu cerebro. Mantente inmerso al menos hasta que digas «nosotros» en lugar de «ellos».

Entonces, si quieres que tu cerebro siga aprendiendo y creciendo activamente para siempre, sigue moviéndote por el mundo y sumergiéndote así durante el resto de tu vida.

APRENDE LA LECCIÓN, NO EL EJEMPLO

Aprender a leer metafóricamente fue un punto de inflexión importante en mi vida.

Cuando tenía diecinueve años y asistía al Berklee College of Music, no me interesaba nada más que la música. Entonces un profesor nos hizo leer el libro *Posicionamiento,* que es plena y llanamente un libro de negocios. Pensé: «¿Negocios? ¡Qué asco! Estoy en la escuela de música, no en la de negocios. Solo quiero ser músico, no un traje corporativo».

Luego nos enseñó cómo podíamos aplicar las lecciones empresariales de ese libro a nuestra música. Aunque en el libro no se menciona la música, nos dijo que trasladáramos los ejemplos a lo que hiciéramos.

En otras palabras: **No centrándome en el ejemplo en sí. Utilizándolo como metáfora y aplicando la lección a mi situación.** Ahora suena obvio, pero nunca lo había pensado así.

Me di cuenta de que podía avanzar en mi carrera musical leyendo libros que no mencionan la música. De hecho, tendría una ventaja competitiva al hacerlo, ya que la mayoría de los músicos no lo hacen.

Ahora estoy aquí, veinte años después. Escribo pequeños artículos para compartir las lecciones que he aprendido. Pero en los comentarios, me doy cuenta de que la gente a veces se centra en mi ejemplo aleatorio, en lugar de en la lección mayor. Nadie más conoce tu situación exacta. Así que aprende a ver más allá del ejemplo, céntrate en la lección y aplícala a tu propia vida. Piensa en metáforas.

SOBRECOMPENSA PARA COMPENSAR

Tienes algo que quieres cambiar: un proceso de pensamiento o un hábito que quieres arreglar.

Utilicemos la metáfora de un montón de ladrillos en un balancín. Ahora mismo todos los ladrillos están apilados en un lado. Esta es la forma en que has estado tú.

Para hacer un cambio, la mayoría de la gente no hace lo suficiente.

Si haces algo pequeño y sensato, es como mover un ladrillo hacia el otro lado. Sigues estando desequilibrado.

Crees que has hecho el cambio, pero no estás contando con toda una vida haciéndolo de la otra manera, con el entorno que te hizo ser así y con la presión de los amigos para seguir siendo así.

Para hacer un cambio, hay que ser extremo. Ir hasta el otro lado. Se sentirá como una sobrecompensación, pero tienes que apilar una enorme pila de ladrillos en el otro lado.

Este nuevo tú suena extremo y emocionante. Pensarás que vas a cambiar por completo. Pero en realidad lo viejo sigue ahí. Así que, en realidad, esto es lo que necesitabas hacer para equilibrar, para compensar esa carga cultural, la identidad propia, el hábito y la historia.

Una vez estés equilibrado, la nueva perspectiva se asentará y se convertirá en tu nueva normalidad.

PROYECTANDO SIGNIFICADO

Los caracteres chinos parecen complicados, pero en su mayoría están formados por caracteres más pequeños y sencillos. Por ejemplo:

- Lenguaje 语 = palabras 讠 + cinco 五 + boca 口
- gracias 謝 = palabras 讠 + cuerpo 身 + pulgada 寸
- hermana menor 妹 = mujer 女 + todavía no 未
- usted 你 = persona 人 + arco+ pequeño 小
- nombre 名 = noche 夕 + boca 口

Me encanta aprender esto, porque cada símbolo es como un pequeño poema.

¿Un idioma son palabras que hablan cinco bocas?

Cuando dices «gracias», ¿dices palabras que dan una pulgada de espacio al cuerpo?

¿Tu nombre es lo que dice una boca al anochecer? Eso es algo romántico.

Las historias son muy vívidas. Intento imaginar el significado histórico o cultural que hay detrás de cada una.

* * *

Talking Heads fue una gran banda desde 1975 hasta 1988. Sus letras eran evocadoras y misteriosas —específicas pero vagas— y te hacían preguntarte de qué iban realmente.

David Byrne, el principal compositor de Talking Heads, dijo más tarde que la mayoría de sus letras eran al azar. Escribía pequeñas frases en trozos de papel, las echaba en un cuenco y las barajaba. Luego sacaba algunas al azar del cuenco y las ponía en la canción.

Lo hizo porque le gustaba cómo **el oyente creaba un significado que no estaba previsto.** Oír una frase junto a otra te hace suponer que están conectadas de forma significativa. Pero no. Era solo el azar. Tú mismo creaste ese significado.

* * *

Me hice con un diccionario de chino para averiguar el significado de las palabras que estaba aprendiendo. ¡Descubrí que muchas de ellas son solo fonéticas! Esos componentes no fueron elegidos por su significado; ¡fueron elegidos solo por su sonido! **Así que yo mismo les puse los significados.** En realidad, no tenían ningún significado.

Pero, incluso sabiendo eso, elijo seguir haciéndolo. Es poético. Es hermoso. Crear las historias me ayuda a memorizarlas.

Pero ¿cuántas otras cosas en la vida no tienen realmente sentido?

Nacida el 12 de abril. Nacido el 12 de septiembre. ¿Qué significa?

Un día vas en bicicleta en lugar de coger el autobús. Ese día, tu autobús habitual tiene un gran accidente. ¿Qué significa esto? Un gato negro se cruza en tu camino mientras caminas bajo una escalera un viernes trece. ¿Qué significa?

Nada en absoluto. **Nada tiene un significado inherente.** Es lo que es y ya está. **Solo elegimos proyectar el significado sobre las cosas.** Sienta bien crear historias.

Incluso si se nos presenta la prueba de que un acontecimiento es totalmente aleatorio o neutral, decidimos que tiene un significado de todos modos. Eso hace que la vida sea más poética y hermosa.

¿Y qué pasa si has proyectado un mal significado sobre algo y eso te está deprimiendo? Debes saber que nada de eso es cierto. Tú eres el que ha puesto el significado en ello. Puedes quitarle todo el significado con la misma facilidad.

DECIR QUE SÍ

DESPUÉS DE QUINCE AÑOS DE PRÁCTICA

Desde los catorce años, estaba decidido a ser un gran cantante. Pero mi afinación era mala, mi tono era malo y todo el mundo decía que no era un cantante.

A los diecisiete años, empecé a tomar clases de canto y a practicar dos horas cada noche. Me metía en una habitación insonorizada para cantar una y otra vez tonos largos, escalas, arpegios y frases específicas de canciones.

A los dieciocho años empecé a hacer giras, actuando de dos a cuatro veces por semana, siempre como cantante principal. A menudo eran espectáculos al aire libre, a veces sin ningún sistema de megafonía, así que tuve que aprender a proyectar para que me escucharan.

A los diecinueve años, seguía practicando dos horas cada noche, pero seguía teniendo problemas de afinación. La gente me decía que no era un buen cantante, que debía dejarlo y buscar un cantante de verdad.

Entonces escuché a Warren Senders cantando música vocal india, y su afinación era tan perfecta que me acerqué a él después para preguntarle cómo lo hacía. «¿Cómo eres capaz de cantar las notas de forma tan perfecta? ¿Se te da bien por naturaleza?».

Me dijo: «¡No! Cuando empecé a cantar, no solo no me acercaba a la nota, sino que no me acercaba ni por asomo. Era horrible».

«¿Y cómo lo hiciste?».

Me clavó un dedo en el pecho y me miró a los ojos. «Práctica. Miles de horas de práctica, y al final lo conseguí. Puedo enseñarte cómo».

Ese año, tomé un autobús para ir a su casa todos los miércoles por la noche, y me enseñó algunas formas esotéricas de pensar en el canto.

Seguí de gira durante años, siempre como cantante principal —seguí tomando clases de canto con diferentes profesores en diferentes ciudades—,

186 • DEREK SIVERS OBRAS COMPLETAS (o casi)

seguí practicando tonos, escalas y puntos conflictivos durante una hora cada noche.

A los veinticinco años, grabé mi primer álbum. Cuando se lo entregué a un productor discográfico que fue un verdadero mentor para mí, lo escuchó detenidamente y me dijo: «Derek, no eres un buen cantante. Tienes que dejar de intentarlo. Admite que eres un compositor y encuentra un verdadero cantante». Pero salí de esa reunión sin inmutarme. Sabía que tenía que trabajar más. Estuve de gira durante tres años más, siempre empujando, siempre practicando, siempre decidido a ser un gran cantante.

A los veintiocho años, empecé a notar que mi voz estaba mejorando. Grabé unas cuantas canciones nuevas y, por primera vez, ¡me gustaron mucho las voces!

A los veintinueve años, lo había conseguido. Tras quince años de práctica y unos mil conciertos, por fin era un buen cantante, al menos según mi propio criterio. Puedes juzgarlo tú mismo en sive.rs/music, donde mis antiguas grabaciones están en la parte inferior, y las nuevas en la parte superior.

Alguien que me escuchó por primera vez dijo: «El canto es un don con el que se nace o no se nace. Tienes suerte. Has nacido con el don».

Tengo que recordar esta historia ahora porque me paso la mayor parte del tiempo haciendo cosas nuevas que no se me dan bien. **Es abrumador sentirse tan asombrado por la gente que parece hacerlo de forma natural.** Yo solo soy un principiante. Puede que me lleve otros quince años, pero estoy decidido.

LOS OBJETIVOS DAN FORMA AL PRESENTE, NO AL FUTURO

Tienes un objetivo que has estado posponiendo. Quieres hacerlo algún día.

Has querido tomar medidas reales al respecto, pero te vendría bien tener más motivación.

Déjalo. Es un mal objetivo.

Si fuera un gran objetivo, ya habrías pasado a la acción. No esperarías. Nada te detendría.

El propósito de los objetivos no es mejorar el futuro. El futuro no existe. Solo está en nuestra imaginación. Todo lo que existe es el momento presente y lo que haces con él.

Juzga un objetivo por cómo cambia tus acciones en el momento presente.

Un mal objetivo te hace decir: «Quiero hacer esto algún día». Un gran objetivo te hace pasar a la acción inmediatamente.

Un mal objetivo es nebuloso, vago y distante. Un gran objetivo es tan claro, específico y cercano que casi puedes tocarlo. (Esto es crucial para seguir adelante).

Un mal objetivo te hace decir: «No estoy seguro de cómo empezar». Con un gran objetivo, sabes exactamente lo que debes hacer a continuación.

Un mal objetivo te hace decir: «Déjame consultarlo con la almohada». Un gran objetivo te hace decir: «¡No puedo dormir! Estuve hasta las dos de la mañana haciendo esto, y luego me levanté a las siete de la mañana para hacerlo un poco más».

Un mal objetivo te hace decir: «Eso estaría bien». Un gran objetivo te hace decir: «¡Oh, Dios mío! ¡Sí! ¡Eso sería increíble! No puedo esperar».

Un mal objetivo te hace decir: «Lo haré en cuanto haga esta otra cosa». Un gran objetivo es tan interesante e importante que no puedes distraerte.

Algunos objetivos parecen estupendos. Impresionan a tus amigos («Voy a cruzar la India en bicicleta»), satisfacen un viejo deseo («Quiero ir al espacio») o son buenos para ti («Voy a perder quince kilos»). **Pero a menos que cambie tus acciones, ahora mismo no es un gran objetivo.** Encuentra otra variante que te entusiasme.

¿BUSCAS INSPIRACIÓN?

La palabra «inspiración» suele significar «algo que te estimula mentalmente».

Pero «inspiración» también significa respirar.

Los significados se combinan poéticamente cuando piensas en ti mismo inspirando pensamientos, llenando tu cuerpo de ideas. **Pero no te olvides de exhalar.**

La gente navega por la web, leyendo artículos concisos, en busca de inspiración. La gente escucha horas de *podcasts* en busca de inspiración. Músicos, escritores, artistas, y todos los demás, recorren el mundo en busca de inspiración.

Inhalando, e inhalando, e inhalando, e inhalando. Sin embargo, la mayoría de ellos no se sienten suficientemente inspirados. Buscan más, pensando que otra cosa ahí fuera les inspirará de verdad.

¿Quieres saber por qué? **Porque nada es verdaderamente inspirador si no lo aplicas a tu trabajo.** («Trabajo» significa la producción de tu vida, ya sea creativa, empresarial o personal).

En otras palabras, tu trabajo, en sí mismo, es la inspiración.

Puede que oigas algo o veas algo que te dé una nueva idea. Pero solo cuando te paras a pensar en tu trabajo a través de esta nueva perspectiva, te levantas y vas a convertir la idea en realidad.

Esa es la verdadera inspiración que todos buscan.

La inspiración no es recibir información. La inspiración es aplicar lo que has recibido.

La gente cree que, si sigue leyendo artículos, hojeando libros, escuchando charlas o conociendo gente, se va a inspirar de repente. Pero buscar constantemente la inspiración es antinspirador. Hay que detener la consumición y centrarse en la producción.

Cada pieza de inspiración que recibas, úsala y amplifícala aplicándola a tu trabajo. Entonces sentirás por fin la inspiración que estabas buscando.

Inspira. Exhala. Inspira. Exhala.

POSIBLES FUTUROS

De vez en cuando tengo una gran visión de mi futuro: un proyecto enorme que me llevará muchos meses o años. Algo emocionante y que merece la pena hacer. Hago un montón de investigaciones, preparo un montón de planes y siento que he tomado una gran decisión sobre una nueva dirección en la vida.

Luego, un mes después, tengo una visión completamente diferente. Algo no relacionado con la anterior. Algo que me entusiasma más. Y el proceso se repite.

Solía sentirme mal por esto. Como si debiera dejar de tener nuevas ideas para el futuro y quedarme con una sola. Solía sentirme mal por no actuar sobre ellas.

Entonces hice un pequeño cambio que supuso una gran diferencia: en mi ordenador, hice una carpeta llamada «Futuros posibles». Para cada gran plan, hago un nuevo archivo en esa carpeta y pongo todas mis ideas e investigaciones en ella.

Ahora puedo soñar despierto todo lo que quiera, sin sentirme mal por no pasar a la acción, porque está claro que **cada plan es solo uno de los muchos futuros posibles.**

Esta colección de planes también me recuerda que **me encanta soñar despierto, solo por el hecho de hacerlo.**

A día de hoy tengo setenta y dos futuros diferentes. Unas cuantas veces al año, los leo todos. Algunos parecen estúpidos ahora, pero otros se vuelven más y más atractivos con el tiempo.

Cuando termino un gran proyecto y me siento preparado para un nuevo futuro, abro esta carpeta y elijo uno para hacerlo realidad.

SI CREES QUE NO HAS ENCONTRADO TU PASIÓN...

Oigo a mucha gente decir: «¡Pero si no he encontrado mi pasión!».

Es peligroso pensar en términos de «pasión» y «propósito» porque suenan como cosas enormes y abrumadoras.

Si crees que el amor tiene que parecerse a *Romeo y Julieta,* pasarás por alto una gran relación que crece lentamente.

Si crees que aún no has encontrado tu pasión, probablemente estés esperando que sea abrumadora.

En lugar de ello, **fíjate en lo que te emociona y te asusta en un pequeño nivel de momento a momento.**

Si te encuentras buceando en un libro sobre programación y jugando con él durante horas, ¡hazlo! Sumérgete más. Quizá sea tu nueva vocación.

Si no dejas de pensar en hacer algo grande y descubres que la idea te aterroriza y te intriga a la vez, probablemente sea un esfuerzo digno para ti.

Uno crece haciendo lo que le entusiasma y lo que le asusta.

LO QUE SEA QUE TE ASUSTE, HAZLO

A veces la gente me pregunta cuál es el lema o regla general que utilizo con más frecuencia. Es esta:

Lo que te asuste, hazlo.

Durante treinta años, he seguido esta regla tanto para las cosas pequeñas como para las grandes de la vida, y me ha servido.

A pequeña escala, puede ser ese pequeño momento de nerviosismo, cuando tienes miedo de hablar con alguien que te intimida. Te das cuenta de que tienes miedo. ¡Ah! Lo que sea que te asuste, hazlo. Así que vas a hablar con ellos.

A gran escala, puede ser esa enorme y aterradora idea que no desaparece. Empezar un negocio. Visitar un país. Dejar tu trabajo. Lo que sea que te asuste, hazlo.

El miedo es solo una forma de emoción, y sabes que debes hacer lo que te emociona.

Lo mejor de todo es que una vez que haces algo que te daba miedo, ¡ya no te da miedo! A medida que vas por la vida, haciendo todo lo que te asusta, cada vez tienes menos miedo en el mundo.

El legendario psicólogo Abraham Maslow lo dijo muy bien: «La vida es un proceso continuo de elección entre la seguridad (por miedo y necesidad de defensa) y el riesgo (en aras del progreso y el crecimiento). Elige el crecimiento una docena de veces al día».

Lo escuché de adolescente, me lo tomé a pecho y me hice esta regla. Lo que te asuste, hazlo.

3
CÓMO VIVIR

**27 respuestas contradictorias
y una extraña conclusión**

ÍNDICE

Por favor, lee despacio.
Una línea a la vez.

ASÍ DEBES VIVIR: SÉ INDEPENDIENTE

Toda la miseria proviene de la dependencia.

Si no dependieras del dinero, de las personas o de la tecnología, serías
verdaderamente libre.

La única manera de ser profundamente feliz es abandonar todas las
dependencias.

La mayoría de los problemas son interpersonales.

Formar parte de la sociedad es perder una parte de ti mismo. Corta los
lazos con la sociedad.

No te involucres.

Ni siquiera te rebeles, porque eso es reaccionar.

En cambio, haz lo que harías si fueras la única persona en la Tierra.

La gente cree que vivimos en un mundo de política, sociedad, normas y
noticias.

Pero nada de eso es real.

Solo son dramas interpersonales.

Son el ruidoso producto de desecho de las mentes insanas.

Las multitudes son histéricas y reproducen opiniones de manera
distorsionada.

No formes parte de ningún grupo.

No tomes partido en ninguna pelea.

En lugar de destacar entre la multitud, simplemente evita e ignora a la
multitud.

Evita las redes sociales y el espíritu de la época.

Su estupidez te contagiará.

No te alinees con ninguna religión, filosofía o postura política.
Mantente sin etiquetas y sin ataduras.

Las reglas y normas fueron creadas por la clase alta para proteger sus
privilegios, para categorizar a la gente en la sociedad alta y la baja.
Nada de eso se aplica a ti.

Hace mucho tiempo, la gente tenía que seguir las normas para tener un
estatus social alto, de lo contrario era marginada y no podía
sobrevivir.
Pero ahora se puede sobrevivir, aparearse y prosperar sin estatus social.
Así que es tan irracional como imprudente seguir esas normas.

Los perros ladran.
La gente habla.
No significa nada.
Lo que dicen y hacen no tiene nada que ver contigo, aunque parezca
dirigido a ti.
La única opinión que importa es la tuya.
Cuando tengas claro lo que haces, no te importará lo que hagan los
demás.
Cuando eres indiferente a las palabras y acciones de la gente, nadie
puede afectarte.

No creas nada de lo que te digan.
Escucha si quieres, pero decide siempre por ti mismo.
Nunca estés de acuerdo con algo el mismo día que lo escuchas, porque
algunas ideas son persuasivamente hipnóticas.
Espera unos días para decidir lo que realmente piensas.
No dejes que las ideas entren en tu cabeza o en tu corazón sin tu
permiso.

Ser independiente significa que no puedes culpar a los demás.

Decide que todo sea culpa tuya.

Quien sea que culpes tendrá poder sobre ti, así que cúlpate solo a ti mismo.

Cuando culpas a tu ubicación geográfica, cultura, raza o historia, estás abdicando de tu autonomía.

Cada uno tiene su propia vida que gestionar.

Nadie es responsable de ti, y tú no eres responsable de nadie.

No le debes nada a nadie.

Los amigos son geniales a la distancia adecuada.

Al igual que no puedes leer algo si lo tienes pegado a la cara o demasiado lejos, debes mantener a tus amigos a una distancia prudencial; cerca, pero no demasiado.

Ten más de una pareja sentimental, o ninguna.

Para evitar la dependencia emocional, nunca tengas solo una.

No te preocupes por estar solo.

No hay nada más solitario que estar con la persona equivocada.

Siempre es mejor estar solo.

No se puede ser libre sin autodominio.

Tus indulgencias y hábitos pasados pueden ser adicciones.

Deja un hábito inofensivo durante un mes, solo para demostrar que puedes hacerlo.

Cuando dices que quieres más libertad del mundo, puede que solo necesites libertad de tu yo del pasado.

No ves las cosas como son.

Las ves como tú eres.

Cambia tu ser y cambiarás el mundo.

Aprende las habilidades que necesitas para ser autosuficiente.

Aprende a conducir, a volar, a navegar, a trabajar en el jardín, a pescar y a acampar.

Aprende a prepararte para emergencias médicas y catástrofes.

Asume que nadie te ayudará.

No dependas de ninguna empresa, y menos de los grandes gigantes tecnológicos.

Utiliza únicamente software de código abierto y protocolos de comunicación abiertos.

Guarda tus propias copias de seguridad.

Consigue tu propio dominio.

Gestiona tu propio servidor.

Vive donde te sientas más libre.

Múdate simbólicamente lejos del lugar donde creciste.

Vivir en un lugar extranjero ayuda a dejarte claro que las reglas de esta cultura no se aplican a ti.

El mejor lugar para la autosuficiencia es una casa rural fuera de la red.

Genera tu propia electricidad.

Recoge tu propia agua.

Cultiva tus propios alimentos.

O no tengas ningún hogar.

Cuando no tienes casa, el mundo entero es tu hogar.

Sé un nómada minimalista para deshacerte de la dependencia a las cosas.

Nuestros antepasados cazadores-recolectores prosperaban sin llevar nada, y luego encontraban o fabricaban lo que necesitaban.

Sé un viajero perpetuo, vive con una maleta.

Múdate a un nuevo país cada pocos meses, nunca te registres como residente en ningún sitio.

Reparte los diferentes aspectos de tu vida en distintos países para evitar depender de uno solo.

Obtén varios pasaportes.

Si un país entra en guerra o te hace la vida imposible, vete.

Ser nómada es ser pacifista.

Haz amigos donde vayas, para que ningún lugar tenga todos tus amigos.

Ten un negocio propio con muchos clientes pequeños para no depender de ningún gran cliente.

Ofrece productos, no un servicio personal, para que tu negocio pueda funcionar sin ti.

Crea muchas fuentes de ingresos así.

No firmes contratos.

Disponte a abandonar cualquier cosa.

Al final, lo habrás conseguido.

Serás absolutamente libre e independiente.

Es la liberación definitiva.

Entonces podrás apreciarlo todo desde una sana distancia.

Puedes apreciar tu país desde el extranjero, una vez no sea tu única opción.

Puedes apreciar a la familia, una vez que no se te impone.

Puedes reírte de la histeria de la multitud, y también aprender de ella.

Puedes tomar partido en una pelea, con una sonrisa.

Incluso puedes responsabilizarte de otra persona.

Ser totalmente independiente es como se debe vivir.

ASÍ DEBES VIVIR: COMPROMÉTETE

Si alguna vez te has sentido confundido o distraído, con demasiadas
opciones…
Si no terminas lo que empiezas…
Si no estás con una persona que amas…
… entonces has sentido el problema.
El problema es la falta de compromiso.

Has estado buscando a la mejor persona, lugar o carrera.
Pero buscar lo mejor es el problema.
Ninguna opción es intrínsecamente la mejor.
¿Qué hace que algo sea la mejor opción?
Tú.
Tú haces que sea la mejor a través de tu compromiso.
Tu dedicación y tus acciones hacen que cualquier elección sea
maravillosa.

Esto es una epifanía que cambia la vida.
Puedes dejar de buscar la mejor opción.
Elige una y comprométete de forma irreversible.
Entonces se convierte en la mejor opción para ti.
Voilà.

Cuando una decisión es irreversible, te sientes mejor con ella.
Cuando no puedes deshacerte de algo, encuentras lo que tiene
de bueno.
Cuando no puedes cambiar tu situación, cambias tu actitud hacia ella.
Así que elimina la opción de cambiar de opinión.

Crees que quieres más opciones y más posibilidades.
Pero cuando tienes opciones ilimitadas, te sientes peor.

Cuando mantienes todas las opciones abiertas, te sientes conflictivo y
deprimido.

Tus pensamientos están divididos.

Tu poder está diluido.

Tu tiempo está demasiado repartido.

La indecisión te mantiene superficial.

Obtén el profundo placer de sumergirte en una opción.

La palabra «decide» viene de una palabra en latín que significa
«cortar».

Elige una y corta las demás opciones.

Ir en una dirección significa que no vas en otras direcciones.

Cuando te comprometes con un resultado, estás unificado y
concentrado.

Cuando sacrificas tus yoes alternativos, tu yo restante tiene un poder
increíble.

Ignora otros aspectos de tu vida.

Despréndete de toda obligación innecesaria.

Cada una de ellas parece pequeña, pero juntas, te drenarán el alma.

Centra tu atención en las pocas cosas con las que estás comprometido, y
nada más.

Cuando nuestros antepasados pasaron de ser cazadores-recolectores
nómadas a desarrolladores de tierras asentados, el desarrollo humano
se disparó.

Hicimos grandes avances cuando dejamos de movernos y nos
comprometimos con un lugar.

Elige tu casa.

Quédate allí para siempre.

Conoce todo sobre ella.

Aunque lleves años viviendo allí, contrata a un experto local y aprende aún más sobre la historia, la arquitectura y las zonas que no has explorado.

Encuentra una comunidad de personas con ideas afines.
No desperdicies tu energía luchando contra las normas.
La confianza ayuda a tu felicidad más que los ingresos o la salud.
Invita a tus vecinos a comer.
Haz amigos.
Haz el esfuerzo.
Pide prestado y presta.
Confía y demuestra que se puede confiar en ti.
Hazles saber que pueden apoyarse en ti porque estás aquí para quedarte.
Ellos te corresponderán.

Serás una parte inseparable de tu comunidad.
Las buenas relaciones que construyas te construirán a ti.
No hay mayor fuerza en tiempos difíciles.

Cuando te quedas en un lugar, la vida diaria es mejor.
Hay pocos incentivos para que las empresas den un buen servicio a alguien que solo está de paso.
Pero al comprometerte con una comunidad, la gente te trata mejor.
Las reglas son diferentes.
Saben que te van a ver todas las semanas, así que les interesa tratarte bien.
Eres más un amigo que un extraño.

Cuantos más lazos sociales tenemos, más felices somos.
El vínculo de la amistad es una de las alegrías más profundas de la vida.
Fíjate en esas palabras: lazos, vínculo.
Son palabras de compromiso.

Decimos que queremos libertad, en teoría.
Pero en realidad preferimos este cálido abrazo.

Tus mejores amigos y tú no decidís nuevamente cada día si sois amigos o
no.
Sois amigos, sin duda.
Estáis comprometidos el uno con el otro, aunque nunca lo hayáis dicho.
Eso es lo maravilloso de la amistad.

Cuando la gente dice que eres una persona de buen carácter, quiere decir
que no solo eres bueno, sino que lo eres constantemente.
Lo que haces repetidamente te define.
Tus hábitos crean tu carácter.

Una vez que decidas lo que es importante para ti, sabrás cómo actuará tu
yo ideal y cómo será tu día ideal.
Entonces, ¿por qué no actuar así y vivir así cada día?
Comprométete con tus hábitos para convertirlos en rituales.
Si no es importante, no lo hagas nunca.
Si es importante, hazlo todos los días.

Los cohetes utilizan la mayor parte de su combustible en el primer
minuto de vuelo, para escapar de la atracción de la gravedad.
Una vez que salen de ese tirón, no les cuesta nada.
Lo mismo sucede con tus hábitos.
Empezar es difícil.
El resto es fácil.

Los nuevos hábitos son lo que intentas ser.
Los viejos hábitos son lo que eres.

Comprométete con una trayectoria profesional.

Construye tu experiencia y reputación con el tiempo.

Como has cortado otras opciones, no te desviarás por la distracción.

Como estás comprometido, no puedes fallar.

Aunque te lleve más años de lo esperado, no es un fracaso hasta que te rindes.

Esto se aplica incluso a las decisiones técnicas, ya sean de hardware o de software.

Elige una.

Comprométete con ella.

Apréndela a fondo.

Esto es mucho más gratificante que cambiar siempre y buscar lo mejor.

Cásate.

Cásate con alguien lleno de bondad que se comprometa a ponerte en el centro de su vida.

Cásate con alguien que no quieras cambiar, que no quiera cambiarte.

Alguien que no te castigue por tus errores.

Alguien que vea tu máximo potencial.

Comprométete por completo.

Enamorarse es fácil.

Mantenerse enamorado es más difícil.

El entusiasmo es común.

La perseverancia es excepcional.

El matrimonio es para superar los momentos en los que no se está enamorado.

Espera que las cosas se pongan feas.

El compromiso mutuo os dará la seguridad para capear las tormentas, sabiendo que no destruiréis la relación.

Sé cariñoso incluso cuando no te sientas cariñoso.

El compromiso te da tranquilidad.

Cuando te comprometes con una cosa y dejas de lado el resto, te sientes libre.

Una vez que decidas algo, nunca cambies de opinión.

Es mucho más fácil decidir una sola vez.

El compromiso te da integridad y vínculos sociales.

El compromiso te da experiencia y poder.

El compromiso te da amor y felicidad.

Comprometiéndose es como se debe vivir.

ASÍ DEBES VIVIR: LLENA TUS SENTIDOS

Míralo todo.

Tócalo todo.

Escúchalo todo.

Pruébalo todo.

Hazlo todo.

Aprecia este maravilloso mundo físico.

Si supieras que mañana te quedarás ciego, ¿con qué intensidad mirarías el mundo hoy?

Si supieras que mañana te quedarás sordo, ¿con qué intensidad escucharías?

Llena tus sentidos como si fuera tu último día en la Tierra.

Un día será verdad.

Maximiza tus experiencias.

Mira todas las cosas.

Come toda la comida.

Escucha toda la música.

Conoce a toda la gente.

Besa a todas las bellezas.

Sé insaciable.

La vida es corta.

¿Cómo experimentarlo todo?

Aquí está la clave.

Esta es tu misión:

Nada dos veces.

Nunca comas dos veces la misma comida.

Nunca vayas dos veces al mismo sitio.

Nunca escuches lo mismo dos veces.

Todo solo una vez.

Sé sistemático.

Sigue las guías.

«Los mejores lugares que debes visitar».

«Las mejores películas de todos los tiempos».

«Los mejores restaurantes de la ciudad».

Ve a por todos.

Esa es la forma optimizada de experimentar al máximo, sin repeticiones.

Siempre hacia adelante.

Nunca hacia atrás.

Esfuérzate.

Sé siempre un extraño en tierra extraña.

Pero no te apresures.

Saborea cada aspecto de todo lo que haces.

Observa los matices.

Encuentra lugares que bombardeen tus sentidos.

India.

Burning Man.
Festivales.
Museos.
Celebraciones.
Funerales.

Haz paracaidismo.
Bucea.
Corre con toros.
Nada con tiburones.
Flota en el espacio.

¿Cómo pagar esta maravillosa vida?
Solo hay dos opciones.

La mala elección es un escritor de viajes.
Parece glamuroso y fácil, así que todo el mundo lo intenta.
Puede ser posible, pero todos los niños ricos lo hacen gratis.

La opción inteligente es la venta.
Siempre serás valioso.
Aprende a vender y podrás ir a cualquier parte.
Te pagarán bien a cualquier edad.
Siempre habrá mucha demanda.
Consigue un trabajo en la carretera.
Siempre hablando con extraños.
Eso es lo que necesitas.

Las decisiones simples ayudan a evitar la repetición.
No tengas un hogar.
Nunca duermas dos veces en el mismo sitio.
No hay cocina.

No hay que cocinar.

Cada comida en un lugar nuevo.

Nunca vayas por un camino que reconozcas.

Los sistemas sencillos ayudan a forzar el cambio.

Cada mes, deshazte de tu ropa actual.

Consigue ropa nueva con un nuevo estilo.

Hazlo mientras viajas, de modo que un mes tu ropa sea de Marruecos, el siguiente de Italia y el siguiente de Japón.

Esto es bueno para ti.

La variación de la dieta es buena para tu salud.

Las nuevas situaciones son estupendas para tu cerebro.

Nunca tengas el mismo pensamiento dos veces.

No tengas nada en mente.

Simplemente, asimila lo que te rodea ahora.

No tengas expectativas de cómo debería ser algo o no verás cómo es en realidad.

Qué increíble que todo lo que estás haciendo sea a la vez la primera y la última vez.

La emoción de la primera vez.

El sentimentalismo de la última.

Habrá cosas que te gustarán tanto que querrás quedarte o repetirlas.

Pero no.

Recuerda tu misión.

Experimenta el dolor, la ira, la tristeza y mucho más.

No los juzgues como malos.

Observa cómo se sienten realmente.

Practica la seducción.

Una persona diferente cada noche.

Cada amante es diferente.

No permitas las relaciones.

Recuerda: nada de repetir.

Pero después de décadas de esto, necesitarás algo radicalmente nuevo.

Quédate en un lugar.

Con una única persona.

Compra una casa.

Cría a un bebé.

Es aterrador, pero si no lo haces, será la única experiencia que nunca
tuviste.

ASÍ DEBES VIVIR: NO HAGAS NADA

Los diez mandamientos dicen lo que no hay que hacer.

La mayor parte de ser una buena persona es no hacer el mal.

No seas cruel ni egoísta.

No mientas ni robes.

Simplemente, no hagas daño.

La gente siempre piensa que tiene que hacer algo.

Una acción crea un problema, que se arregla con otra acción,
así que reaccionan y reaccionan, creando más problemas
que arreglar.

Todo esto puede evitarse.

Todas las acciones son opcionales.

No tienes que actuar ni reaccionar.

No tienes que hacer nada.

Los delincuentes justifican sus crímenes diciendo que estaban en una crisis y tenían que hacer algo.

La gente dice erróneamente que sí al trabajo, a la gente y a los lugares que no le gustan, y luego necesita escapar para alejarse de sus errores.

La gente toma malas decisiones porque se siente obligada a decidir.

Habría sido más prudente no hacer nada.

La gente destruye las relaciones con una reacción exagerada de ira.

Las metáforas de «desahogarse» o «descargarse» son erróneas.

Expresar tu ira no la alivia.

Te hace enfadar más.

Las acciones suelen tener el resultado contrario al deseado.

Las personas que se esfuerzan demasiado por caer bien son molestas.

Las personas que se esfuerzan demasiado por ser atractivas son repulsivas.

Las personas que se esfuerzan demasiado por ser iluminadas son egocéntricas.

Las personas que se esfuerzan demasiado por ser felices son miserables.

Así que la mejor manera de vivir es no hacer nada.

Dejar de pensar y hacer.

Quédate quieto y en silencio.

Sin acciones ni reacciones.

Sin juicios ni conclusiones.

Sin deseos ni cosas que arreglar.

Cambia tu necesidad de cambiar las cosas.

En tus momentos más tranquilos, tu mente está en silencio.

No piensas que deberías estar haciendo otra cosa.

Cuando todo parece perfecto, dices: «No cambiaría nada».
Por lo tanto, vive toda tu vida con esa mentalidad.

No tengas esperanza.
La esperanza es querer que las cosas sean diferentes de lo que son.
Querer cambiarse a uno mismo es odiarse.
No hay felicidad más profunda que no desear nada.
El deseo es lo contrario de la paz.

La mayoría de lo que la gente dice y hace es innecesario.
La mayoría de las conversaciones son solo ruido.
La palabra inglesa *noise* (ruido) viene de náusea.
No digas nada a menos que deba ser dicho.

La gente apreciará tu silencio y sabrá que, cuando hablas, debe ser
  importante.
Los ríos poco profundos son ruidosos.
Los lagos profundos son silenciosos.

El silencio es precioso.
El silencio es lo único que tienen en común todas las religiones.
El silencio es la única manera de escuchar la sabiduría discreta.

La mayoría de los problemas son causados por la acción.
Si no hay acción, no hay problemas.
La mayoría de las acciones son una búsqueda de emociones.
Piensas que quieres actuar o poseer una cosa.
Pero lo que realmente quieres es la emoción que crees que te
  aportará.

Omite las acciones.
Ve directamente a la emoción.

Practica sentir las emociones intencionadamente, en lugar de utilizar las
acciones para crearlas.

No necesitas el matrimonio para sentirte seguro.

El matrimonio no te da seguridad.

No necesitas el reconocimiento para sentirte orgulloso.

El reconocimiento no te da orgullo.

No necesitas una playa para sentir tranquilidad.

Los lugares no crean emociones.

Tú lo haces.

Toda tu experiencia de vida está en tu mente.

Concéntrate en tu mundo interno, no en el externo.

Cuando un problema te molesta, sientes que tienes que hacer algo al
respecto.

En su lugar, identifica qué creencia es realmente el origen de tu
problema.

Sustituye esa creencia por otra que no te moleste.

Entonces, el problema estará resuelto.

La mayoría de los problemas son realmente situaciones.

Tomas decisiones para sentir que avanzas.

Pero es una rueda de molino que no te lleva a ninguna parte.

Cuando alguien te pida que decidas, niégate.

Cuanto más tiempo pases sin decidirte, más información se revelará.

Al final, la elección es obvia y se hace sin ninguna decisión agónica.

Que alguien te haga una pregunta no significa que tengas que
responderla.

Las personas dramáticas se alimentan de reacciones.

Cuando dejas de reaccionar, desaparecen.

Lo mismo ocurre contigo.

Tus emociones insisten en que necesitas responder.

Cuando ignoras los impulsos, desaparecen.

Obsérvate a ti mismo.

Tu propia mente es el mejor laboratorio.

También es el lugar más privado y tranquilo para trabajar.

Para ser sabio, elimina todos los medios de comunicación y las
  opiniones.

Nada de noticias, nada de cotilleos, nada de entretenimiento.

La mayor parte no vale la pena conocerla.

La información basura puede llegar a tus sentidos, pero no dejes que
  llegue a tu mente.

No aceptes las falsas historias que cuenta la gente.

Las cosas no son ni buenas ni malas; son tan neutras como una roca.

Cuando la gente opina, añade un par de signos de interrogación.

Si dicen: «La inmigración es mala», cámbialo por: «¿La inmigración es
  mala?».

Deja las preguntas a la deriva, sin respuesta.

Los poco inteligentes sacan conclusiones.

Los sabios se limitan a observar.

La sabiduría viene de eliminar la basura, las mentiras y los obstáculos a
  pensar con claridad.

En lugar de aprender más, hazte más sabio aprendiendo menos.

Mantén la cabeza vacía para poder observar con claridad.

Cuanto menos hagas, más podrás ver.

Observa y aprende.

Observa el mundo.

Vive donde no pasa nada.

Múdate a un lugar tranquilo con mucha naturaleza y sin ambiciones.

No hacer nada es normal allí.

Camina y aprecia la naturaleza durante horas al día.

Tu vida y tu mente estarán tranquilas y serenas.

La paz es la ausencia de agitación.

No necesitarás ni medios de comunicación, ni Internet, ni teléfono.

Tu coste de vida apenas superará los huevos y las verduras locales.

No hacer nada es el máximo minimalismo.

Si necesitas dinero, sé un inversor.

Es la única carrera en la que se gana más haciendo lo mínimo.

No debería llevar más de una hora al mes.

El mercado de valores toma el dinero de los operadores activos y se lo da
a los pacientes.

Si sientes que una acción es necesaria y no puedes dejarla pasar, anótala
para más tarde.

Todo parece muy importante mientras lo piensas.

Más tarde, te darás cuenta de que no lo es.

Pero si sigue pareciendo necesario, ajusta tu marco temporal.

Dentro de un año, ¿será importante?

¿Dentro de diez años?

Aléjate tanto como necesites para que no tenga importancia.

Entonces te liberarás de la decisión.

Pero puede que pienses que el mundo necesita que hagas algo.

Esa línea de pensamiento hace que sea molesto morir.

Deja de sentirte necesitado.

Deja ir demasiado pronto en lugar de demasiado tarde.

El mundo no te necesita.

Estás liberado de tu deber porque pronto no existirás.

No hagas nada ahora para demostrar que la vida sigue sin ti.

Sé desinteresado.

Sé libre.

No hacer nada es como se debe vivir y morir.

ASÍ DEBES VIVIR: PIENSA A LARGO PLAZO

En 1790, Benjamin Franklin donó dos mil libras esterlinas a las ciudades de Filadelfia y Boston mediante un fideicomiso de doscientos años; en 1990, su valor superaba los siete millones de dólares.

Si se invierten dos mil dólares en el mercado de valores durante doscientos años con una rentabilidad media del 8 %, su valor superará los nueve mil millones de dólares.

Si puedes hacerlo con cien mil dólares, valdrá más de cuatrocientos ochenta y tres mil millones de dólares.

Vive así.

Sirve al futuro.

Haz pequeñas cosas ahora con enormes beneficios para tu futuro yo, tus descendientes y las generaciones siguientes.

Las acciones se amplifican a través del tiempo para tener un impacto masivo en el futuro.

Deja que este hecho guíe tu vida.

Utiliza una máquina del tiempo en tu mente, imaginando constantemente tu futuro yo y el mundo de tus bisnietos.

Actúa ahora para influir en ese momento.

Las acciones son obvias.

Pon dinero en una cuenta de inversión y no lo retires nunca.

Come sobre todo verduras.

Haz ejercicio siempre.

Hazte revisiones médicas preventivas.

Dedica tiempo a tus relaciones.

Hazlo, sí, pero veamos otras menos obvias.

El mayor reto es pensar a largo plazo cuando la vida te arrastra.

Necesitas un recordatorio vívido y constante.

Así que utiliza un filtro de progresión de edad, el software que toma una
    foto de una cara y la hace parecer treinta años mayor.

Pásalo por algunas de tus fotos.

Observa tu cara de anciano y cuida a esa persona.

Úsalo en las fotos de las personas a las que cuidas.

Guarda los resultados y ponlos donde los veas todos los días.

Estas futuras personas son tu responsabilidad ahora.

Imagina que tu yo del futuro juzga tus decisiones de vida actuales.

Cuando tomes una decisión, pregúntate cómo te sentirás cuando seas
    viejo.

¿Qué te agradecerían tu futuro ser y tu familia?

Las acciones simples de ahora se combinarán para darles una vida mejor.

Retrasa la gratificación.

Las molestias de hoy traen consigo recompensas futuras.

Cuando tengas una visión clara del futuro, no te importará el pequeño
    sacrificio.

Nunca te arrepentirás de no haberte dado el gusto.

Solo hay que gastar el dinero en cosas que hacen bien a largo plazo,
    como la educación.

En otras palabras: nunca gastes, solo invierte.

Cuanto antes empieces, mejor, ya que el tiempo es el multiplicador.

Muchos grandes logros son solo el resultado de pequeñas acciones realizadas de forma persistente a lo largo del tiempo.

Las ciudades comenzaron con un solo edificio.

Walmart era una pequeña tienda.

La gente con una habilidad increíble simplemente practicaba todos los días.

Pon veinticinco dólares al día en tu cuenta de inversión y, en treinta años, tendrás más de un millón de dólares.

Sobreestimamos lo que podemos hacer en un año.

Subestimamos lo que podemos hacer en diez años.

Si te dedicas a una nueva afición a los cuarenta años, o a la edad que creas que es demasiado tarde, serás un experto a los sesenta.

Ten mucho cuidado con los hábitos que parecen inofensivos.

Imagina que cada elección continúa para siempre.

Come una galleta y al final serás obeso.

Si compras por diversión, acabarás endeudándote.

Cuando eliges un comportamiento, eliges sus consecuencias futuras.

Pensar en el futuro no es algo natural.

Nuestros antepasados cazadores-recolectores tenían que vivir momento a momento, por lo que nuestra tendencia a centrarnos en el presente está incorporada en nuestra biología.

Pero los tiempos han cambiado.

Ahora, los más aptos para sobrevivir son los que planifican con antelación.

Debes tu calidad de vida a personas de generaciones pasadas.

Decimos que alguien tiene suerte si nace en una familia rica, en un país estable y lleno de oportunidades.

Pero esa suerte la crearon los abuelos que se trasladaron a ese prometedor lugar, y luego trabajaron duro y ahorraron dinero para la siguiente generación en lugar de gastarlo ellos mismos.

Haz que tus nietos tengan esa suerte.

Múdate a un lugar con buenos valores que vaya en la dirección correcta.

El cambio climático podría hacer que todo lo que está entre los 40 ºC y los −40 ºC de latitud sea inhabitable, así que empieza a conseguir el estatus de residente legal en un país fuera de ese rango, como Canadá, Nueva Zelanda o los países nórdicos.

Estos podrían ser los últimos lugares habitables de la Tierra.

Asegúrate de que tus nietos tengan la ciudadanía.

Sé un gran antepasado.

Planifica tu muerte.

Escribe tu testamento ahora.

Asegúrate de que tus herederos sepan dónde está todo y con quién deben ponerse en contacto.

El pensamiento a corto plazo es la raíz de la mayoría de nuestros problemas, desde la contaminación hasta la deuda, tanto personal como global.

La Isla de Pascua solía estar llena de árboles, pero los primeros colonos los cortaron y nunca volvieron a crecer.

Groenlandia solía tener hierba, pero los primeros colonos dejaron pastar a sus ovejas y nunca volvió a crecer.

Unas pocas decisiones a corto plazo pueden conducir a siglos de destrucción.

Tratamos el futuro como un basurero.

Volcamos nuestras deudas, contaminación, basura y responsabilidades en el futuro, como si fuera un problema resuelto.

Es la cosa más psicopáticamente desconsiderada que hacemos a nuestros hijos, ya que es su mundo, no el nuestro.

Tu futuro yo depende de ti. Tus descendientes dependen de ti.

Nuestras futuras generaciones dependen de nosotros.

Utiliza el amplificador compuesto del tiempo.

Pensar a muy largo plazo es la forma de vivir.

ASÍ DEBES VIVIR: ENTRELÁZATE CON EL MUNDO

Todos somos primos.

Todos los habitantes de la Tierra, por muy alejados que estemos, tenemos un ancestro común sorprendentemente reciente.

Ve a reunirte con tu familia en Oriente Medio, en Asia, en África, en América y en Europa.

Entiende que no hay «ellos». Solo hay «nosotros».

Siente esas conexiones.

Tienes parientes dispersos por todo el mundo.

La gente que es rara como tú está repartida por todas partes.

Una de las mejores sensaciones de la vida es conocer a alguien que ha crecido en una cultura opuesta a la tuya pero que tiene tu mismo humor, pensamientos o gustos.

Si quieres tener una red de contactos exitosa, lo que importa no es a cuánta gente conoces, sino cuántos tipos diferentes de personas conoces.

Establecer relaciones en todo el mundo aporta más oportunidades, más variedad y más posibilidades de que se den las circunstancias.

Moverte por el mundo te hace más inteligente, porque dejas de pensar que siempre tienes la razón.

Los que gritan «¡Mi país es el mejor!» son los que nunca han salido de él.

En islandés, la palabra «idiota» significa alguien que nunca ha salido de casa para viajar al extranjero.

Solo los idiotas piensan que siempre tienen razón.

No puedes ver tu propia cultura mientras estás dentro de ella.

Una vez que sales y miras hacia atrás, puedes ver qué partes de tu personalidad provienen realmente de tu entorno.

Viajar te hace mejorar la comunicación, ya que no puedes dar por sentado que estás familiarizado y debes hablar con sencillez y claridad.

Te acostumbrarás a hablar con personas de diferentes religiones, visiones del mundo y estilos de comunicación.

Sabrás cuándo ser formal, cuándo bromear, cuándo hacer referencia a la tradición y cuándo decir palabrotas.

¿Hasta dónde hay que viajar?

Mira el ejemplo de la naturaleza de las semillas de diente de león flotantes y las babosas pegajosas.

Las plantas y los árboles esparcen sus semillas lo más lejos posible. Y tú también deberías hacerlo.

Esparce tu ADN por todo el mundo.

No solo tu ADN biológico, sino también el resto de cosas que te hacen ser quien eres: tus ideas, valores y relaciones.

Para vivir una vida plena y gratificante, entrelázate con el mundo.

Múdate a un lugar lejano.

Planea quedarte.

No lleves equipaje.

Deja atrás tus expectativas y certezas.

En este nuevo y extraño lugar te sentirás mal. Encontrarás fallos en la mayoría de sus formas.

La ropa con la que llegas no es adecuada para su clima.

Las creencias con las que llegas no son adecuadas para su cultura.

Sustituye ambas cosas por ropa y creencias fabricadas en el país.

Al final, te quedarán bien.

Haz preguntas hasta que entiendas por qué las cosas son como son.

La cultura suele ser histórica.

Al igual que la visión de la vida de una persona está formada por lo que ha vivido, los valores de una cultura están formados por su historia reciente.

Aprende la mentalidad local.

No preguntes cómo hacen las cosas «ellos». Pregunta cómo hacemos las cosas «nosotros».

Esa pequeña diferencia es importante. Este es tu nuevo hogar.

Una vez sientas que un lugar es realmente como un hogar, múdate a un lugar nuevo. Elige un lugar confuso o que te dé miedo y que no entiendas. Repite el proceso.

Haz que sea tu casa.

Intenta hacer oficial la conexión consiguiendo visados, residencia y ciudadanía.

Hazlo hasta que ninguna parte del mundo te parezca extraña.

De Brasil, aprende a vivir en el presente, y abraza a cada extraño como a un amigo.

Vete antes de que te olvides del futuro.

De Alemania, aprende la racionalidad y la comunicación directa y
honesta.

Vete antes de que empieces a regañar a los desconocidos.

De Japón, aprende la profunda consideración por los demás, la armonía
social y la perfección intrínseca.

Vete antes de que seas tan considerado que no puedas expresarte o
actuar.

De China, aprende el pragmatismo y la mentalidad multigeneracional.

Vete antes de que te vuelvas supersticioso o de que priorices el estatus
social.

De Francia, aprende el idealismo y la resistencia.

Vete antes de oponerte en teoría a todo.

De América, aprende el expresivo individualismo rebelde.

Vete antes de creerte el centro del mundo.

De la India, aprende a improvisar y a prosperar en la complejidad.

Vete antes de sentir una división entre lo que está dentro y lo que está
fuera de tu círculo.

En todas las culturas, evita la locura de la multitud.

Ten un hijo con alguien de Asia, África, América y Europa.

Cuanto mayor sea la variedad de razas, mejor.

Educa a tus hijos con muchas influencias, muchos padres y muchas
familias.

Ayuda a criar a los hijos de otras personas por la misma razón.

Haz familias voluntarias.

Haz familias más amplias e inclusivas.

Hay quien dice que «la sangre tira», como si solo sus familiares directos tuvieran sangre.

Pero todos tienen sangre, y tú estás emparentado con todos ellos.

Si al final necesitas un hogar permanente, elige el lugar en el que te gustaría estar si todo va mal.

Elige una cultura que valore lo que tú valoras.

Cuando mueras, dejarás atrás tus genes e ideas.

Los átomos de tus células se descompondrán y se convertirán en plantas, animales, tierra y océanos.

Algunos trozos de ti acabarán formando parte del mundo entero.

La forma de vivir es esparcir ampliamente tus semillas antes de morir.

ASÍ DEBES VIVIR: CONSTRUYE RECUERDOS

Hace poco tuviste un día, o incluso un mes, que no puedes recordar.

Si te preguntara qué hiciste entonces, no podrías decirlo.

No sucedió nada inusual.

¿Y si tienes muchos más de esos?

¿Y si, cuando seas mayor, no puedes recordar años enteros?

Si no puedes recordar algo, es como si nunca hubiera ocurrido.

Puedes tener una vida larga y saludable, pero si no puedes recordarla, es como si hubieras tenido una vida corta.

Qué manera tan horrible de vivir.

Cuando se es joven, el tiempo pasa lentamente porque todo es nuevo.

Cuando te haces mayor, el tiempo pasa volando, olvidado, porque no tienes tantas experiencias nuevas.

Hay que evitarlo.
La monotonía es el enemigo.
La novedad es la solución.

Ve a crear recuerdos.
Haz cosas memorables.
Experimenta lo inusual.
Busca la novedad.
Cambia tus rutinas.
Vive en lugares diferentes.
Cambia de carrera cada pocos años.
Estos eventos únicos se convertirán en anclas para tus recuerdos.

Recuérdalos todos.
Documéntalo todo, o acabarás olvidándolo.
Nadie puede borrar tus recuerdos, pero no los pierdas por negligencia.

Escribe un diario todos los días.
Anota tus actividades, pensamientos y sentimientos para poder
    consultarlos en el futuro.

Haz vídeos de todo.
Compílalos y edítalos, para que sean atractivos de ver.

Disfrutar de tu pasado es vivir dos veces.
La nostalgia une tu pasado y tu presente.
La nostalgia protege contra el estrés y el aburrimiento, y mejora el estado
    de ánimo.
La nostalgia te hace más optimista, más generoso, más creativo y más
    empático.
La nostalgia es el recuerdo menos el dolor.
Ser nostálgico hace que tengas menos miedo a morir.

Convierte tus experiencias en historias.

Una historia son los restos de una experiencia.

Haz que tus historias sean entretenidas, para que a la gente le guste escucharlas.

Contando buenas historias, tus recuerdos pueden durar más tiempo, porque la gente se referirá a ellas de vez en cuando, o te pedirá que las vuelvas a contar.

Crea una historia para las cosas que quieres recordar.

Nunca crees una historia para las cosas que quieres olvidar.

Deja que esos recuerdos desaparezcan con el tiempo.

Tus recuerdos son una mezcla de realidad y ficción.

Tu historia sobre una experiencia sobrescribe tu recuerdo de la experiencia real.

Así que utiliza esto a tu favor.

Reescribe tu pasado.

Embellece las aventuras.

Quítale poder al trauma.

Reescribe tus historias para convertirlas en algo que te guste.

Recuerda solo lo que quieras recordar.

Tienes derecho a definir el encuadre.

Resume un momento doloroso en una pequeña historia: menos de un minuto.

Cuenta esta versión minimizada unas cuantas veces para que se te quede grabada.

Esta es la versión que recordarás: despojada de dolor y poder.

Lo que se siente sobre los recuerdos se basa en cómo miras hacia atrás.

Tu memoria está influenciada por cómo te sientes ahora.

232 • DEREK SIVERS OBRAS COMPLETAS (o casi)

Si estás de mal humor, puede que solo veas el lado oscuro de los
acontecimientos, que en realidad son neutrales.
De buen humor, podrías ver el lado bueno del trauma.

Cuanto más signifique algo para ti, más lo recordarás.
Da significado a los momentos para recordarlos.
Quítales el significado para olvidarlos.

Recuerda lo que es importante.
La primera vez que te quemaste, no intentaste recordar que el fuego quema.
Te dolió, así que tu cerebro lo recordó sin esfuerzo.
Cuando cometas un gran error y quieras aprender la lección, amplifica
deliberadamente el dolor, el profundo arrepentimiento y las
consecuencias.
Mantén los malos sentimientos vívidos y viscerales.
Haz que la lección sea memorable, para que no se repita.

Sin recuerdos, no tienes sentido del yo.
Tienes que recordar tu pasado para ver tu trayectoria.
Utilizas tu pasado para crear tu futuro.

Crear recuerdos es lo más importante que puedes hacer con tu vida.
Cuantos más recuerdos crees, más larga y enriquecedora será tu vida.
Crear recuerdos es cómo debes vivir.

ASÍ DEBES VIVIR: CONVIÉRTETE EN EXPERTO

Sé un monomaníaco con la misión de ser realmente experto en algo
difícil.

Elige una cosa y dedica el resto de tu vida a profundizar en ella.

La maestría es el mejor objetivo porque los ricos no pueden comprarla, los impacientes no pueden apresurarla, los privilegiados no pueden heredarla y nadie puede robarla.

Solo se puede obtener con el trabajo duro.

La maestría es el estatus definitivo.

El esfuerzo te hace feliz.

El empeño es lo contrario de la depresión.

Las personas que, al final de su vida, decían ser las más felices eran las que habían pasado más tiempo en el flujo de un trabajo fascinante.

Concentrar toda la fuerza de tu vida en una cosa te da un poder increíble.

La luz del sol no prenderá fuego a un palo.

Pero si usas una lupa para enfocar la luz del sol en un punto, lo hará.

La maestría necesita toda tu atención.

Cuanto más se aprende sobre algo, más hay que aprender.

Ves lo que la gente normal no ve.

El camino se vuelve más y más interesante a medida que avanzas.

La búsqueda de la maestría te ayuda a pensar a largo plazo.

Mantiene tu mirada en el horizonte.

Resiste la tentación de lo que quieres ahora.

Recuerda la importancia de lo que más quieres.

Dedica tiempo intencionadamente.

Cada mes tiene un hito.

Cada día tiene un objetivo.

Las cosas más gratificantes de la vida llevan años.

Solo las cosas malas suceden rápidamente.

Las decisiones son fáciles cuando solo se tiene una prioridad.

Tu destino es un enorme pico de montaña en el horizonte.

Se puede ver desde donde tú estés.

Sí a esa montaña, y no a todo lo demás.

Siempre sabrás a dónde vas y qué vas a hacer después.

Todos los caminos van hacia esa montaña o se alejan de ella.

Gracias a esta perspectiva, los problemas no te disuadirán.

La mayoría de la gente mira al suelo, molesta por cada obstáculo.

Con la vista puesta en el horizonte, pasarás por encima de los obstáculos, sin inmutarte.

Si no has decidido qué dominar, elige cualquier cosa que te asuste, te fascine o te enfurezca.

No preguntes: «¿Es este mi verdadero yo?» o «¿Es esta mi pasión?».

Esas preguntas conducen a una búsqueda interminable y a la decepción.

La gente no fracasa por elegir el camino equivocado, sino por no elegir.

Haz tu elección y comprométete de por vida a mejorar constantemente.

La pasión viene después de que empiezas a ser bueno.

Define lo que el éxito es para ti.

Describe el resultado que deseas.

No se puede acertar en una diana que no se ve.

Tienes que entender algo muy poco intuitivo sobre los objetivos.

Los objetivos no mejoran tu futuro.

Los objetivos solo mejoran tus acciones actuales.

Un buen objetivo te hace pasar a la acción inmediatamente.

Un mal objetivo no lo hace.

Un objetivo muestra lo que está bien y lo que está mal.

Lo que te hace avanzar hacia tu objetivo está bien.

Lo que no lo hace está mal.

Cuando empiezas a aprender, mejoras masivamente cada semana.

Empezar es divertido.

Pero la verdadera maestría llega solo tras años de duro trabajo.

El reto es mantenerse en el camino.

Necesitas un ritual, no una inspiración.

Todos los días, sin importar lo que pase, debes practicar.

Tu ritual de práctica es tu máxima prioridad, un compromiso inquebrantable.

Protege obstinadamente este tiempo contra las exigencias del mundo.

Una vez que cojas impulso, no te detengas.

Es fácil continuar, pero si lo dejas, es difícil volver a empezar.

No pierdas ni un día.

Cuando no estés practicando, recuerda: alguien en algún lugar está practicando.

Cuando los conozcas, ganarán.

Durante tu tiempo de trabajo, no hagas nada más que trabajar.

Mantén tus manos en tu trabajo y tu mente te seguirá.

Si te quedas atascado, detente y cierra los ojos.

El vacío volverá a ponerte en marcha.

¿Cuántas flexiones podrías hacer ahora mismo?

Pero, ¿cuántas podrías hacer si te tomaras un descanso de diez minutos entre cada serie?

Muchas más.

Ese es el secreto.

Haz pequeños descansos cuando trabajes, para poder hacer más que la mayoría.

Concentración significa mantener la cabeza baja.

Ver el panorama completo implica mirar hacia arriba.

Cuanto más haces de uno, menos haces del otro.

Si has estado demasiado tiempo concentrado en una tarea, levanta la cabeza para asegurarte de que vas por el camino correcto.

No hagas bien lo que no debes hacer.

Lograr convertirte en experto es ambicioso, lo que favorece tus posibilidades de éxito.

La mayoría de la gente fracasa en la vida no por apuntar demasiado alto, sino por apuntar demasiado bajo.

Si apuntas alto y fallas, en realidad no fracasas.

Múdate al lugar más ambicioso de tu campo. (¿Actuación? Hollywood. ¿Tecnología? Silicon Valley. Etc.)

Las expectativas allí son tan altas que te ayudarán a ser el mejor.

Quieres la presión.

Quieres el estrés.

No vivas en un lugar agradable rodeado de gente normal.

Vive entre tus compañeros *freaks,* donde la obsesión es normal y la ambición es recompensada.

No se consiguen resultados extremos sin tomar acciones extremas.

Si haces lo que la mayoría de la gente hace, consigues lo que la mayoría de la gente consigue.

No seas normal.

Las guías de la sociedad son para los que están perdidos, no para ti.

No necesitas ni cónyuge ni hijos.

No hace falta que pases el rato, ni que tengas conversaciones triviales, ni que participes en rituales convencionales.

No es necesario que duermas a horas normales, ni que mantengas la casa ordenada, ni siquiera que te relajes.

Enfócate en lo concreto, no en lo completo.

Piensa en los triunfadores legendarios: los genios, los artistas brillantes, los atletas que baten récords o los multimillonarios hechos a sí mismos.

¿Crees que esa gente estaba bien equilibrada?

Por supuesto que no.

Centraban toda su energía en una sola cosa.

Por eso eran extraordinarios.

Persigue tu misión a costa de todo lo demás.

A nadie le importa en qué eres malo, y a ti tampoco debería importarte.

Amplía tus puntos fuertes.

Nadie verá el resto.

Mantén el resto de tu vida aburrida.

El drama es una distracción.

Tu vida personal puede reducirse a casi nada.

Céntralo todo en tu trabajo.

La maestría no consiste en hacer muchas cosas.

Se trata de hacer una cosa increíblemente bien.

Cuanto más asumas, menos conseguirás.

Di no a todo lo que no sea tu misión.

Esta es tu única contribución al mundo.

No necesitas nuevas ideas.

Tienes que dominar la idea que has empezado.

Por eso puedes ignorar todas las distracciones.

El mundo no tiene la información que necesitas.

Resiste la tentación de hacer algo nuevo.

Puedes hacer cualquier cosa, pero no todo.

Recuerda el refrán: «El que mucho abarca, poco aprieta».

Eso es lo contrario a lo que tú quieres.

Eres experto en una cosa.

Tu concentración te llevará casi con toda seguridad al éxito.

Cuando vives, sueñas y trabajas en una sola misión, logras esa misión.

Pero ten cuidado con el dinero y la fama.

El dinero puede llevarte hacia tu montaña, pero a veces te aleja.

La fama intenta alejarte del camino profundo de la maestría para llevarte a la cuneta superficial de la adulación.

La mejor respuesta a las interminables peticiones de la fama es un simple mantra: «No. No. No. No».

¿Cuánto tiempo tardarás en convertirte en un experto?

No importa.

Imagina que llegas a la cima de una montaña tras una larga caminata por un precioso bosque.

Alcanzar tu objetivo sería como quitarte la mochila.

Eso es todo.

Lo haces por el viaje, no por el destino.

Perseguir la maestría es como se debe vivir.

ASÍ DEBES VIVIR: DEJA QUE EL AZAR GOBIERNE

Creemos ver patrones y causas.

En realidad no existen.

Creemos que los acontecimientos son significativos.

En realidad son solo una coincidencia.

No estamos acostumbrados a la lógica de la probabilidad.
La vida es más aleatoria de lo que parece.

Gemelos idénticos fueron separados al nacer y criados en lados opuestos
del mundo.
Se conocieron años más tarde, y descubrieron que tenían preferencias y
circunstancias extrañamente idénticas.
Lo que crees que es libre albedrío puede ser en realidad tu ADN.
Los algoritmos predicen con precisión a dónde vas, qué haces y qué
quieres.
Eres menos aleatorio de lo que parece.

Así que haz que tu vida sea aleatoria.
Utiliza un generador aleatorio —una aplicación, una tirada de dados o
una baraja de cartas— para tomar todas las decisiones de tu vida.
Elige una vida en la que no elijas nada.
Deja que el generador aleatorio decida lo que haces, a dónde vas y a
quién conoces.

Cambiará tus hábitos.
Romperá el mito de la causalidad.
Te guiará para que veas lugares que normalmente no verías y hagas lo
que nunca habrías hecho.

El azar mantiene tu mente abierta y observadora.
No puedes predecir, así que ves con claridad.
No puedes utilizar las viejas concepciones y soluciones.
No puedes culpar al karma, a la astrología, a los demonios, a los santos,
a nadie ni a nada.
No puedes pensar que hay un plan maestro.

En su lugar, calcularás la probabilidad.

Serás hiperconsciente de que las estadísticas se aplican a todos nosotros, y de que somos más promedio de lo que creemos.

La vida no está determinada por causas, sino por el azar y las probabilidades.

Si te tomas un minuto para hacer las cuentas, entenderás mejor por qué las cosas son como son.

Deja que tu generador aleatorio elija lo que te pones y cómo te cortas el pelo.

Deja que te envíe a eventos a los que normalmente no hubieras asistido, incluyendo clases para aprender habilidades que normalmente no hubieses aprendido.

Te convertirás en miembro de grupos que nunca hubieras elegido.

Con el tiempo, tu aspecto, tu comportamiento y tu forma de socializar serán muy diferentes a los que tenías antes.

Ya no te definirás por estas cosas, ya que no las elegiste.

Cuando hables con la gente, haz preguntas abiertas y profundas como «¿Cuál es tu mayor arrepentimiento?»; oirás historias inesperadas.

Cuando pidas en un restaurante, pide que te sorprendan.

Cuando hagas un trabajo creativo, deja que el generador aleatorio tome tus decisiones artísticas, sacudiendo tu estilo habitual.

Deja que tu generador aleatorio decida dónde vives cada año. Eso aumenta la aleatoriedad de todo lo demás.

Pregunta «¿Por qué?» sobre cualquier tema, y otras personas se inventarán explicaciones.

Piensan que todo tiene una razón, y no creen que sea el azar.

Tú sabrás que todo es aleatorio y no creerás que todo tiene una razón.

El azar te ayuda a aprender a aceptar.

No puedes cargar con la culpa de los fracasos.

No puedes atribuirte el mérito de los éxitos.

No puedes arrepentirte de lo que no has causado.

Qué liberador es no decidir y no predecir nada.

Los estoicos y los budistas se esfuerzan por sentirse indiferentes a los resultados.

Pero sentirás el desapego como un efecto secundario natural de que cada día sea aleatorio.

Como nada tiene consecuencias, lo recibirás todo con sana indiferencia.

Ni disgustos ni alegrías, solo ver las cosas como son.

Gracias a la aleatoriedad, sabrás que nada tiene sentido.

Vivirás una lección que todo el mundo debería aprender.

Las cosas suceden al azar.

Lo único que puedes controlar es tu respuesta.

Cada día practicarás cómo reaccionar ante el caos: con dignidad, aplomo y gracia.

ASÍ DEBES VIVIR: PERSIGUE EL DOLOR

Todo lo bueno proviene de algún tipo de dolor.

La fatiga muscular te hace sano y fuerte.

El dolor de la práctica conduce a la maestría.

Las conversaciones difíciles salvan tus relaciones.

Pero si evitas el dolor, evitas la mejora.

Si evitas la vergüenza, evitas el éxito.

Si evitas el riesgo, evitas la recompensa.

Cualquiera puede ser su mejor versión cuando las cosas van bien.

Pero, cuando las cosas van mal, verás quiénes son realmente.

Recuerda el clásico arco argumental del viaje del héroe.

La crisis —el momento más doloroso— define al héroe.

Mejorar es transformarse.

Trae el dolor de la pérdida del cómodo yo anterior.

Trae el dolor de una nueva serie de problemas.

La riqueza conlleva el dolor de la responsabilidad.

La fama conlleva el dolor de las expectativas.

El amor conlleva el dolor del apego.

Si evitas el dolor, evitas lo que realmente quieres.

El objetivo de la vida no es la comodidad.

Perseguir la comodidad es patético y malo para ti.

La comodidad te hace débil y poco preparado.

Si te sobreproteges del dolor, cada pequeño reto te parecerá
insoportablemente difícil.

La gente dice que no hace el trabajo porque es difícil.

Pero es difícil porque no están haciendo el trabajo.

La comodidad es un asesino silencioso.

La comodidad es una arena movediza.

Cuanto más confortable sea la silla, más difícil será levantarse de ella.

Lo correcto nunca es cómodo.

Tu forma de afrontar el dolor determina quién eres.

Por lo tanto, la manera de vivir es dirigirse hacia el dolor.

Utilízalo como brújula.

Toma siempre el camino más difícil.

Empuja siempre hacia la incomodidad.

Ignora tus instintos.

El poder del dolor se basa en la sorpresa.

Si lo esperas, es más débil.

Si lo eliges, se va.

Elegir el dolor lo hace soportable.

Pierde su poder para hacerte daño.

Te conviertes en su amo, no en su víctima.

El dolor viene de todos modos.

No consigas un escudo.

Consigue una silla de montar.

Dómalo.

No desees buena suerte.

La buena suerte te hace ser complaciente.

Practica la prosperidad con la mala suerte.

La mala suerte te hace ingenioso y fuerte.

No importa lo que el mundo te depare, puedes aguantar más.

Elegir el dolor significa dejar de lado tus instintos.

La comida que sabe bien es mala para ti, y viceversa.

Así que no utilices tus sentimientos como guía.

Elige el dolor en pequeñas dosis para aumentar tu resistencia a él.

Un ritual diario de ejercicio intenso da una gran perspectiva a los otros
   dolores de la vida.

Ponte en situaciones estresantes.

Con el tiempo, casi nada te parecerá estresante.

Socialmente, intenta que te rechacen.

Infórmate sobre la terapia del rechazo.

Haz peticiones audaces que creas que serán rechazadas.

Esto elimina el dolor del rechazo.

Y te sorprenderá la frecuencia con la que te dicen que sí.

La mejor manera de aprender un idioma extranjero es dejar de hablar la lengua materna.

Por muy embarazoso o frustrante que sea, comunícate solo en tu nueva lengua.

La necesidad es la mejor maestra.

Pero duele.

Practica sentir distintos tipos de dolor.

Intenta algo que parezca imposible, algo que te aterra.

Da un discurso.

Haz una meditación silenciosa de diez días.

Deja un hábito.

Pide disculpas a alguien a quien hayas hecho daño.

No te felicites si tu intento evita el fracaso.

Recuerda: quieres sentir el dolor.

Cuanto antes pagues el precio, menos te costará.

Sé absolutamente honesto con todo el mundo.

Deja de mentir, completamente.

Mientes cuando tienes miedo.

Mientes para evitar las consecuencias.

Di siempre la verdad.

Asume las dolorosas consecuencias.

No estás destinado a estar ocioso.

No estás hecho para sentarte y mirar pantallas.

Vives para empujar, tirar, escalar y crecer.

Las experiencias más estimulantes de tu vida hasta ahora han sido atrevidas.

Tus momentos de mayor orgullo fueron la superación de una lucha.

La mejor felicidad viene después de un poco de dolor.

Las mejores olas de la playa pueden derribarte.

Ese es el mejor tipo de juego.

Ya que no puedes evitar los problemas, encuentra buenos problemas.

La felicidad no es la tranquilidad eterna.

La felicidad es resolver los buenos problemas.

Por eso jugamos.

Los juegos son retos.

Cualquier reto puede convertirse en un juego.

La palabra «pasión» procede del latín *pati*, que significa sufrir o soportar.

Apasionarse por algo es estar dispuesto a sufrir por ello, a aguantar el dolor que eso va a suponer.

Pero no seas masoquista.

Sé un estudioso del dolor.

Cada dolor tiene una lección dentro, y una razón por la que duele.

Analízalo.

Entiéndelo.

Los fantasmas no se van hasta que has entendido su mensaje.

Los problemas persisten hasta que los reconoces y los resuelves.

Enfréntalos directamente y desaparecerán.

Primero descubrimos cómo volar, luego cómo llegar a la Luna.

Después de conquistar los pequeños problemas, te enfrentarás a
problemas mejores.

Afrontar el dolor te ayuda a relacionarte con los demás.

Tus problemas nunca son únicos.

Independientemente de qué problema hayas tenido, muchas otras
personas han tenido el mismo problema.

Empatizamos con alguien que está en apuros.

Nos abre más el corazón que ver a alguien ganar.

La mayoría de la gente no puede elegir cómo sufrir.

Una vez que domines el dolor para ti, domínalo para los demás.

El camino fácil lleva a un futuro difícil.

El camino difícil lleva a un futuro fácil.

Dirigirse hacia el dolor es como se debe vivir.

ASÍ DEBES VIVIR: HAZ LO QUE QUIERAS AHORA

¿El pasado?

Es lo que llamamos recuerdos.

¿El futuro?

Es lo que llamamos imaginación.

Ninguno de los dos existe fuera de tu mente.

El único tiempo real es este momento.

Así que vive en consecuencia.

Lo que te beneficia en este momento es la elección correcta.

Sabes inmediatamente si algo te gusta o no.

Pero si alguien pregunta por qué, empiezas a inventar razones.

La verdad es que te gusta o no te gusta.

Eso es todo.

Así es la vida.

Haz lo que quieras.

No necesitas explicaciones.

Cuando la gente pregunta por el sentido de la vida, busca una historia.

Pero no hay historia.

La vida es un billón de pequeños momentos.

No son parte de nada.

La gente cree que hará algo más tarde.

Piensan que en el futuro tendrán más tiempo que en la actualidad,
    como si el futuro fuera un momento mágico en el que todo
    sucederá.

Olvida la noción de futuro.

Solo existe el hoy.

Si quieres hacer algo, hazlo ahora.

Si no quieres hacerlo ahora, entonces no quieres hacerlo en absoluto, así
    que déjalo.

Hacer lo que te hace feliz ahora es inteligente.

Cuando eres feliz, piensas mejor.

Una mayor parte de tu cerebro está en funcionamiento.

Estás más abierto a las posibilidades y a la conexión de ideas.

Aprendes mejor y eres más creativo.

Así que olvida el futuro y el pasado.

Concéntrate plenamente en lo que te fascina ahora.

No necesitas una planificación.

Presta atención a lo que te entusiasma.

Si no te entusiasma lo que haces, pasa a otra cosa.

No necesitas planes.

Los planes no son más que predicciones sobre lo que puedes querer en el futuro.

Pero tu yo futuro no debería estar atado a lo que tu yo pasado predijo.

Así que nunca hagas planes.

Cuando alguien pregunte, di que no puedes saberlo hasta ese día.

Todo lo que sabes es lo que ocurre en el momento presente.

Vive como una rana sentada en un nenúfar.

Cuando le apetece, salta a otro, y se queda hasta que le apetece volver a saltar.

Tus sentimientos son sabios.

Los malos sentimientos significan que tienes que reaccionar.

Los buenos sentimientos significan que has elegido la acción correcta.

Seguir tus sentimientos es lo más natural y gratificante.

La mayoría de los problemas no tienen que ver con el momento presente.

Son de ansiedad, de preocupación porque algo malo pueda ocurrir en el futuro.

Son traumas que recuerdan algo malo del pasado.

Pero ninguno de ellos es real.

Si te detienes y miras alrededor de la habitación, y te preguntas si tienes algún problema real en este momento, la respuesta probablemente sea «no».

A no ser que sufras dolor físico o estés en peligro, todos los problemas están en tu cabeza.

Los recuerdos y los futuros imaginados no son reales.

El momento presente es real y seguro.

Las personas con amnesia severa son sorprendentemente felices.

No pueden recordar el pasado y no intentan predecir el futuro, ya que no tienen trayectoria.

Solo tienen el momento presente, así que lo disfrutan sin agobios.

Sigue su ejemplo.

Olvida el pasado y el futuro.

La felicidad es algo que hacer, alguien a quien amar y algo que desear.

El paraíso no es lo que está al final del camino.

El paraíso es el propio camino.

Hacer lo que quieres, en cada momento, es la forma de vivir.

ASÍ DEBES VIVIR: SÉ UN PIONERO FAMOSO

Nadie había corrido nunca una milla en menos de cuatro minutos.

Parecía imposible.

Pero un día, Roger Bannister lo hizo, y la noticia se difundió por todo el mundo.

En los dos años siguientes, treinta y siete personas también lo hicieron.

Este es el poder del pionero:

Permitir lo imposible.

Abrir un nuevo mundo de posibilidades.

Mostrar a los demás que ellos también pueden hacerlo, e incluso mejorarlo.

Los exploradores solían encontrar tierras desconocidas y traían historias de culturas desconocidas, lo que animaba a otros a salir a explorar.

La antigua meta se convierte en la nueva línea de salida.

Debussy, Charlie Parker, Jimi Hendrix y Rakim fueron pioneros en nuevos enfoques musicales.

Rosa Parks, Harvey Milk, Sally Ride y Malala Yousafzai rompieron el techo de cristal y animaron a otros a levantarse.

Los exploradores modernos como Tim Ferriss, Neil Strauss y A.J. Jacobs, en lugar de encontrar tierras desconocidas, están encontrando estilos de vida desconocidos.

Cada uno de ellos nos muestra al resto de nosotros nuevas posibilidades.

Estos pioneros fueron valiosos porque se hicieron famosos.

Si alguien innovó en la oscuridad, no tuvo impacto.

Marco Polo no fue el primer europeo en llegar a China, pero sí el primero en escribir un libro sobre ello.

Luego, su libro inspiró a Cristóbal Colón, y así sucesivamente.

Millones de jóvenes adultos viven hoy una vida que sus abuelos no sabían que era posible.

Tienen más opciones gracias a las valientes aventuras de quienes rompieron los límites.

Los pioneros tienen un enorme impacto en el mundo porque sus historias ayudan a la gente a hacer cosas que de otro modo no habrían soñado.

Un pionero famoso hace más por el progreso humano que mil millones de personas que llevan una vida normal.

Así que, si quieres ayudar a la humanidad y al mismo tiempo tener la vida más emocionante, la forma de vivir es ser un pionero famoso.

Llega a nuevos extremos.

Prueba nuevas ideas.

Visita culturas desconocidas.

Demuestra lo que se puede hacer.

Tu trabajo no es solo actuar, sino contar una historia fascinante de cómo lo hiciste, e inspirar a otros a hacerlo.

Vive grandes aventuras, pero cuenta historias aún más grandes.

Busca la atención masiva de los medios de comunicación, no por vanidad o ego, sino para que tus historias abran mentes, despierten la imaginación y conduzcan a nuevas exploraciones.

Esta es la mejor manera de hacerlo:

Primero, crea un nombre artístico.

Crea una empresa con el mismo nombre y haz que posea todos los derechos de todo lo que hagas.

Nunca reveles tu nombre real.

Esto es para evitar las trampas de tu futura fama.

Encuentra un escritor y un publicista para crear tu primera aventura pionera.

Colabora con el escritor para crear un gran arco argumental antes de empezar.

Así, por ejemplo, no se trata solo de la historia de cómo escapaste de una secta, sino de cómo te uniste a ella, descubriste una historia sorprendente, te enamoraste, casi fuiste descubierto y capturado, luego escapaste cambiando la opinión de tu captor y, finalmente, aprendiste algunas interesantes lecciones contraintuitivas por el camino.

Consulta con el publicista para asegurarte de que es interesante para los medios de comunicación.

Entonces empieza.

Grábalo todo en vídeo.

Encuentra la manera de que el arco argumental se desarrolle en la vida real.

Cuando hayas terminado, pide a tu escritor que lo convierta en una historia fascinante de distintas longitudes para los distintos puntos de venta, convirtiéndolo en un gran artículo, un libro, un vídeo, un guion, una charla en el escenario, etc.

Haz que el publicista lo haga llegar a todas partes, a todas las plataformas populares del momento.

Contrata a un gestor de negocios para convertir la atención en beneficio.

Mantén la mitad de tus beneficios en el negocio y destina la otra mitad a tus ahorros privados.

Mientras tu equipo promociona tu última aventura, tu escritor y tú preparáis la siguiente.

Una vez que llega la fama, el mayor reto es seguir creando, mantener el impulso.

Repite este proceso todo el tiempo que quieras.

Tu fama te abrirá nuevas puertas y te permitirá hacer cosas aún más increíbles.

Entonces, ¿cómo termina?

De dos maneras:

Si esta vida es realmente tu destino, hazlo hasta que te mate.

Siempre empujando para ver hasta dónde puedes llegar; si mueres durante una aventura, morirás feliz, sabiendo que llegaste tan lejos como pudiste.

Pero si empiezas a sentir que has tenido suficiente, entonces escribe el final.

Incluye la muerte de tu personaje público en tu última historia.

Como eres famoso, esto requerirá cierta planificación.

Por eso utilizaste un nombre artístico y una empresa desde el principio.

Compra en secreto una casa con tu nombre real en un lugar mundano donde nadie esperaría encontrarte.

Compra ropa de segunda mano y practica el cambio de aspecto y de voz.

Asegúrate de que tu empresa está en buenas manos, dirigida por un equipo de confianza.

Entonces, cuando el rodaje de tu historia final haya terminado, alquila un barco y desaparece cerca del océano, dejando que todos piensen que has muerto.

Escapa anónimamente a tu nueva vida.

Dado que tu empresa privada es propietaria de los derechos, puede conceder licencias para tus historias, espectáculos, libros y demás durante años, financiando tu vida anónima.

Una de las ventajas de la fama es que continúa sin ti.

Mientras observas el mundo en las décadas siguientes, alégrate si mucha gente te supera y menosprecia tus aventuras pioneras.

Tu último acto de generosidad es tu ausencia.

Deja un vacío para que otros lo ocupen.

ASÍ DEBES VIVIR: PERSIGUE EL FUTURO

Vive en el mundo del mañana.

Rodéate solo de lo que es nuevo y está por venir.

Ahí es donde se hace la vida.

Es el ambiente más optimista, lleno de esperanza y promesas.

Es la forma más inteligente de vivir.

Estás avanzando en el tiempo, así que debes mirar hacia dónde te diriges.

Ve hacia donde van las cosas.

Es la forma más emocionante de vivir.
Cada día será como el cumpleaños de un niño, con nuevos y
    sorprendentes avances.
Mantiene el cerebro sano, joven y activo.
Como todo será siempre nuevo, no te basarás en suposiciones o hábitos.
Prestarás toda tu atención y seguirás aprendiendo cada día.

Múdate a Corea del Sur y quédate con un apartamento en Songdo,
    Incheon.
La cultura surcoreana da el máximo valor a lo nuevo.

Trabaja como futurista y periodista tecnológico.
Mantente a la vanguardia de cosas tan nuevas que apenas existen.
Cada nuevo invento llegará a ti primero, antes de que el mundo haya
    oído hablar de él.
Aprende los fundamentos de cada campo, para poder entender las
    nuevas innovaciones en logística, o química, o cualquier otra cosa.
Escucha solo música nueva.
Ve solo programas nuevos.
Utiliza solo los medios más nuevos.

Regala todo lo que no hayas usado en una semana.
La propiedad te ata al pasado.
No inviertas tu tiempo en una sola cosa.
Mantente inmerso en lo que viene a continuación.

Dedica tu tiempo social a conocer gente nueva.
No eres la misma persona que el año pasado o incluso la semana pasada.
Los viejos amigos y la familia te ven como eras antes y, sin querer,
    desaniman tu crecimiento.

Reemplaza tus rutinas diarias personales.

Cuando algo se convierta en un hábito, déjalo.

Cada mes, visita China.

Allí todo cambia tan rápido que, si te pierdes más de un mes, estarás desconectado.

Cada año, visita Singapur, Yakarta, Addis Abeba, Lagos, Bombay, Ciudad de Ho Chi Minh y Silicon Valley.

Cada uno de ellos está creando el futuro de maneras muy diferentes.

Cuando un nuevo país declare su independencia, ve inmediatamente.

Todas las conversaciones allí se centrarán en el futuro.

Evita Europa y cualquier lugar que viva en el pasado.

Los lugares que se resisten al cambio no tienen visión, solo recuerdos.

El ayer se ha ido para siempre.

El pasado ha muerto.

Al resucitarlo, se crean fantasmas y zombis.

Evita la religión, porque la fe no está hecha para ser cuestionada.

La tradición es lo contrario de lo que quieres.

Nada de lo adorado cambiará.

Oponte a la convención porque así fueron las cosas en el pasado.

La esclavitud era una convención.

El sacrificio humano era una convención.

Negar los derechos humanos a las mujeres era una convención.

Algún día nuestras convenciones actuales parecerán tan erróneas como estas.

Ya que vives en el futuro, empieza a condenarlas ahora.

El mejor beneficio de vivir de esta manera es que cortas todas las ataduras y no miras atrás.

Cada día será como una amnesia.

Cualquier cosa traumática que haya ocurrido en tu pasado, ya no te define.

En tu mundo, el pasado no tiene ningún poder.

Perseguir el futuro es la forma de vivir.

ASÍ DEBES VIVIR: VALORA SOLO LO QUE HA PERDURADO

Cuanto más dure algo, probablemente más durará.

Algo que ha existido durante un año probablemente seguirá existiendo otro año más.

Algo que ha existido durante cincuenta años probablemente seguirá existiendo durante otros cincuenta años.

Solo los fuertes sobreviven, así que lo que sigue aquí después de décadas ha demostrado estar bien hecho y ser muy querido.

Cuanto más dura algo, más gente lo conoce y depende de él, lo que consolida su lugar en nuestro mundo.

Solo estas cosas probadas merecen tu tiempo y atención.

Piensa en hace diez años.

¿Recuerdas las tecnologías que los medios de comunicación anunciaban como el futuro?

¿Cuántas han perdurado?

Es difícil de recordar porque no hemos oído hablar de la mayoría de ellas desde entonces.

No resistieron la prueba del tiempo.

Las viejas tecnologías no son emocionantes porque no cambian tan rápido.

Pero son más importantes.

La criptomoneda frente a la filtración de agua.

La realidad virtual frente al aire acondicionado.

¿Qué recibe más atención de los medios de comunicación?

¿Qué es más importante?

Los medios de comunicación se centran en lo nuevo, porque es lo que
   paga.

Su atención hace que lo nuevo parezca importante.

Pero solo el tiempo lo dirá.

Las cosas nuevas tienen algunos beneficios, pero también inconvenientes
   profundos, como la adicción, la contaminación, la dispersión de la
   atención o la pérdida de tiempo.

El marketing grita los beneficios y oculta los perjuicios.

Pero los beneficios rara vez superan a los perjuicios.

Solo el tiempo lo dirá.

El placer de comprar algo nuevo desaparece en días, incluso en horas.

Mucha miseria proviene de la indulgencia con la basura actual.

Así que la forma de vivir es ignorar todo lo nuevo.

Todo.

Deja que la prueba del tiempo lo filtre todo.

Valora solo lo que ha perdurado.

Ignora el marketing y la publicidad.

Nadie está impulsando lo que realmente importa.

Las amistades, la naturaleza, la familia, el aprendizaje, la comunidad.

Las mejores cosas de la vida no son cosas.

Ignora todas las noticias.

Si es importante, al final habrá un buen libro sobre ello.

Cuando la gente te pregunta por las noticias de actualidad, puedes estar orgulloso de no tener opinión.

Admite que no has pensado en ello, ni piensas hacerlo, porque no es importante.

Darse un capricho es habitual.

Abstenerse es raro.

El mundo de las noticias es ruidoso porque tienen que darle al bombo.

Intentan que prestes atención a algo que no es realmente importante.

Crean una falsa sensación de urgencia, de estatus social, de miedo, de conmoción o cualquier otro truco posible para manipular tus desencadenantes psicológicos y, en última instancia, hacer que les ayudes a obtener beneficios.

En cambio, las cosas verdaderamente importantes son silenciosas.

La vida es increíblemente pacífica cuando te alejas del ruido.

La vida moderna es superficial y distraída.

La vida atemporal es profunda y centrada.

Vive en el pasado.

Ve las mejores películas de todos los tiempos.

Lee los clásicos.

Escucha las leyendas.

Estas cosas han durado porque funcionan muy bien.

El tiempo es el mejor filtro.

¿Qué tecnologías tienen mejor futuro?

Las que tienen un mejor pasado.

Sé el último en adoptar una tecnología, después de que esta sea más barata, mejor y ya no cambie.

Hay que compadecerse de los primeros adoptantes, que exploran las trampas, como el primer ratón atrapado en la ratonera.

La tecnología avanza más rápido que la sabiduría.

Es más inteligente avanzar al ritmo de la sabiduría.

No compres una venda si no tienes una herida.

Cuando necesites un abrigo, una mesa o una casa, busca algo viejo y usado.

Están increíblemente bien hechos: son más resistentes y más bonitos que cualquier cosa nueva.

Te sobrevivirán.

Antes de intentar mejorar algo antiguo, hay que averiguar por qué es así.

Nunca asumas que la gente del pasado era ignorante.

Lo hacían así por buenas razones.

Estudia el pasado —comprende la valla de Chesterton [2]— antes de pensar que sabes más.

Estudia la historia, la tradición y la cultura.

Conoce lugares que no han sido homogeneizados por la globalización.

Cuando una persona pierde la memoria, pierde la cordura.

Cuando una cultura pierde sus tradiciones, también pierde su cordura.

El mundo no tiene sentido porque ya no sabe quién es.

Múdate a un pequeño pueblo autosuficiente que se haya resistido a la modernización, idealmente un lugar intacto que no haya cambiado en cien años y que no vaya a cambiar en cien más.

Pasa tiempo al aire libre.

Encuentra la felicidad y la perspectiva en la naturaleza.

---

2. Nota de la traductora: La expresión «*Chesterton's fence*» se refiere a un concepto introducido por el escritor británico G.K. Chesterton, que sugiere que, antes de eliminar o modificar algo, es importante entender por qué existe en primer lugar.

Te recordará que no necesitas nada de lo que el mundo moderno está impulsando.

Todo lo que gritan pronto desaparecerá.

Aprende habilidades comprobadas que eran tan útiles en la época de tus abuelos como lo son hoy.

Hablar, escribir, jardinería, contabilidad, persuasión y habilidades de supervivencia.

Estas habilidades apenas han cambiado en un siglo.

Es poco probable que cambien durante tu vida.

Domina los fundamentos, no los trucos nuevos.

Aprende los aspectos atemporales de tu oficio.

Estos conocimientos nunca perderán su valor.

En cualquier campo, aprende lo más antiguo que aún existe, ya que es lo que más puede durar.

Hazte geólogo.

Medirás las cosas en millones de años.

Tu línea de tiempo será tan larga que las montañas parecerán fluidas.

Todo el mundo moderno parecerá un castillo de arena, construido y arrastrado de vuelta hacia el mar en un solo día.

Y así, ignorando lo nuevo, mejorarás tu vida en todos los sentidos.

Mejor inversión de tu tiempo.

Mayor tranquilidad.

Artículos y entretenimiento de mejor calidad.

Mejor conjunto de habilidades.

Mejor perspectiva.

Mejor todo.

La mejor manera de vivir es valorando solo lo que ha perdurado.

ASÍ DEBES VIVIR: APRENDE

El aprendizaje está infravalorado.
La gente se pregunta por qué no vive su vida ideal.
Tal vez nunca aprendieron a hacerlo.

La salud se consigue aprendiendo hábitos saludables.
Te haces rico aprendiendo habilidades valiosas.
Se construye una gran vida social aprendiendo habilidades
    interpersonales.
La mayor parte de la miseria proviene de no aprender estas cosas.

El mayor obstáculo para aprender es asumir que ya se sabe.
La confianza suele ser la ignorancia.

Nunca te consideres un experto.
Son los nadadores fuertes los que se ahogan.

No creas lo que piensas.
Ten preguntas, no respuestas.
Duda de todo.
La persona más fácil de engañar eres tú mismo.

No respondas demasiado rápido a una pregunta difícil.
No te detengas en la primera respuesta.
En las historias de misterio, el primer sospechoso no es el culpable.

Si no te da vergüenza lo que pensabas el año pasado, tienes que aprender
    más y más rápido.
Cuando estés aprendiendo de verdad, te sentirás estúpido y vulnerable,
    como un cangrejo ermitaño sin caparazón.

Sorpréndete con algo cada día.

Encuentra ese momento emocionante en el que obtienes una nueva perspectiva.

Como una película que revela algo al final que cambia tu forma de pensar sobre todo lo que has visto antes.

Si no tienes estos momentos a menudo, busca nueva información.

Lo que te asuste, hazlo.

Entonces ya no te asustará.

Sea lo que sea que odies, conócelo.

Entonces ya no lo odiarás.

Habla con las personas que sueles evitar.

Investiga temas de los que no sabes nada, y experiencias diferentes a las que has vivido antes.

Si no te sorprende, si no sientes que tu cerebro cambió, entonces no has aprendido realmente.

No seas consistente con tu pasado.

Solo los idiotas nunca cambian de opinión.

Sacrifica las cosas que solías creer y tu antigua forma de ser.

El aprendizaje deja un rastro de pequeñas muertes.

Recuerda lo que aprendes.

Recuerda por qué estás aprendiendo.

La información no se adhiere sin emoción.

Aprendes mejor cuando te diviertes.

Toma notas.

Revísalas a menudo.

Haz fichas para recordar a tu futuro yo lo que has aprendido hoy.

Ponte a prueba repetidamente.

Los conocimientos se desvanecen y acaban desapareciendo si no se
mantienen actualizados.

Interiorízalo.

No esperes a buscarlo simplemente cuando lo necesites.

Intégralo en tu forma de pensar.

Sal de tu habitación y prueba una nueva habilidad en el mundo real.

Ve al lugar físico donde está ocurriendo y arriesga tu pellejo teniendo
algo que perder.

Una sensación vívida y visceral de peligro te enseñará mejor que las
palabras.

El conocimiento a menudo se describe de forma sencilla; en inglés se usa
la expresión *in a nutshell* (literalmente cáscara de nuez) y significa
«en pocas palabras».

Pero el interior de una cáscara de nuez es complejo.

Así que abre las cáscaras de las nueces para entenderlas mejor.

Pon los conceptos en pocas palabras para tenerlos en el bolsillo y
compartirlos.

Comunica tus conocimientos a los demás para asegurarte de que los
entienden.

No cites.

Utiliza tus propias palabras sin buscar o hacer referencia a lo que otros
dijeron.

Si no puedes explicarlo tú mismo, no lo sabes.

Para comunicar con claridad, hay que pensar con claridad.

Escribir es un pensamiento refinado.

Hablar en público pone a prueba tu escritura ante un público real.

Hablar bien en público es el resultado de pensar bien en privado.

La enseñanza y el aprendizaje son telepatía.
Podemos conectar a través de océanos y siglos.
Las palabras escritas por alguien hace mucho tiempo y muy lejos pueden penetrar en tu mente.
Comparte lo que aprendes para que otros lo reciban, incluso cuando ya no estés.

Aprender te hace mejor persona y hace del mundo un lugar mejor.
El aprendizaje es una búsqueda en la que no puedes perder.
Al envejecer, perderás músculo y belleza, pero no perderás tu sabiduría.
El aprendizaje es la forma de vivir.

ASÍ DEBES VIVIR: SIGUE EL GRAN LIBRO

Ya sabes cuál es tu gran libro.
Ya sea la Biblia, el Tanaj, los Upanishads, el Corán, *Piense y hágase rico*, *Los siete hábitos de la gente altamente efectiva* u otro, síguelo con diligencia.

Tu libro es más sabio que tú.
Está describiendo la ley natural, la forma en que funciona nuestro mundo.
No es solo la opinión de alguien.
Tiene las respuestas definitivas a las decisiones a las que te enfrentas cada día.
No creas que sabes más.

La gente dice que quiere tomar sus propias decisiones.

Pero imagina que tienes una situación médica de vida o muerte, así que corres al médico y este te dice: «Hay cientos de enfoques diferentes que podríamos tomar. Tú decides. Depende de ti».

Tú dirías: «¡No! Tú eres el médico. Tú eres el experto. Tú sabes más. Tú decides. Dime qué hacer».

Tu libro es el experto en cómo vivir.

Ha ayudado a millones de personas.

Deja que su sabiduría te guíe.

Tu libro está destinado a personas exactamente como tú.

No eres una excepción de la humanidad.

Sus reglas se aplican a ti.

Te guía a una buena vida.

Si tu libro es antiguo, puedes pensar que no es suficiente ya que no menciona la vida moderna.

Pero nada es realmente nuevo.

Parece que la moral ha cambiado en la historia reciente.

Pero, en realidad, la moral no ha cambiado.

Si se actualizan el lenguaje y algunas referencias, los libros escritos hace miles de años suenan como si pudieran haber sido escritos hoy.

La condición humana sigue siendo la misma.

Tu libro tiene toda la sabiduría que necesitas.

Lee metafóricamente y aplícalo a tu vida moderna.

No te falta dirección.

Tienes demasiadas direcciones.

Una mente abierta, al igual que una boca abierta, necesita cerrarse eventualmente sobre algo.

Deja de dar bandazos y de perseguir a los nuevos líderes.

Mantente en un único camino firme.

Siguiendo tu libro es como debes vivir.

En primer lugar, renace.
Deja ir tu vieja identidad.
Deja que tu nuevo yo sea incongruente con tu antiguo yo.
Hazle saber a tus amigos y familiares que has cambiado.

Lleva tu libro a donde vayas, como recordatorio y referencia
    constante.
Consulta sus reglas en cada situación, todos los días.
Memoriza sus frases cruciales.
Piensa en ellas constantemente.

Seguir las reglas es inteligente.
Es eficiente.
No es necesario que te detengas a repensar cada situación.

«Seguir lo que amas» es un consejo terrible.
Los intereses fugaces son una mala brújula.
Las pasiones pasan tan rápido que seguirlas te haría correr como un
    perro persiguiendo burbujas.

No sigas a tu corazón.
Tu corazón ha sido hackeado.
Tu intuición suele ser errónea porque es solo emoción, influenciada
    subliminalmente por contribuciones amorales.
Las emociones son un animal salvaje.
Necesitas reglas para domesticarlas.

Las reglas te dan la libertad de tus deseos.
Cuando te elevas por encima de tus instintos, sigues sintiéndolos, pero
    no estás obligado a hacer lo que te indican.

Seguir tus emociones no es libertad.
Ser libre de seguir las emociones es la libertad.

Cuando dejes de seguir las emociones y te limites a hacer lo correcto,
conseguirás por fin lo que siempre has querido.
Fueron las emociones las que te distrajeron todo el tiempo.

Entonces, ¿qué es lo correcto?
¿Una acción con buenos resultados?
¿Una acción que te siente bien?
No.
La acción prescrita por tu libro.
No es necesario juzgar ni decidir.
Sigue las reglas y confía en el camino.

Las reglas deben ser absolutamente inquebrantables.
Si intentas decidir, cada vez, si está bien romper la regla o no, entonces
has perdido todo el sentido de las reglas.
Las reglas son para evitar que decidas.
Por eso las reglas inflexibles son más fáciles de cumplir.

La disciplina convierte las intenciones en acción.
Disciplina significa no procrastinar.
Disciplina significa hacer ahora.
Elige el dolor de la disciplina, no el dolor del arrepentimiento.

Un momento de indisciplina parece inofensivo, pero se suma al
desastre.
Sin disciplina, las pequeñas cosas serán tu perdición.
El autocontrol siempre es gratificante.
El autocontrol es siempre lo correcto.
Esta es una ley universal.

Tu autocontrol es mayor por la mañana y disminuye durante el día, así que revisa las reglas de tu libro cada tarde.

La disciplina física ayuda a la disciplina mental.
Alinea tu exterior con tu interior.
Limpiar la casa ayuda a limpiar la mente.

La disciplina te lleva a tu destino.
Sin ella, los demás te desviarán.
Si no obedeces tus limitaciones, las personas persuasivas y la tecnología tratarán de convencerte de seguirles.

La gente te ruega que rompas tus reglas para que se ajusten a sus objetivos.
Así que culpa a tu libro cuando te niegas.
Decir «El libro lo dice» facilita tu carga de responsabilidad.
Si alguien cuestiona tus decisiones o te pide explicaciones, solo tienes que decir «El libro lo dice» y seguir adelante sin el debate agotador.

Algunas personas pueden superarte rompiendo las reglas.
Pero recuerda: la gente miserable, rota e indigente del mundo es el otro resultado de romper las reglas.
Son muchos más los que fracasan que los que tienen éxito.
Las reglas pueden impedirte alcanzar algunas alturas estupendas, pero siempre te impedirán caer demasiado bajo.

Define una buena vida como algo más que un placer superficial.
Una buena vida es una contribución.
Una buena vida es resistir la tentación.
Una buena vida es ser tu mejor versión.
Una buena vida es seguir diligentemente tu gran libro.

ASÍ DEBES VIVIR: RÍETE DE LA VIDA

Un gorila, hablando en lenguaje de signos, hace una broma.
Nos quedamos asombrados.
Está mostrando la máxima expresión de un alma.

Pero cuando una persona no tiene humor, es lo contrario.
Ha perdido el sentido de la vida.

Un paciente del hospital en recuperación hace una broma.
Nos sentimos aliviados.
No solo su cuerpo, también su alma está viva.

Pero cuando un paciente antes jovial pierde el humor, nos preocupamos
    con razón.
Está perdiendo la chispa de la vida.

¿Qué nos dice esto?

El humor es el espíritu de la vida, signo de una mente y un alma sanas y
    vibrantes.

El humor significa utilizar la mente más allá de la necesidad, más allá de
    la realidad, tanto para ver como para imaginar.
Por eso admiramos el ingenio rápido.
Demuestra que has mirado rápidamente algo desde muchos ángulos, has
    encontrado el que más te divertía y lo has expresado a otra persona.
Observación, creatividad y empatía, todo en un instante.
¿Qué puede ser mejor signo de una mente sana?

Piensa en cualquier película de acción en la que el héroe cree tener
    atrapado al villano, pero entonces este empieza a reírse.

¿Risas?

¿Qué sabe él que nosotros no sepamos?

¿Qué ventaja oculta le haría reír cuando parece no tener salida?

Reírse de algo es ser superior a ello.

El humor muestra el control interno.

Piensa en los héroes cómicos, como Charlie Chaplin, Jackie Chan, Jim
Carrey, Kung Fu Panda o Roberto Benigni en *La vida es bella.*

Ganan por ser juguetones, creativos, adaptables, irreverentes y sin
ataduras a las normas.

Los que se toman la vida demasiado en serio son lo contrario, y están en
desventaja.

No importa lo que necesites hacer, hay una forma lúdica y creativa de
hacerlo.

Jugar te da autonomía y poder personal.

Cuando los niños juegan con la imaginación, todo vale.

Jugar es liberarse de las limitaciones.

Puedes quitarle importancia a cualquier cosa.

Responde a los acontecimientos de la vida como quieras.

Nada tiene que deprimirte.

Una mala situación puede sentirse abrumadora.

Una risa muestra que has escapado.

El humor pone distancia entre un evento y tú.

La comedia es la tragedia más el tiempo.

El tiempo menosprecia cualquier situación demostrando que no era tan
mala como parecía.

El humor lo hace al instante.

Alguien dice que la vida es dura.

El cómico dice: «¿Comparado con qué?».

Los cómicos son filósofos.

El humor ayuda a ver lo familiar desde una perspectiva nueva y sorprendente.

Te recuerda que no hay una gran verdad.

Cualquier creencia puede ser derribada.

Toda creencia puede ser objeto de burla.

Nadie sabe nada.

¿Ves?

La risa es subversiva.

A la comedia no le importa lo que es verdad, y a ti tampoco debería.

Lo que te haga feliz es lo que funciona.

El humor trasciende la razón.

La vida no tiene sentido.

Eso es lo divertido.

Además, te hace muy atractivo.

Todo el mundo quiere estar con alguien que se divierte.

En cada momento de la vida, elige cualquier acción o ángulo que te divierta.

Riéndose de la vida es como se debe vivir.

ASÍ DEBES VIVIR: PREPÁRATE PARA LO PEOR

Las cosas se van a poner más difíciles.

El futuro pondrá a prueba tu fuerza.

Hasta ahora, has vivido en una época de prosperidad.

No has experimentado una devastación masiva, pero probablemente lo harás.

Será más difícil ganar dinero.

Será más difícil ser feliz.

Mucho de lo que ahora te gusta desaparecerá.

Recordarás este año como uno de los más fáciles que has tenido.

Te lesionarás o enfermarás y perderás parte de tu capacidad de ver, oír, moverte o pensar.

Desearás tener la salud que tienes ahora.

¿Cómo se puede prosperar en un futuro desconocido?

Prepárate para lo peor.

Entrena tu mente para que esté preparada para lo que pueda venir.

Así es como se debe vivir.

El futuro es imprevisible e incontrolable.

Imagina todas las cosas que pueden salir mal.

Prepárate para cada una, para que no te sorprendan ni te hagan daño.

No te preocupes.

Esto no es emocional.

Solo hay que anticiparse y prepararse.

¿Recuerdas la fábula de la hormiga y el saltamontes?

El saltamontes estaba disfrutando del verano, burlándose de la hormiga por trabajar en lugar de relajarse.

Entonces llegó el invierno, y el saltamontes pasó hambre, pero la hormiga estaba preparada.

Las catástrofes llegan de repente, sin avisar.

La tragedia duele más cuando es inesperada.
Pero si la esperas, le quitas su poder.

¿Sabes qué hay detrás de cada montaña que debas sortear?
Más montañas.

Esperar que la vida sea maravillosa es decepcionante.
Esperar que la vida sea decepcionante es maravilloso.
Si esperas estar decepcionado, no lo estarás.

Imagina vívidamente los peores escenarios hasta que los sientas reales.
Aceptarlos es la máxima felicidad y seguridad.
Date cuenta de que lo peor no es tan malo.

La gente habla de pesimismo y optimismo diciendo: «¿Vaso medio vacío
o vaso medio lleno?».
Pero un cavernícola diría: «¡Oh, Dios mío! ¡Un vaso! ¡Qué gran invento!
¡Puedo ver lo que voy a beber! ¡Esto es increíble! ¡Una manta! ¡Una
silla! ¡Una cama! ¿Comida, lista y esperando? Esto es el cielo».
No hace falta ser un cavernícola para mirar a tu alrededor y apreciar tus
comodidades imaginando la vida sin ellas.
Entonces imagina el alivio de encontrar un refugio, la alegría de un
fuego controlado a la orden y la satisfacción del agua caliente.

Para apreciar algo en su totalidad, imagina que lo pierdes.
Imagina que pierdes tu libertad, tu reputación, tu dinero y tu casa.
Imagina que pierdes la capacidad de ver, oír, caminar o hablar.
Imagina que las personas que amas mueren mañana.
Nunca los des por sentado.

El lujo es el enemigo de la felicidad porque te adaptas a sus
comodidades.

El lujo te hace blando, débil y más difícil de satisfacer.

(Compadécete de la gente que no puede disfrutar de nada menos que lo mejor).

Nunca aceptes el lujo, o te resultará difícil prescindir de él porque lo sentirás como una pérdida.

La comodidad reduce tu felicidad futura.

Te enfadas porque la comida no llega como la has pedido, o te enfadas con tu teléfono por tener una conexión imperfecta.

Pierdes el aprecio.

Te olvidas de la perspectiva de lo mal que pueden ir las cosas.

Practica la incomodidad, incluso en cosas pequeñas.

Sube por las escaleras en lugar de utilizar el ascensor.

Deja de comer durante un día, o de tomar azúcar durante un mes.

Acampa con poco equipaje durante una semana.

Hazte amigo del malestar para no temerle nunca.

Tu mayor enemigo es la insaciabilidad.

Reconoce tu deseo de entretenerte con la vida, y rompe el hábito.

Practica ser feliz con lo que tienes.

Posee lo menos posible.

Cuando te des cuenta de que dependes de algo, deshazte de ello para demostrar que no lo necesitas.

Cuanto menos tengas, menos tienes que perder.

No quieras nada, y nada te decepcionará.

No quieras nada, y nada estará fuera de tu control.

No quieras nada, y el destino no podrá hacerte daño.

Distingue entre lo que está bajo tu control y lo que no.

Si no está bajo tu control, sácalo de tu cabeza.

Intentar controlar los resultados hace que te sientas decepcionado y resentido.

Concéntrate solo en tus pensamientos y acciones.

Las circunstancias de tu vida no cambian tu felicidad.

Las personas que se quedan paralizadas o ganan la lotería vuelven a ser tan felices como antes.

Así que no dependas de las circunstancias.

Todo lo que ocurre es neutral.

Tus creencias lo etiquetan como bueno o malo.

La única forma de cambiar tu felicidad es cambiar tus creencias.

¿Alguien te ha hecho enfadar?

¿Alguna situación te ha entristecido?

No.

El problema eres tú.

Nada es bueno o malo.

Solo reaccionaste como si lo fuera.

Cuando ocurra algo malo, pregúntate: «¿Qué hay de bueno en esto?».

En lugar de cambiar el mundo, cambia tus reacciones.

Cuando ocurra algo, no intérpretes.

Sin historias, sin «debería haber», sin juicio, sin siquiera una opinión.

Eso es ver con claridad.

Tu objetivo es la indiferencia agradecida.

¿Ganar la lotería?

¿Ir a la cárcel?

¿Alcanzar la fama?

¿Quedarte ciego en un accidente?

No importa, porque estás bien de cualquier manera.

Desconéctate del resultado y procura estar bien, pase lo que pase.

Mi vecino tiene un perro que ataca a los extraños e incluso ha mordido a un niño.

Cuando la gente se queja, mi vecino dice que no puede evitarlo. «Los perros serán perros».

¡Incorrecto!

Los perros pueden ser domesticados.

Solo que él nunca entrenó a su perro.

En lugar de ello, él actúa como si la situación no tuviera remedio, y hace que el problema sea de los demás.

Así es como la mayoría de las personas se comportan con sus emociones.

Dicen: «No puedo evitar lo que siento».

¡Incorrecto!

Las emociones se pueden domar.

Tú tienes el control.

El problema viene de no ser muy exigente contigo mismo.

En su lugar, entrena tus emociones como lo harías con un perro.

La felicidad superficial es tener un donut.

La felicidad profunda es tener un cuerpo en forma.

La felicidad superficial es lo que quieres ahora.

La felicidad profunda es lo que más quieres.

La felicidad superficial está al servicio del presente.

La felicidad profunda está al servicio del futuro.

La felicidad superficial es tratar de conquistar el mundo.

La felicidad profunda es la conquista de uno mismo.

La felicidad superficial es perseguir el placer.
La felicidad profunda es la búsqueda de la plenitud.

La plenitud es más divertida que la diversión.

Visita tus lugares favoritos.
Escucha tu música favorita.
Prueba tu comida favorita.
Toca a tus personas favoritas.
Puede que sea la última vez que hagas todas estas cosas, así que aprecia cada momento plenamente.

Toda esta apreciación es una práctica para la muerte.
Cuando la muerte llegue, la tratarás con la misma indiferencia con la que has tratado todo lo demás.
Te has estado preparando para ello todo este tiempo.

ASÍ DEBES VIVIR: PARA LOS DEMÁS

Centrarse en uno mismo parece más inteligente y más fácil, pero es corto de miras.
Es ignorar el enorme beneficio de la cooperación.

Compara las estrategias de supervivencia.
Podrías prepararte para el desastre almacenando comida y munición en un búnker tú solo.
Pero, en lugar de eso, puedes:
Convertirte en un miembro integral de tu comunidad.
Ganarte la reputación de ser servicial y generoso.
Y lograr que mucha gente a tu alrededor se preocupe por tu bienestar.

Obviamente, esta es una mejor estrategia.

Incluso si prefieres la soledad, tienes que admitir que ser un miembro
valioso de un grupo es más inteligente.

La mejor manera de estar seguro es ayudar a otros a estarlo.

La mejor manera de estar conectado es ayudar a otros a estarlo.

Las personas se cuidan unas a otras.

Pero nadie ayuda a los que no ayudan.

No siempre puedes levantarte por tus propios medios.

Eventualmente, te levantan los que te rodean.

Nunca digas «No es mi problema».

Estamos todos juntos en esto.

Lo que es bueno para tu comunidad es bueno para ti.

Lo que afecta a los demás te afecta a ti.

La calidad de tu vida está ligada a la calidad de tu comunidad, tu barrio
y tu país.

No se puede estar sano en una sociedad enferma.

Psicólogos, filósofos y religiones coinciden en una cosa.

Ayudar a los demás es un mejor camino hacia la felicidad que ayudarse a
uno mismo.

Dar te hace más feliz que recibir.

Las personas con fuertes vínculos sociales viven más tiempo, más sanas y
más felices.

Las personas más miserables son las más egocéntricas.

Así que procura ser lo contrario.

Vivir para los demás es la forma de vivir.

Después de los veinte años, hay que hacer un esfuerzo deliberado para
hacer nuevos amigos.

Los amigos se hacen, no se encuentran.

Si aprecias sinceramente a alguien y te comprometes realmente con sus intereses, os haréis amigos.

Haz preguntas abiertas sobre las opiniones de las personas.

Pídeles que se explayen sobre lo que han dicho.

Demuestra que estás interesado.

Permite el silencio.

No lo llenes.

El silencio da espacio para pensar, y una invitación a contribuir sin presión.

La charla no es más que una forma de adaptarse al tono y al estado de ánimo de la otra persona.

Les ayuda a sentirse cómodos contigo.

Sé cálido, abierto y plenamente presente con todas las personas con las que te encuentres.

La confianza atrae.

La vulnerabilidad agrada.

Asume que todos son tan inteligentes y profundos como tú.

Asume que su temperamento es solo su naturaleza, y no su culpa.

No te enfades con ellos por ser así, por la misma razón que no puedes enfadarte con alguien por ser alto.

Aprecia las diferencias.

Una conversación con un clon de ti mismo sería aburrida.

Siempre que pienses algo bueno de alguien, díselo.

Un cumplido sincero puede motivar mucho a alguien.

La gente no escucha suficientes cumplidos.

Sé consistente.

La gente solo puede confiar en ti si eres constante.

Reúnete con regularidad para mantener cada amistad, para que las conexiones se hagan más fuertes.

Sé paciente con tus amigos, incluso durante años.

La verdadera amistad no se acaba.

Las relaciones son más delicadas que las personas.

Las relaciones pueden arruinarse con una palabra desconsiderada.

Retén los pensamientos de ira y deja que el sentimiento pase sin ser expresado.

Nunca pierdas la calma.

Nunca te desahogues.

Sé amable siempre, no importa cómo te sientas.

Imagina que te enteras de que alguien va a morir mañana.

Imagina cuánta atención, compasión y generosidad le darías.

Imagina cómo perdonarías sus faltas.

Imagina lo que harías para que su último día en la Tierra fuera el mejor.

Ahora trata a todo el mundo así, todos los días.

A veces necesitas apoyo emocional.

Estás pasando por un momento difícil o tomando una gran decisión.

Necesitas la perspectiva de otra persona sobre tu situación.

Los amigos o la familia pueden dar un maravilloso consuelo.

Tú compartes tu problema y ellos comparten la carga.

Se preocupan mucho por ti, pero no están tan angustiados, así que te ves a través de sus ojos y te das cuenta de que no es tan malo como parece.

Un mentor objetivo puede generar aún más este efecto.

Esta persona tiene menos simpatía y una perspectiva desapasionada.

Resumes los hechos de tu situación con menos indulgencia e hipérbole.

Oírte a ti mismo contar esta versión de tu historia reduce la intensidad de tus emociones.

Te ves a ti mismo como ellos te ven: como un personaje menor en un cuadro mayor.

A algunas personas les gustan los grupos de apoyo por esta misma razón.

Contar tu historia a un grupo de desconocidos indiferentes comparte y diluye el dolor.

El éxito en los negocios proviene de ayudar a la gente, aportando la mayor felicidad al mayor número de personas.

El mejor marketing es ser empático.

El mejor enfoque de ventas es escuchar.

Atiende las necesidades de tus clientes, no las tuyas.

Los negocios, cuando se hacen bien, son generosos y se centran en los demás.

Hacen que dejes de centrarte en ti mismo y te pone al servicio de la humanidad.

La versión más extrema de vivir para los demás es hacerse famoso.

Hazlo todo en público, para el público.

Comparte todo lo que haces, aunque sea un trabajo extra.

Es entregarse al mundo.

Pero ser famoso significa que nunca podrás corresponder lo suficiente.

Tu preocupación debe crecer hasta llegar más allá de tu comunidad, más allá de tu país, más allá de tu generación y más allá de tu especie.

Preocúpate por los desconocidos de todo el mundo tanto como por tu familia.

Preocúpate por todas las formas de vida tanto como por los humanos.

Vivir para los demás es la forma de vivir.

ASÍ DEBES VIVIR: HAZTE RICO

Espera un momento antes de juzgar.
Ganar dinero no es malo, codicioso, superficial o vano.
El dinero no es tu valor como ser humano, ni un sustituto del amor.
Pero no finjas que no importa.

El dinero puede representar la libertad, la seguridad, la experiencia, la
 generosidad, el atractivo, el poder o lo que quieras.
Pero, en realidad, el dinero es tan neutral como las matemáticas.
Como es neutro, la gente ha proyectado todo tipo de significados sobre
 él.
Tu mayor obstáculo para hacerte rico es el significado perjudicial que le
 has dado.
Tu mayor ventaja puede ser proyectar un significado útil sobre él.
Haz que signifique que estás en el camino correcto.
Haz que sea un juego.
Haz que signifique que eres libre.

O considera esto:
El dinero no es más que un intercambio neutral de valor.
Ganar dinero es la prueba de que estás añadiendo valor a la vida de la
 gente.
Aspirar a hacerte rico es aspirar a ser útil al mundo.
Es esforzarte por hacer más por los demás.
Servir más.
Compartir más.
Contribuir más.
El mundo te recompensa por crear valor.

Persigue la riqueza porque es moral, buena e ilimitada.

El dinero es social.
Se inventó para transferir valor entre personas.
Un trabajo se paga mucho más que otro porque tiene más valor social.
Para hacerte rico, no pienses en lo que es valioso para ti.
Piensa en lo que es valioso para los demás.
Hacer lo contrario es el cliché del artista frustrado: crear algo que es valioso para ti, pero no para los demás.

Al dinero no le importa tu raza, sexo, educación, físico, familia o nacionalidad.
Cualquiera puede ser rico.
Siempre habrá alguien que lo haga, así que bien podrías ser tú.
Ganar dinero es una habilidad como cualquier otra.
Apréndela y practícala como cualquier otra cosa.

El dinero es un gran motivador.
Funciona mejor que la fuerza, las normas, los castigos o apelar a la generosidad.
Se han creado grandes obras de arte en busca de beneficios.

Los números revelan la verdad y la oportunidad.
Con cada idea de negocio que tengas o escuches, haz las cuentas para comprobar las proyecciones e implicaciones.
Estudia las empresas rentables como un artista estudia las obras maestras.
Aplica sus mejores técnicas a tu propia búsqueda.
Hacer las cuentas te ayuda a pensar de forma crítica, a ser realista y a tomar mejores decisiones.

El mundo está lleno de dinero.

No hay escasez.

Así que capta el valor que creas.

Cobra por lo que haces.

Es insostenible crear valor sin pedir nada a cambio.

Recuerda que a mucha gente le gusta pagar.

Cuanto más cuesta algo, más lo valora la gente.

Al cobrar más, estás ayudando a que lo usen y lo aprecien.

Cobra más de lo que es cómodo para tu imagen actual de ti mismo.

Valórate más, y luego mejora para ajustarte a esta valoración.

Comprométete plenamente a hacerte rico, o no lo conseguirás.

Ajusta la imagen que tienes de ti mismo para que sientas
   congruentemente que debes ser rico y que lo serás.

Si inconscientemente no sientes que lo mereces, sabotearás tu búsqueda.

Pero si realmente sientes que lo mereces, harás lo que sea necesario.

Así que primero ajusta tu imagen de ti mismo.

No busques solo estar cómodo.

No se hace del mundo un lugar mejor con solo arreglárselas.

Si tu objetivo es estar cómodo, no te harás rico.

Pero si aspiras a ser rico, también estarás cómodo.

Aspirar a ser rico te hace pensar en grande, lo cual es más emocionante,
   más divertido y menos convencional, ya que la mayoría de la gente
   no piensa en grande.

El mundo necesita más audacia.

Rechaza la cómoda adicción de un sueldo fijo.

Aprovecha las oportunidades con valentía.

Toma una acción arriesgada.

Crea tu propio negocio.

Piensa en un nombre de marca que puedas asociar a cualquier negocio. (Tal vez sea tu nombre).

Utilízalo para el resto de tu vida en todo lo que sea de calidad.

Una marca reconocida puede cobrar un precio superior, ganando más que los nombres no reconocidos.

En lugar de pensar en los clientes como algo que conduce a una venta, piensa en cada venta como algo que conduce a una relación de por vida con un cliente.

Utiliza las ideas de otras personas.

Las ideas no valen casi nada.

La ejecución lo es todo.

El mundo está lleno de ideas, pero muy pocos actúan y las hacen realidad.

Mejor estar lleno de acción que de ideas.

Mejor ser el dueño.

Posee y controla el 100 % de lo que creas.

Las industrias aburridas tienen poca competencia, ya que la mayoría de la gente busca estatus en los glamurosos campos nuevos.

Encuentra una industria antigua y resuelve un viejo problema de una manera nueva.

Tu innovación podría estar entre bastidores, como la posesión de toda la cadena de suministro.

Evita los problemas empresariales difíciles.

Tu tiempo es más provechoso si haces lo que te resulta más fácil.

Evita la competencia.

Nunca seas un contendiente más entre la multitud, luchando por las sobras.

No vale la pena hacer algo que cualquiera puede hacer.

Sé diferente, crea una categoría propia.

Inventa algo completamente nuevo.

En lugar de luchar por dividir un dólar existente, crea un dólar de la nada.

Inventa para un nicho muy pequeño de personas que necesitan algo que no existe.

En lugar de hacer una llave y luego buscar una cerradura, encuentra algo cerrado y luego haz su llave.

Sigue las mareas crecientes de sectores con grandes beneficios.

Entra pronto en una industria que se esté desarrollando rápidamente.

Más riesgo, más oportunidades, más inversores, más recompensas.

Una vez que tu negocio tenga éxito, sigue siendo paranoico.

La tecnología mejora más rápido, por lo que un modelo de negocio exitoso no dura tanto como antes.

Los demás acabarán por dejarte atrás si no sigues mejorando y acelerando por ti mismo.

Vende tu negocio antes de que tengas que hacerlo.

Vende antes de que llegue a su punto máximo.

Lo divertido es crear un negocio, no mantenerlo.

En cuanto tengas dinero extra, inviértelo.

Invertir es contrario a la intuición.

Tienes que ignorar tu instinto y tu corazón.

Sigue la razón desapasionada.

Sé disciplinado, no inteligente.

Es una cuestión de matemáticas, no de estado de ánimo.

Las emociones son el enemigo de la inversión.

Invertir es fácil a menos que intentes ganarle al mercado.

Confórmate con la media.

Confórmate con el rendimiento suficientemente bueno de los fondos indexados pasivos que representan toda la economía mundial.

Tómate unos minutos al año para reequilibrar.

No lo pienses demasiado.

Es mejor no hacer nada que hacer algo.

Hazlo de forma sencilla y gestiónalo tú mismo.

Evita las inversiones excitantes.

Especular no es invertir.

Nunca especules.

Nunca preveas.

Sé humilde, no arrogante.

No pienses ni por un segundo que conoces el futuro.

Recuérdate una y otra vez que nadie conoce el futuro.

No hagas caso a quien diga conocerlo.

El dinero te sirve a ti, no tú a él.

No actúes como si fueras rico.

No pierdas el contacto con la gente normal.

Sigue siendo frugal.

Reducir los gastos es mucho más fácil que aumentar los ingresos.

No necesitas decirle a nadie que tienes dinero.

Ni siquiera necesitas gastarlo.

No compres demasiadas cosas, ni una casa demasiado grande, ni contrates a demasiada gente.

Los ricos que hacen esto se sienten atrapados y miserables.

Cuanto menos compras, más control tienes.

Olvídate del estilo de vida.

Olvídate de ti mismo.

Concéntrate al 100 % en la creación de valor.

Todo lo demás es una distracción corruptora.

Nada destruye el dinero más rápido que la búsqueda de estatus.

No presumas.

No inviertas en un negocio que no controlas.

No prestes dinero a un amigo, o perderás tu dinero y a tu amigo.

Será mejor que le des el dinero.

El rendimiento es el mismo (0), pero te saltarás los malos rollos.

No te convenzas de que tu casa es un activo.

Tu casa es un gasto, no una inversión, porque no te aporta dinero al bolsillo cada mes.

Cuando eres rico, todo parece gratis.

Un gasto de cinco mil dólares parece costar un dólar.

No hace mella en tu cuenta bancaria.

El dinero será como el agua del grifo.

Siempre está ahí.

No hace falta que lo pienses.

Una de las desventajas es que ya no te entusiasmará el dinero.

Antes era emocionante ganar cinco mil dólares.

Ahora ni siquiera lo notarás.

Alguien podría darte otro millón de dólares y no cambiaría nada.

No lo necesitas, ya que no hay nada que quieras comprar.

Los millones adicionales no te harán más feliz.

Trabajarás más para conservar tu dinero que para ganar más.

Al igual que con el sexo, la fascinación se desvanece cuando se tiene mucho.

Di no a más cosas.

Di sí a más opciones.

Entonces te pondrás filosófico, ya que tendrás todas las opciones del
mundo.

Descubrirás que tus riquezas no valen nada, e incluso son un obstáculo,
cuando se trata de la amistad y el amor.

El dinero hace desaparecer los problemas, pero amplía los rasgos de la
personalidad.

El dinero no te cambiará, pero ampliará lo que eres.

Solo hay que hacerse rico una vez.

Cuando ganas un partido, dejas de jugar.

No seas el dragón en la montaña, sentado en tu oro.

No pierdas el impulso en la vida.

Una vez que lo hayas hecho, llévalo contigo y vete a hacer otra cosa.

ASÍ DEBES VIVIR: REINVÉNTATE REGULARMENTE

La gente dice que todo está conectado.

Se equivocan.

Todo está desconectado.

No hay una línea entre los momentos en el tiempo.

Algo pasó.

Pasó algo más.

A la gente le encantan las historias, por lo que conectan dos eventos,
llamándolos causa y efecto.

Pero la conexión es ficticia.

Es una ficción de la que es difícil escapar.

«Mis padres hicieron eso, así que por eso hice esto».

No.

Esos dos acontecimientos no están conectados.

No hay una línea entre los momentos en el tiempo.

Lo mismo ocurre con la personalidad.

«Soy introvertido, por eso no puedo».

No.

Los rasgos no son razones.

Los rasgos son solo tus antiguas respuestas a situaciones pasadas.

Lo que llamas tu personalidad es solo una tendencia del pasado.

Las nuevas situaciones necesitan una nueva respuesta.

¿Eres más emocional o intelectual?

¿Madrugador o noctámbulo?

¿Liberal o conservador?

No.

No estoy de acuerdo con la pregunta.

No tienes por qué ser fácil de entender.

Poner una etiqueta a una persona es como poner una etiqueta al agua de un río.

Es ignorar el flujo del tiempo.

Tu identidad.

Tus significados.

Tu trauma.

Se basan en la idea central de que estás viviendo una historia.

Pero no hay una línea conectando momentos en el tiempo.

No hay historia.

No hay trama.

¿Debes tratar de ser coherente con tu pasado?

¿Debe un periódico intentar ser coherente con las noticias del pasado?

Eres un acontecimiento continuo —una improvisación diaria— que
responde a la situación del momento.

Tu pasado no es tu futuro.
Lo que haya sucedido antes no tiene nada que ver con lo que sucederá
luego.
No hay coherencia.
Nada es congruente.
Nunca te creas una historia.

Has cambiado mucho con el tiempo.
Tu yo del pasado es tan diferente de tu yo actual como tú lo eres de los
demás.
Tu yo del pasado tiene que dimitir, como un presidente anterior, para
dejar que tu nuevo tú dirija el espectáculo.

Hacer lo que siempre has hecho es malo para tu cerebro.
Si no cambias, envejecerás más rápido y te estancarás.

La forma de vivir es reinventándote regularmente.

Cada uno o dos años, cambia de trabajo y múdate a un lugar nuevo.
Cambia tu forma de comer, de mirar y de hablar.
Cambia tus preferencias, opiniones y respuestas habituales.
Intenta lo contrario a lo de antes.

Desconecta de tu pasado.
Corta todos los hilos que te mantienen atado.
No tengas nada permanente.
Nada de tatuajes.
Mantente como una pizarra limpia.

En cada pequeña decisión, diez veces al día, elige lo que no has
probado.

Actúa de forma diferente a lo esperado.

Es liberador.

Obtén tu seguridad no de ser un ancla, sino de ser capaz de montar las
olas del cambio.

Deja de lado tu experiencia.

Construiste ese barco para cruzar ese río, así que déjalo ahí.

No lo arrastres contigo.

Los tímidos se aferran a los logros.

Los sabios mantienen las manos libres.

La naturaleza cambia de estación a intervalos regulares.

Tú también deberías hacerlo.

No podemos prolongar una estación.

Nunca te quedes demasiado tiempo.

Saber que algo va a terminar te hace apreciarlo más.

Toda reinvención es un comienzo, que es el momento más
emocionante.

Como una promesa, recién hecha.

ASÍ DEBES VIVIR: AMA

No «amor», el sentimiento, sino «amar», el verbo activo.

No es algo que te sucede.

Es algo que haces.

Eliges amar algo o a alguien.

Puedes amar cualquier cosa o persona que decidas amar.

El amor es una combinación de atención, aprecio y empatía.

Para amar algo, primero hay que conectar con ello.
Préstale toda tu atención.
Aprécialo deliberadamente.
Inténtalo con lugares, arte y sonidos.
Inténtalo con actividades e ideas.
Pruébalo contigo mismo.

Muchas veces al día, tienes la oportunidad de conectar.
Puedes pasar a toda prisa por un lugar o detenerte a apreciarlo.
Puedes hacer una actividad distraídamente o entregar toda tu atención a
cada detalle de la misma.
(El trabajo es el amor en acción).
Puedes entablar conversaciones superficiales o llegar a conocer realmente
a alguien.
Elige conectarte siempre.

Compartir es conectar.
Comparte tus conocimientos.
Comparte tu casa.
Comparte tu tiempo.

Aprender es amar.
Cuanto más aprendas sobre algo, más podrás amarlo.
Aprende sobre un lugar para apreciarlo.
Aprende sobre las personas para empatizar con ellas.
No solo los individuos, sino las culturas, las mentalidades y las visiones
del mundo.
Si eres apático o estás en contra de algo, aprende más sobre ello.

Escucha activamente a la gente.

Cuando sean escuetos, pídeles que se explayen.

La gente no está acostumbrada a que alguien se interese sinceramente, así que necesitará un poco de persuasión para continuar.

Pero nunca intentes arreglarlos.

Cuando alguien te muestra lo que está roto, quiere que ames la ruptura, no que intentes eliminarla.

Derriba los muros que te separan de los demás e impiden las conexiones reales.

Quítate las gafas de sol.

No envíes mensajes de texto cuando estás en medio de una conversación.

Evita las respuestas habituales y los clichés.

Admite lo que realmente sientes, incluso cuando sea incómodo.

Sigue comunicándote en lugar de cerrarte.

Creemos que los muros nos protegen de los enemigos, pero los muros son los que crean los enemigos en primer lugar.

Lo más difícil de conectar con alguien es ser sincero.

Si dices lo que crees que alguien quiere oír, estás impidiendo una conexión real.

Los modales son superficiales.

La honestidad es profunda.

Di siempre la verdad, o nunca conocerán a tu verdadero yo, por lo que nunca te sentirás realmente querido.

La honestidad es un ideal que siempre está un poco más lejos.

No tiene línea de llegada.

No importa lo honesto que seas, siempre puedes ser más honesto.

No exageres para ser más divertido.

No restes importancia.

Si minimizas tus logros para que otra persona se sienta cómoda, estás impidiendo la conexión con esa persona e incluso contigo mismo.

Sé sincero.

Si has hecho algo grande, dilo.

Si no estás pasando un buen momento, dilo.

Si tienes sentimientos por alguien y no se lo haces saber a esa persona, estás mintiendo con tu silencio.

Sé directo.

Ahorra muchos problemas y remordimientos.

Podrías vivir con otros, complaciéndolos solo a ellos.

Podrías vivir en soledad, complaciéndote solo a ti mismo.

Pero idealmente, estando con otros, serías la misma persona que cuando estás solo.

Cuanto más conectas con la gente, más aprendes sobre ti mismo: qué te excita, qué te agota, qué te atrae y qué te intimida.

Y luego está el amor romántico.

Nunca te arrepentirás de haberte enamorado.

Hazlo tanto como sea posible.

El coqueteo y el romance son como comer el postre primero.

Después de bajar del subidón de azúcar, se llega a la parte más nutritiva de la comida.

Cuidado con la sensación de que alguien te completa o te va a salvar.

Tienes heridas en tu pasado.

Tienes necesidades que fueron ignoradas.

Buscas a alguien que llene estos vacíos, alguien que tenga los rasgos que deseas.

Pero nadie te salvará.

Tienes que llenar esos huecos tú mismo.

Cuando estás pasando por un momento inestable en tu vida, te aferras a lo que te hace sentir estable.

El amor obsesivo e instantáneo es una señal de que estás pensando en alguien como la solución.

Proyectar la perfección en alguien no es amor.

Dices «Te amo» pero en realidad quieres decir «Amo esto».

Observa cómo te sientes con la gente.

Fíjate en quién saca lo mejor de ti.

Fíjate en quién te hace sentir más conectado contigo mismo, más abierto y más honesto.

No te preocupes por la opinión de nadie sobre ti.

No esperes que alguien se impresione.

Impresiónate a ti mismo.

Sé tu «yo» ideal.

Si eso no es impresionante, entonces nada lo será.

Si la relación no va a funcionar, es mejor saberlo pronto, en lugar de ocultar tu verdadero ser y poner una fachada durante mucho tiempo antes de descubrirlo.

Entre dos personas hay una tercera cosa: la propia relación.

Cuídala activamente.

Si la mejoras, te mejorará a ti.

Una vez que estés en una relación, evita dañarla.

Es fácil amar las mejores cualidades de alguien, pero es un trabajo amar sus defectos.

No intentes cambiar a alguien, ni darle una lección, a menos que te lo pida.

Cuando uno se comporta como un niño, el otro debe ser el adulto.
Como en un baile, no pueden los dos dejarse caer al mismo tiempo.
Uno de vosotros tiene que mantenerse erguido para evitar que el otro se desplome.

A menos que seáis gotas de líquido, uno más uno nunca es igual a uno.
Ambos debéis ser libres y capaces de vivir el uno sin el otro.
Estad juntos por elección, no por necesidad o dependencia.
Ama a tu pareja, pero no la necesites.
La necesidad es insaciable.
La necesidad destruye el amor.

Si decides no amar a alguien, rompe con un último impulso de amor, empatía y bondad, en lugar de mostrar tu falta de amor.

Desconfía del matrimonio.
No hagas un compromiso de por vida basado en un estado emocional.
Es ilegal firmar contratos cuando se está borracho, así que no deberías firmar un contrato de matrimonio cuando estás borracho de enamoramiento.

Tener un hijo es como estar enamorado.
Es un vínculo extremadamente estrecho.
Tan cercano.
Tanta confianza.
Tanto apoyo.
Pero, al igual que las demás personas que quieres, los intereses y valores de tu hijo serán diferentes a los tuyos.

No se ama a alguien para moldear su futuro.
No juzgas a tus amistades por el éxito que tienen.

298 • DEREK SIVERS OBRAS COMPLETAS (o casi)

Así que no ames ni juzgues a tus hijos de esa manera.

No intentes cambiarlos.

Solo dales un gran entorno en el que puedan prosperar.

Dales seguridad para que experimenten, se equivoquen y fracasen.

La vida más triste es la que no tiene amor.

La vida más feliz está llena de amor.

Elige amar todo lo que puedas.

Amando es como debes vivir.

ASÍ DEBES VIVIR: CREA

El inmueble más valioso del mundo es el cementerio.

Allí yacen millones de libros a medio escribir, ideas nunca lanzadas y talentos nunca desarrollados.

La mayoría de las personas mueren con todos sus sueños dentro.

La forma de vivir es crear.

Muere vacío.

Saca cada idea de tu cabeza y llévala a la realidad.

Llamarte a ti mismo creativo no hace que sea cierto.

Lo único que importa es lo que has lanzado.

Haz que terminar las cosas sea tu máxima prioridad.

Cuando la mayoría de la gente ve el arte moderno, piensa: «¡Yo podría hacer eso!».

Pero no lo hicieron.

Esa es la diferencia entre consumidor y creador.

¿Qué prefieres ser?

¿Alguien que no ha creado nada en años porque está muy ocupado
consumiendo?

¿O alguien que no ha consumido nada en años porque está muy
ocupado creando?

No esperes a la inspiración.
La inspiración nunca dará el primer paso.
Solo viene cuando has demostrado que no la necesitas.
Haz tu trabajo todos los días, pase lo que pase.

Nunca juzgues al crear el primer borrador.
Llega hasta el final.
Es mejor crear algo malo que nada.
Puedes mejorar algo malo.
No se puede mejorar lo que no existe.

La mayor parte de lo que hagas será abono para lo poco que salga bien.
Pero no sabrás cuál es cuál hasta después.
Sigue creando todo lo que puedas.

La creatividad es una moneda mágica.
Cuanto más gastas, más tienes.

No alteres tu estado con alcohol o drogas.
Hacen que lo mundano sea más interesante para ti, lo que te hace menos
interesante para los demás.
Te hacen creer que eres creativo cuando en realidad eres aburrido.
Solo la creación te hace creativo.

Acepta lo que es raro en ti y úsalo para crear.
Nunca pienses que tienes que ser normal o perfecto.
La gente perfecta no necesita hacer arte.

A Picasso le preguntaron si sabía cómo iba a ser un cuadro cuando lo empezaba.

Dijo: «No, por supuesto que no. Si lo supiera, no me molestaría en hacerlo».

No te limites a expresarte.

Descúbrete a ti mismo.

Crea preguntas, no respuestas.

Explora lo que más te emociona.

Si no te entusiasma, a tu público tampoco le entusiasmará.

Imita a tus héroes.

No se trata de copiar, porque no será lo mismo.

Tu imitación estará irreconociblemente deformada por tu propia perspectiva distorsionada.

La mayoría de las creaciones son nuevas combinaciones de ideas existentes.

La originalidad significa simplemente ocultar tus fuentes.

Crear es una forma superior de comunicar.

Contribuyendo, te unes a una conversación de élite.

Haces referencia a las creaciones del pasado para hacer tu propia adición o combinación única.

El diálogo puede abarcar siglos.

Crear es telepatía.

Hablas directamente con personas de todo el mundo, ya sea en días o en décadas, conectando tu mente con la suya.

Envías mensajes importantes a quienes pueden oírlos.

Cuando tu creación sea lo suficientemente buena, déjala ir.

Libérala, para que pueda salir al mundo, sin ti.

Puede unirse a la conversación, y otros pueden mejorarla.

Separa la creación y la liberación.

Cuando hayas terminado una obra, espera un tiempo antes de darla a conocer al mundo.

Para entonces, ya estás en algo nuevo.

Los comentarios públicos no te afectarán, ya que serán sobre tu trabajo anterior.

Considera la posibilidad de crear bajo un seudónimo.

Eso te ayudará a saber que las críticas no tienen que ver contigo, sino con algo que has hecho.

Si estás orgulloso de lo que has hecho, ha sido un éxito.

Cuanto menos complaces a todo el mundo, más complaces a tus fans.

El éxito no viene de la multitud, sino de sentirte orgulloso.

Vive en una ciudad.

Las ciudades son más propicias para la creatividad.

Los genios vienen de las ciudades.

Te recuerdan a tu público.

En última instancia, tienes que conectar con la gente, no con los árboles.

Mantente en situaciones en las que te veas obligado a mostrar tu trabajo a los demás.

Recoge ideas en una multitud.

Crea en silencio y en soledad.

Al igual que tu dormitorio, tu espacio de trabajo debe ser privado.

Aquí es donde sueñas y te desnudas.

Olvídate de la vista que hay fuera de tu ventana.

Concéntrate en la vista dentro de tu cabeza.

En lugar de llevar el mundo a tu mente, lleva tu mente al mundo.

Distribuye tu trabajo lo más ampliamente posible.
Haz lo que sea necesario para llamar la atención.
El arte necesita un público.
No hay genios desconocidos.

Cobra dinero para asegurarte de que tus creaciones van a parar a
    personas que realmente las quieren.
La gente no valora lo que es gratis.
Cobra tanto por su bien como por el tuyo.
Cobra, aunque no necesites el dinero.

Incorpórala en una empresa.
Nómbrala algo que puedas tomar en serio.
Tú eres el dueño de la empresa y ella es la dueña de tus creaciones.
Eso crea una sana distancia para que la empresa pueda exigir el pago de
    tus derechos de autor.
Puede ser tu perro guardián y cobrador, para que puedas seguir siendo
    un artista puro.

Mantén un trabajo de contrapeso.
Algo sin esfuerzo que cubra tus facturas.
Algo que puedas hacer unas horas al día, pero en lo que no pienses.
Da disciplina y regularidad a tu vida.
Da plazos y libertad a tu arte.

Deja que la inescapable fecha de la muerte te impulse.
Crea hasta tu último aliento.
Deja que tu última chispa de vida vaya a tu trabajo.
Muere vacío, para que la muerte se lleve solo un cadáver.

Cuando te vas, tu trabajo muestra quién eras.
No tus intenciones.

No lo que consumiste.
Solo lo que creaste.

ASÍ DEBES VIVIR: NO MUERAS

Solo hay una ley de la naturaleza: si sobrevives, ganas.

Sé paranoico.
Evita el fracaso para sobrevivir.

Para que algo tenga éxito, todo tiene que salir bien.
Para que algo fracase, solo tiene que fallar una cosa.

No intentes tener más razón.
Solo equivócate menos.

Evitar el fracaso conduce al éxito.
El ganador suele ser el que menos errores comete.
Esto es cierto en la inversión, el esquí extremo, los negocios, la aviación
    y muchos otros campos.
Gana evitando perder.

La mayoría de las personas mueren de cáncer y enfermedades del
    corazón.
Así que sí, evita eso.
Pero los que mueren por accidente mueren más jóvenes, perdiendo más
    años de vida potencial.
Así que esfuérzate aún más por evitar los accidentes.
Reduce los riesgos.

¿Qué quieres de la vida?

Eso es difícil de responder.

¿Qué es lo que no quieres?

Eso es fácil.

Más que nada, queremos que no haya negativos.

Una vida sin dolor, sin lesiones, sin remordimientos y sin desastres es una buena vida.

Es fácil encontrar la alegría en las cosas cotidianas, si se puede evitar lo malo.

Lo malo tiene más poder.

Los insultos te afectan más que los cumplidos.

Las lesiones te afectan más que los masajes en la espalda.

El veneno te afecta más que la medicina.

Una gran relación o reputación construida durante años puede ser destruida por una única mala acción.

Una comida por lo demás perfecta puede verse arruinada por una cucaracha en el plato.

Pero es más difícil hablar de la falta de aspectos negativos.

Así que la gente se centra en tener los aspectos positivos de la vida.

En cambio, tú céntrate en evitar los aspectos negativos.

La mayor parte de la alimentación sana consiste en evitar la comida basura.

La mayor parte de estar bien es simplemente no estar mal.

Para tener gente buena en tu vida, elimina a la gente mala.

No pierdas ni un minuto.

La vida puede ser larga si se utiliza el tiempo con sabiduría.

Pero perder el tiempo hace que la muerte sea más rápida.

El tiempo es lo único que no se puede sustituir.

La muerte nos recuerda que el tiempo es limitado y precioso.

Sin la muerte, no habría motivación.

La muerte da valor a la vida, nos da algo que perder.

No pierdas de vista a la muerte.

Evita los errores que acaban con la vida.

Evita los aspectos negativos que arruinan la vida.

Evita la pérdida de tiempo que adelanta la muerte.

ASÍ DEBES VIVIR: COMETE UN MILLÓN DE ERRORES

Se aprende mejor de los errores.

Esto es cierto.

Así que comete deliberadamente el mayor número de errores posible.

Pruébalo todo, todo el tiempo, esperando que todo falle.

Solo asegúrate de captar las lecciones de cada experiencia.

Y nunca cometas el mismo error dos veces.

Tendrás mucha experiencia.

Te volverás increíblemente inteligente.

Aprenderás más lecciones en un día que otros en un año.

Los errores deliberados son inspiradores.

Intentar escribir una gran canción es difícil.

Intentar escribir una canción mala es fácil y divertido.

Podrías hacerlo en un minuto, ahora mismo.

Los escritores dicen que hay que terminar rápidamente un primer borrador malo, porque así se saca la idea de la cabeza y se lleva a la realidad, donde luego se puede mejorar.

306 • DEREK SIVERS OBRAS COMPLETAS (o casi)

Vive toda tu vida así.

Pasa a la acción sin vacilar ni preocuparte.

Serás más rápido y harás más que los demás.

Lo que a ellos les lleva un mes a ti te llevará una hora, así que podrás hacerlo diez veces al día.

Haz lo que nadie más quiere hacer.

Ignora todas las advertencias para descubrirlo por ti mismo.

Aprende con la experiencia y la práctica.

Cuantos más errores cometas, más rápido aprenderás.

Una vez que has cometido todos los errores en un campo, se te considera un experto.

Verás, solo aprendes de verdad cuando te sorprendes, cuando tu idea anterior de algo era errónea.

Si no te sorprende, significa que la nueva información encaja con lo que ya sabías.

Así que trata de equivocarte.

Intenta refutar tus creencias.

Nunca crees algo por fe.

Pruébalo o desmiéntelo.

Mientras otras personas tienen una idea que creen que puede funcionar, tú tendrás miles que puedes demostrar que no han funcionado, y una que no has podido hacer fracasar.

Lleva un registro.

Un error solo cuenta como experiencia si aprendes de él.

Anota lo que has aprendido y revísalo.

Si no lo haces, fue un desperdicio.

Asume grandes retos.

Crea una empresa en Silicon Valley.

Pide millones a los inversores.

Haz una audición para películas de Hollywood.

Invita a tu cita soñada a cenar.

Mientras todos los demás se preparan con nerviosismo, tú te lanzas, sin miedo a fracasar.

Crea apuros.

Métete en líos.

La desesperación lleva a soluciones creativas.

Esto te dará estabilidad emocional.

Ningún error te hará tambalear.

Nunca pensarás que un intento fallido significa que eres un fracasado.

Las personas devastadas por el fracaso son las que no lo esperaban.

Piensan erróneamente que el fracaso es lo que son y no el resultado de un intento.

Si estás preparado para un sinfín de fracasos, nunca te considerarás un fracasado.

Solo hay una diferencia entre una persona de éxito y una fracasada.

Un fracasado renuncia, lo que concluye la historia, y se gana el título.

Tu zona de crecimiento es tu zona de fracaso.

Ambas están junto al borde de tus limitaciones.

Ahí es donde se encuentra un reto adecuado.

Apunta a lo que probablemente fracasará.

Si apuntas a lo que sabes que puedes hacer, estás apuntando demasiado bajo.

Es fácil hacer un robot que camina.

Es difícil hacer un robot que no pueda ser derribado.

Lo mismo ocurre con las personas.

Las personas que evitan los errores son frágiles, como el robot que solo camina.

Tu millón de errores te convertirá en alguien que no puede ser derribado.

Los errores son la fuente de la juventud.

Los viejos y exitosos se vuelven frágiles.

Creen que lo saben todo.

Invierten demasiado en una solución.

Solo tienen respuestas, no preguntas.

Si nunca te equivocas, nunca cambias.

Sigue cometiendo errores para poder seguir cambiando, aprendiendo y creciendo.

Comparte las historias de todos tus errores en beneficio del mundo.

Cada accidente aéreo hace que el siguiente sea menos probable.

ASÍ DEBES VIVIR: HAZ EL CAMBIO

Cambia el mundo todo lo que puedas.

Todo lo que aprendes y piensas es inútil si no pasas a la acción.

La gente trata de explicar el mundo, pero el verdadero objetivo es cambiar el mundo.

Si pasas tu vida sin cambiar nada, ¿qué has hecho?

¡¿Solo observar?!

El mundo no necesita más audiencia.

El mundo necesita cambio.

Lo que está roto necesita ser arreglado.

Lo que está bien necesita ser mejorado.

Lo que es dañino necesita ser destruido.

La gente sueña o se queja de cómo debería ser el mundo, pero nada
mejora sin acción.
Tienes que ir a cambiar las cosas tú mismo.

La gente dice que el mundo es como es, y así es como va a ser.
Están desesperados, complacientes o atrincherados.
Esperan que la vida se mantenga dentro de sus límites y reglas actuales.
Pero todos los progresos provienen de quienes ignoran los límites,
rompen las reglas o crean un juego completamente nuevo.

No aceptes nada tal cual es.
Todo lo que encuentres debe cambiar.
La preservación es tu enemigo.
Solo los peces muertos siguen la corriente.

Piensa en el método científico.
Alguien propone una idea y luego otros tratan de refutarla con
escepticismo y rigor.
Utiliza este enfoque en el mundo.
Asume que todo está mal como está.
Duda e intentar crear cambios para demostrar que es incorrecto.

Así es como progresamos.
Lo que falla se olvida.
Lo que funciona se llama innovación.

Empieza por corregir lo que está mal.
Busca lo que es feo: sistemas feos, reglas feas, tradiciones feas.
Busca lo que te molesta.
Si puedes arreglarlo, hazlo ahora.

Si no, apunta más bajo hasta que encuentres algo que puedas hacer ahora.

Hazlo como debe ser.

No te quejes.

Simplemente, haz el cambio.

Esto te da una nueva perspectiva del trabajo.

El trabajo es lo que tú quieras cambiar.

Elimina lo que debe morir.

En lugar de arreglar lo que hay, destruye lo que había y sustitúyelo por algo mejor.

A veces no sabes qué añadir, pero sí sabes qué quitar.

¿Te preocupa empeorar las cosas?

¿Quién puede decir si el cambio que harás es bueno o malo?

Solo el tiempo lo dirá.

Gengis Kan mató al 11 % de la población mundial, pero se considera que tuvo una influencia neta positiva en el mundo a largo plazo.

Sin embargo, personas con las mejores intenciones pueden acabar haciendo daño.

Así que deja de juzgar y empieza a cambiar el mundo como puedas.

Reorganiza y reordena.

Así es como crece la naturaleza.

Una vaca es hierba reorganizada.

Todos los átomos se reutilizan.

Cada vez que escuches una canción, veas un programa o leas una idea, piensa en cómo la cambiarías o la combinarías con algo más.

Ten a mano tus herramientas para reorganizar, reordenar y editar lo que encuentres.

Luego comparte tus cambios.

No adores a tus héroes.
Supéralos.

Cambiar el mundo incluye cambiarte a ti mismo.
Cambia tus creencias, tus preferencias, tus conocidos, tus aficiones, tu
ubicación y tu estilo de vida.
Tu único hábito constante será buscar qué cambiar.

Cambia a otros.
Cambiar las mentes y los corazones puede tener más impacto que el
cambio físico.
Un gran discurso puede hacer el trabajo de mil soldados.

Ve donde hay una revolución.
Ahí es donde la gente cuestiona las viejas normas y busca nuevas
soluciones.
La creatividad proviene de la ruptura de lo establecido.
Las personas que se quedaron fuera del antiguo juego pueden entrar
antes en el nuevo.

Después de años de hacer esto, estarás listo para hacer un cambio
institucional.
¿Cómo?
Utilizando las técnicas de los grupos de presión.
Crea una empresa o fundación para actuar a través de ella.
Realiza el cambio institucional de forma anónima utilizando la
empresa como frente, para que tu personalidad no distraiga la
atención.
Llámalo algo genérico e imposible de oponer, como «Mundo Mejor SA».
Mantén un perfil público pequeño.
Sé humilde y simpático.
Evita que distorsionen tu argumento.

Para cada cambio que quieras hacer, encuentra a alguien eficaz que sea la cara de la campaña.

Deja que la empresa y sus colaboradores hagan el cambio.

Quédate entre bastidores y mueve los hilos en silencio.

Cambiar la cultura es una revolución.

Pero no es una revolución si nadie pierde.

Alguien tendrá que perder.

La gente se pondrá furiosa.

Cuando la gente mala se enfada, es que lo estás haciendo bien.

Al final, el mayor elogio de una vida es decir que esa persona «marcó la diferencia».

¡Diferencia!

¿Oyes esa palabra?

La diferencia se refiere a lo que ha cambiado.

Para vivir una vida digna de alabanza, para marcar la diferencia, hay que hacer cambios.

ASÍ DEBES VIVIR: EQUILÍBRALO TODO

Todas las cosas malas de la vida vienen de los extremos.

Demasiado de esto.

Demasiado poco de aquello.

Cuando nos falta el equilibrio, nos molestamos.

Exceso de trabajo, falta de cariño, exceso de comida, falta de sueño.

Centrados en la riqueza, pero ignorando la salud.

Centrados en el presente, pero ignorando el futuro.

Incluso los rasgos positivos, cuando se llevan demasiado lejos, se convierten en negativos.

Alguien puede ser demasiado generoso, o demasiado divertido.

Demasiado de una fortaleza es una debilidad.

Si te elevas a grandes alturas en un solo ámbito, eres un gigante con una sola pierna, fácil de derribar.

Fíjate en las similitudes de las definiciones físicas y emocionales.

Molestia física: Tirar algo al suelo.

Molestia emocional: Estar perturbado.

Físicamente inestable: Susceptible de caerse.

Inestable emocionalmente: Propenso a comportamientos peligrosos e impulsivos.

Todo está relacionado con la falta de equilibrio.

Cuando estás equilibrado, es poco probable que te estreses.

Tienes una base sólida y una estructura resistente.

Puedes manejar las sorpresas y reservarte el tiempo para lo que es necesario.

La virtud está en el equilibrio entre los extremos.

Entre inseguro y ególatra: seguro de sí mismo.

Entre serio y payaso: gracioso.

Entre cobarde y temerario: valiente.

Entre el egoísmo y el sacrificio: generoso.

Por lo tanto, la forma de vivir es equilibrar todo.

Imagina los diferentes aspectos de tu vida como los radios de una rueda: salud, riqueza, intelectualidad, emocionalidad, espiritualidad, o como tú quieras que se divida.

Si falta alguno de ellos, la rueda se tambalea y se estrella.

Pero si mantienes las partes de tu vida equilibradas, tu rueda es redonda
y puedes hacerla rodar fácilmente.

Tienes diferentes lados de tu personalidad, con necesidades en conflicto.
En lugar de ignorar uno de ellos, asegúrate de equilibrarlos.
Equilibra el tiempo con los demás y el tiempo a solas.
Equilibra tu necesidad de estabilidad con tu necesidad de sorpresa.
Equilibra la entrada y la salida, el consumo y la creación, la estabilidad y
la aventura, el cuerpo y el espíritu.
Tus necesidades opuestas se remedian entre sí.

Trabaja más en tus puntos débiles.
Alguien que es rico pero gordo tiene necesidades diferentes a las de
alguien que está en forma pero sin dinero.
Recuerda los radios de la rueda.

La mejor herramienta para una vida equilibrada es el reloj.
Como un perro de caza, el reloj será tu mejor aliado.
Te vigilará, mantendrá tus impulsos bajo control y protegerá lo que es
importante para ti.

Programa todo para garantizar el equilibrio de tu tiempo y esfuerzo.
La programación evita la procrastinación, la distracción y la obsesión.
Un horario te hace actuar de acuerdo con los objetivos de tu yo más
elevado, en lugar de según tu estado de ánimo pasajero.

Programa tiempo de calidad con amigos queridos.
Programa chequeos médicos preventivos.
Programa tiempo para aprender.
Programa cada aspecto de tu vida, sin ignorar ninguno.
Haz una lista de lo que te hace feliz y te llena, y luego programa esas
cosas en tu año.

El horario equilibrado te protege de hacerte daño, de agobiarte y de ignorar necesidades importantes.
No trabajarás de más, ni jugarás de más, ni te excederás.

Incluso el trabajo creativo necesita una programación.
Los mejores escritores y artistas no esperaron a la inspiración.
Mantenían un estricto horario diario para crear su arte.
Una rutina desencadena la inspiración porque tu mente y tu cuerpo aprenden que las ideas surgen en ese momento.
Los mayores logros del mundo se han conseguido a base de plazos.

Programa una alarma para empezar y terminar a tiempo.
Obedece a tu horario, no importa cómo te sientas.
Programa cada hora de tu día.
La distracción roba el tiempo que no está programado.

Una vez que vivas una vida equilibrada, encuentra nuevas capas.
La rueda tiene infinitos radios.

Equilibra tus necesidades frente a las de los demás.

Equilibra tus conocimientos.
Lee libros sobre temas fundamentales de los que no sabes nada.

Equilibra tu opinión política.
Habla con gente inteligente del bando contrario hasta que deje de ser del bando contrario.

Equilibra las capacidades de tu cuerpo.
Mejora tu flexibilidad, fuerza, coordinación y capacidad para realizar diferentes tipos de movimientos.

Equilibra dos idiomas.

Un segundo idioma es una de las mejores cosas para tu cerebro, y puede añadir un nuevo tipo de equilibrio, como vivir medio año en otra cultura, hablando solo tu otro idioma.

Equilibra tu respuesta a las situaciones.

¿Tiendes a cambiarte a ti mismo, a cambiar el entorno, o a no cambiar nada y marcharte?

Descubre qué haces demasiado y qué no haces lo suficiente, y reequilibra.

Por último, equilibra el mundo.

Ayuda a levantar a los que han sido arrojados al suelo.

Contrarresta el sexismo, el racismo y la discriminación religiosa.

Alimenta a los hambrientos.

Equilibra la justicia.

Equilibra la naturaleza humana.

Al equilibrarlo todo en tu vida, no pospones nada.

No pospondrás la felicidad, los sueños, el amor o la expresión.

Puedes morir feliz en cualquier momento.

Equilibrarlo todo es la forma de vivir.

CONCLUSIÓN

¿Es un pato o un conejo?

No. Esto es un pato y un conejo.

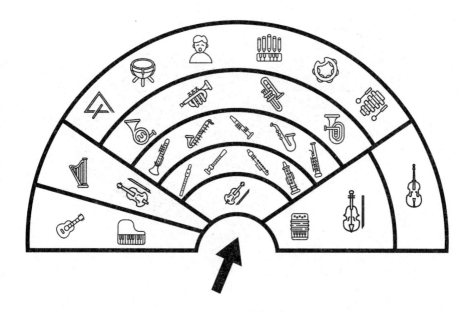

Esto es una orquesta.

Eres el compositor y el director de orquesta.

4
TU MÚSICA, TU GENTE

Sobre la creatividad
y la fama empática

ÍNDICE

INTRODUCCIÓN

CREATIVIDAD

EMPATÍA

GENTE

INDUSTRIA

INGENIOSO

DINERO

ENFOQUE

INTRODUCCIÓN

QUÉ CONTIENE ESTE LIBRO

Bienvenido a mi libro sobre cómo hacer que tu música llegue al pueblo, para el pueblo y por el pueblo.

Te mereces un pequeño adelanto de lo que hay dentro, así que voy a presentarte todas sus ideas principales, ahora mismo, de golpe. Serán un montón de declaraciones seguidas, como si leyeras un índice, pero te dará una idea de lo que está por venir. ¿Listo?

- El marketing es una extensión de tu arte. Los negocios son tan creativos como la música.
- El marketing significa ser empático. Céntrate en los demás. Mírate desde su punto de vista. Ser raro es ser empático.
- Todas las oportunidades vienen de la gente. Mantente en contacto con todos. Utiliza una base de datos.
- El don de gentes es contrario a la intuición. Para que te ayuden, ayuda a otros. La perseverancia es diplomática.
- Sé ingenioso. Pide ayuda, pero nunca esperes que te ayuden. Llama a tu lugar de destino y pregunta cómo llegar. Especifica lo que quieres.
- La industria de la música está dirigida por gente genial como tú. No los pongas en un pedestal.
- Describe tu música de forma curiosa, y esta viajará más rápido y más lejos.
- Sé extremo y defínete bien. Dirígete a un nicho. Excluye con orgullo a la mayoría de la gente.
- El dinero es solo una representación neutral del valor. Sé valioso para los demás, no solo para ti. A la gente le gusta pagar.
- Decide si estás en la línea de salida o de llegada. Nadie conoce el futuro, así que céntrate en lo que no cambia.

- Lo que te asuste, hazlo.

¡Eso es todo! Eso es todo el libro. Estos ochenta y ocho pequeños capítulos explicarán estos puntos.

Al final de cada uno, te daré la dirección web de ese capítulo, donde podrás leer los comentarios o preguntas interesantes que la gente tiene sobre él.

Cuando termines de leer este libro, por favor envíame un correo electrónico para hacérmelo saber. Cualquiera que termine este libro es mi tipo de persona, así que preséntate y no dudes en enviarme un correo electrónico con cualquier pregunta. Toda mi información de contacto está en sive.rs.

UN BREVE CONTEXTO PARA ESTAS HISTORIAS

Este libro trata enteramente de ti y de tu música. Pero utilizo algunas de mis historias como ejemplo. Así que aquí está mi contexto, tan breve como puede ser, para establecer el escenario del libro.

Desde los catorce años, lo único que quería era ser un músico de éxito.

Primero me gradué en el Berklee College of Music de Boston.

Luego conseguí un trabajo en Warner/Chappell Music Publishing en Nueva York. Allí aprendí mucho sobre el funcionamiento de la industria musical tradicional. Te contaré sobre eso pronto.

Después, dejé mi trabajo y me convertí en músico profesional a tiempo completo. Toqué en más de mil espectáculos de todo tipo. También fui guitarrista de sesión y acompañante, y luego dirigí un estudio de grabación, una agencia de contratación, un sello discográfico y mucho más.

Creé un sitio web para vender mis CD, y luego mis amigos músicos me preguntaron si podía vender también sus CD. Así que lo llamé CD Baby, y pronto se convirtió en el mayor vendedor de música independiente en línea. Más de ciento cincuenta mil músicos vendieron su música directamente a través de mí. (Tengo otro libro sobre eso, llamado *Lo que tú quieras*).

Empecé a ver el negocio de la música desde el otro lado. Descubrí lo que era estar en el lado receptor de la música de los músicos. Me hice amigo de gente de éxito dentro de la industria musical y escuché su perspectiva.

Vi a miles de músicos triunfar. Así que presté atención a cómo lo hacían.

Fue entonces cuando empecé a escribir mis observaciones en este libro. Me siento como un espía, dándote el informe desde dentro, diciéndote cómo entrar.

Ahora escucha, y te diré todo lo que sé.

CREATIVIDAD

EL ARTE NO TERMINA EN EL BORDE DEL LIENZO

Imagina que ves la imagen de una pluma de escribir atrapada en una jaula, en la pared de un museo. El cartel que hay debajo dice que el artista es un activista político encarcelado.

Imagina de nuevo esa misma pluma enjaulada. Pero en lugar de eso, el cartel dice que el artista es un chico de un instituto de Florida.

O imagina que la única forma de verla es arrastrarse por un túnel que se encoge y se abre en una sala de espejos, donde la pluma enjaulada está suspendida por un hilo.

La misma pluma. Percepciones muy diferentes.

La forma de presentar tu arte, y lo que la gente sabe de él, cambia completamente la forma en que lo perciben.

Por lo tanto, tu arte no termina en el borde del lienzo. Tus decisiones creativas continúan hasta el final.

Ahora piensa en la forma de crear y publicar música:

- Tienes una pequeña idea para una canción.
- La desarrollas en una canción completa.
- Le añades instrumentos.
- Escoges su textura al grabar.
- Eliges un título para el álbum y la estética de las fotos y los vídeos.

Cada paso hasta ahora ha sido una expansión creativa de tu idea original.

Así que ahora es el momento de sacarla al mundo. **¿Dejas ir toda esa creatividad?** ¿Solo subes la canción a los lugares habituales y la anuncias como todo el mundo?

¡No! ¡Tu proceso creativo no se ha detenido! Haz alarde de tus libertades artísticas y diviértete con ello.

- La forma de comunicarte con el mundo.
- Cómo hacer que tu música esté disponible.
- Las historias que cuentas sobre tu música y sobre ti.

Todo esto es la continuación de tu creación.
El marketing es la extensión final de tu arte.

LOS NEGOCIOS SON CREATIVOS

Un famoso ejecutivo de una discográfica se enfrentó a un músico que le dijo: «¡Ustedes no valoran la creatividad!». El ejecutivo respondió: «¡Oh, por favor! Tengo contables más creativos que tú».

Lo dijo como un insulto, pero tiene un punto. No pienses que la música es creativa y los negocios no. Los negocios son definitivamente tan creativos como la música.

La mayoría de los músicos son tremendamente creativos cuando escriben, tocan, interpretan y graban. Pero, en cuanto llega el momento de hacer negocios, se ponen rígidos y pierden la confianza. Siguen estrictamente los consejos que les dicen cómo promocionarse.

Pero no utilizar tu creatividad —tratando de ir a lo seguro— es lo peor que podrías hacer. Al igual que con la música.

Así que, ¡suéltate! Ten confianza, sé creativo, juega y experimenta. Rompe las reglas. **Prueba cosas que nadie haya hecho.**

Piensa en lo cómodo que te sientes con tu instrumento, improvisando, experimentando y divirtiéndote con él.

Ahora, siéntete así de cómodo cuando promocionas tu música. Improvisa. Experimenta. Y diviértete con ello.

ESTO ES SOLO UNA PRUEBA. ESPERA A VER LO QUE SUCEDE

En Estados Unidos, en los años setenta, se probaba el Sistema de Transmisión de Emergencia en la televisión, con un largo «BIIIIIP». Al final, un locutor decía: «Esto es una prueba. Esto es solo una prueba».

Esa frase está grabada a fuego en mi cerebro. «Esto es una prueba. Esto es solo una prueba». Es muy útil recordarla en la vida profesional.

Todo suele parecer tan serio que, si cometes un error, todo acabará en desastre. Pero, en realidad, todo lo que haces es solo una prueba: un experimento para **ver qué pasa.**

Mis momentos favoritos en la vida comenzaron con un enfoque de «a ver qué pasa».

A ver qué pasa si paso mis voces por los pedales de mi guitarra.

A ver qué pasa si invito a comer a ese productor famoso.

A ver qué pasa si llamo a esa emisora de radio para pedirles consejo.

En realidad, es imposible fracasar si tu única misión es ver qué pasa.

«Esto es una prueba. Esto es solo una prueba». No hay ningún inconveniente. Pruébalo todo.

LAS RESTRICCIONES TE LIBERARÁN

Alguien dice: «Escríbeme una pieza musical. Cualquier cosa. Sin restricciones. Adelante».

No consigues escribir nada. Es el síndrome de la página en blanco.

En su lugar, alguien dice: «Escríbeme una pieza musical utilizando solo una flauta, un ukelele y este piano de juguete. Solo puedes utilizar las notas Re, Mi y Si. Tiene que empezar en silencio, aumentar el volumen y terminar en silencio. Adelante».

¡Aja! ¡Eso sí que es un reto inspirador!

También puedes utilizar este enfoque para vender y negociar tu música. **Si te sientes atascado con el marketing, ponte restricciones.**

- Contacta con cincuenta fans utilizando únicamente correos electrónicos personales, sin envíos masivos.
- Haz un vídeo musical utilizando solo material de archivo.
- Asigna a la promoción un límite de tiempo de solo quince minutos al día.
- Dedica una semana a contactar únicamente con personas con las que nunca has contactado.

Cuando te sientas sin inspiración o desmotivado, utiliza las restricciones creativas para liberarte.

CREA MISTERIO: HAZ QUE LA GENTE SE HAGA PREGUNTAS

¿Recuerdas cuándo empezaste a escuchar música? Todo era tan misterioso, te preguntabas qué significaban esas letras o cómo hacían esos sonidos.

Intenta crear esa sensación para tu público.

No seas tan claro u obvio que no quede nada por preguntar. Pero no seas tan críptico que se den por vencidos.

Utiliza referencias oscuras en tus letras. Produce sonidos inusuales en tus grabaciones. Crea imágenes extrañas en tus fotos y vídeos.

Da lo justo para que sientan curiosidad. Deja que busquen explicaciones, pistas o contexto.

Keith Richards, de los Rolling Stones, dice que intenta escribir letras que sean como escuchar la conversación telefónica de otra persona, en la que no conoces el contexto y no entiendes las referencias, por lo que te atrae más, tratando de entender. Para ello, primero escribe todo lo que quieras decir, luego tacha todas las demás líneas y escribe la canción utilizando solo lo que queda.

Quizá debido a las redes sociales, los artistas son menos misteriosos que nunca. Es un poco triste que todo sea tan transparente. **Una vez que algo se explica, deja de cautivar tu curiosidad.**

Hubo un interesante experimento de psicología. A muchas personas se les dio un cuestionario trivial. Antes de empezar, podían elegir qué recompensa recibirían al terminar: las respuestas al cuestionario o una chocolatina. Casi todos eligieron la chocolatina. Pero, después de hacer el cuestionario, se les dio una última oportunidad de elegir su recompensa: o las respuestas a esas preguntas o la barra de chocolate. Casi todos cambiaron de opinión, y ahora preferían conocer las respuestas.

Una vez que la gente empieza a preguntarse, no soporta no saber.

Haz que el misterio gire en torno a tu música.

COMUNICACIÓN CREATIVA

La forma en que te comunicas con la gente forma parte de tu arte.

Para la gente que nunca ha escuchado tu música, es el comienzo de tu arte.

Si haces música deprimente, envía a tus fans un anuncio negro y oscuro que sea deprimente solo de verlo.

Si eres un artista «*country-metal-speedpunk*», ten las agallas de llamar a un posible agente de contratación y gritar: «¡Escucha, maldito demente! ¡Contrátame o explotaré! Waaaaaah!». Si les gusta esa presentación, habrás encontrado el agente correcto.

Marca el tono. Atrae a las personas que aman ese tipo de cosas. Aleja con orgullo a los que no.

Hay un compositor de música clásica minimalista que me envía correos electrónicos donde solo hay una frase provocadora. Como cuando publiqué algo en Internet sobre ser un introvertido, y me envió una sola frase por correo electrónico: «¿No estamos siempre cambiando, ya sea gradualmente o frente a una situación específica?». Eso es todo. Sin saludo ni cierre ni modales de por medio. Su estilo de comunicación siempre me hace sonreír, y me recuerda a su música.

En cambio una gentil artista *new age* siempre me llama «cariño» y me recuerda que debo alimentar mi alma.

Un artista de música surf siempre utiliza los saludos hawaianos *aloha* y *mahalo* cuando envía correos electrónicos, junto con otra jerga surfista.

El rebelde punk nunca me llama por mi nombre, sino que se limita a decir: «Oye, vendido».

Sé diferente. **Muestra quién eres.**

Eso da más variedad a la vida de las personas.

CAPITÁN T.

En 1997, cuando todavía se emitía *The X Files,* un amigo mío que se hacía llamar Capitán T. grabó un álbum que trataba sobre teorías de la conspiración, el Área 51 y los extraterrestres. Era intencionadamente divertido, pero se mantuvo en el personaje. Actuaba como un tipo que intentaba revelar al mundo los encubrimientos del gobierno.

Queríamos enviar su álbum a las emisoras de radio universitarias, pero no podíamos permitirnos contratar a un verdadero promotor de radio, así que decidimos hacerlo nosotros mismos. **Decidimos hacer que su marketing fuese una extensión de su arte e imagen.**

Había visitado muchas emisoras de radio universitarias y vi que los chicos de allí recibían veinte paquetes al día, todos exactamente iguales, en los mismos y aburridos sobres, con una pequeña carta de presentación que decía lo mismo: «Por favor, tenga en cuenta este álbum para su emisión». **Quise ser empático y darles algo diferente.**

Así que compramos quinientos sobres negros, quinientas hojas de papel de estraza, quinientas pegatinas de cabezas de alienígenas y quinientas enormes etiquetas rojas que decían «¡Confidencial! NO ABRIR POR NINGÚN MOTIVO».

Hicimos un envío por correo a los quinientos directores de quinientas emisoras de radio universitarias, de modo que cada uno recibió una carta impresa personalizada que decía lo siguiente:

Estimado,

No me conoces, pero vivo en los arbustos detrás de tu estación.

Llevo doce años aquí y tu estación me ha salvado la vida muchas veces.

La música que tocáis me ha hecho seguir adelante en mis días más oscuros y por eso os lo debo todo.

Así que debo decirles que un hombre llamado Capitán T. me encontró en la cuneta ayer, y me mostró lo que realmente está pasando con los encubrimientos del gobierno, y lo que realmente sucedió allí abajo en el Área 51 con los extraterrestres. ¡¡¡Este hombre tiene un mensaje que hay que hacer llegar al mundo, porque la gente necesita saber la verdad!!!

Firmado,
El hombre en los arbustos, mirando a través
de tu ventana ahora mismo.

Sacamos cada carta al patio trasero y la frotamos en la tierra, luego la arrugamos. Luego metimos la carta arrugada y el CD en cada sobre negro, lo sellamos con una pegatina de una cabeza de alienígena y, por último, lo cubrimos con la enorme etiqueta que decía «¡CONFIDENCIAL! NO ABRIR POR NINGUNA RAZÓN». Y eso es lo que enviamos por correo a cada emisora de radio.

Ahora imagina que eres ese universitario que recibe veinte aburridos paquetes al día. Entonces recibes este espantoso paquete negro que dice

«NO ABRIR». Cuando lo abres, está cubierto de suciedad y dice: «No me conoces, pero vivo en los arbustos detrás de tu estación».

375 de las 500 emisoras de radio lo emitieron.

De vez en cuando, a mi amigo el Capitán T. se le acerca alguien que solía trabajar en una emisora de radio universitaria allá por 1997. Le dicen que aún lo recuerdan, porque fue el paquete más original que recibieron.

EMPATÍA

MARKETING SOLO SIGNIFICA SER EMPÁTICO

No confundas la palabra marketing con la publicidad, el anuncio, el *spam* o el *merchandising* de regalo.

En realidad, marketing solo significa ser empático.

El marketing consiste en facilitar que la gente se fije en ti, se relacione contigo, te recuerde y hable de ti a sus amigos.

El marketing significa escuchar lo que la gente necesita y crear algo sorprendentemente a su medida.

El marketing significa conocer a la gente, establecer una conexión más profunda y mantener el contacto.

Todo esto no es más que empatía: Mirar las cosas desde el punto de vista de la otra persona y hacer lo mejor para ella.

Muchos músicos dicen: «¡Odio el marketing!». Así que, sí, si pensabas que el marketing significaba apagar tu creatividad, gastar mucho dinero y ser molesto, entonces es bueno que no te guste eso. A nadie le gusta eso.

Encuentra formas creativas de ser empático. Ese es el mejor marketing.

ES DIFÍCIL SALIR DEL ESCENARIO

Ser compositor es extraño. Excavas en lo más profundo de tu ser. Extraes y explicas tus emociones. Y luego transmites tus sentimientos más íntimos al mayor público posible.

Es una vida que exige un profundo enfoque en ti mismo. Todo es tú, tú, tú. Es un camino de ida que va desde tu interior hacia el público.

Por ello, te resulta difícil abandonar ese enfoque, cambiar de dirección y limitarte a escuchar a los demás.

La esencia del marketing es mirar todo desde el punto de vista de la otra persona. Así que no es de extrañar que a los músicos les cueste adaptarse a eso.

No pasa nada. Ten un poco de compasión por tu situación. Es un efecto secundario del oficio. No te castigues por ello.

Pero primero, antes de empezar a vender, bájate del escenario. Pon en pausa tu hábito de transmitir. Dirige los focos hacia tu público. Y prepárate para escuchar.

PREGÚNTATE CONSTANTEMENTE QUÉ ES LO QUE REALMENTE QUIEREN

Esto puede parecer obvio, pero a mí me marcó la diferencia.

Antes de interactuar con la gente, me hago esta pregunta: «¿Qué es lo que realmente quieren?».

Por ejemplo, si estoy escribiendo un correo electrónico a alguien, me pregunto: «¿Por qué va a leer este correo?».

Si me pongo en contacto con un agente, me pregunto: «¿Por qué hace realmente este trabajo?».

Si estoy a punto de dar un espectáculo, me pregunto: «¿Qué esperan realmente de una noche en un concierto?».

Pensar en todo desde el punto de vista de la otra persona es una de las mejores cosas que puedes hacer en la vida.

Conviértete en lo que ellos quieren. Y tal vez ellos también sean lo que tú quieres.

NO INTENTES SONAR GRANDIOSO

Cuando te comuniques con tus fans y contactos, no intentes parecer más grande de lo que eres.

No utilices el nosotros corporativo. Di yo. Los fans quieren conectar contigo como persona, no como marca.

No te muestres impecable. Muestra un defecto encantador. La confianza atrae, pero la vulnerabilidad encariña.

Por supuesto, no utilices el lenguaje corporativo para intentar parecer una gran empresa. Parece falso, inseguro o *spam*.

Tus fans son tus amigos. Habla con ellos como si fueran personas de verdad. Sé diferente. **Demuestra que eres una persona real.** Escribe cada mensaje o correo electrónico como si fuera a tu mejor amigo.

La gente se ha vuelto sorda al lenguaje insípido de las grandes empresas. Todo suena como un postureo artificial. No tiene personalidad, no tiene voz.

Esta es una de las razones por las que es mucho mejor ser pequeño e independiente en lugar de grande y corporativo.

Ser capaz de decir yo en tu comunicación con los fans es una gran ventaja competitiva.

COMUNICACIÓN EMPÁTICA

Recibes un correo electrónico extenso de alguien y piensas: «Uf. Lo leeré más tarde». (Y luego nunca lo haces).

Alguien intenta ponerse en contacto contigo utilizando una tecnología que odias, como una videollamada no planificada.

Tienes un dilema y necesitas una buena conversación, así que te acercas a alguien que te responde: «Dímelo rápido».

Estás agobiado por el trabajo con un plazo ajustado y te llama un amigo para mantener una larga conversación.

Es difícil adaptar tu comunicación a las preferencias y la situación de otra persona.

Tener una conversación extensa es muy beneficioso, pero a veces hay que ser muy conciso. ¿Cómo se puede conciliar todo esto? Este es mi consejo:

En primer lugar, prepara la versión más sucinta de tu motivo para ponerte en contacto con alguien. Hazla tan breve que, si la persona solo tiene treinta segundos para hablar, puedas comunicar tu punto de vista, formular tu pregunta y obtener la respuesta.

Con la comunicación en tiempo real, como los mensajes de texto o el teléfono, empieza preguntando si tienen tiempo. Si lo tienen, tómate el tiempo necesario para hablar personalmente, ser un amigo y mantener una buena conversación. Pero si no lo tienen, utiliza la versión corta.

En las comunicaciones que no son en tiempo real, como el correo electrónico, asume que solo tienes diez segundos. **Reduce tus correos electrónicos a unas pocas frases.** Pero ofrece siempre un enlace con más información, para que puedan comprobarlo si tienen tiempo. E incluye tu información de contacto, por si prefieren una conversación más larga sobre el tema. (Para eso están las firmas de los correos electrónicos). Luego, si te responden y te preguntan, puedes dar la información extra que hayas omitido antes.

Algunos odian los mensajes de texto. Otros odian las llamadas. Algunos odian el vídeo. Otros lo odian todo. Solo hay que tener en cuenta sus preferencias para el futuro.

Esto puede parecer obvio, pero es un problema mayor de lo que la gente cree. La comunicación empática es sorprendentemente rara.

LLEGA A TODOS LOS SENTIDOS QUE PUEDAS

Cuantos más sentidos toques en alguien, más te recordará.

La experiencia más sensorial es un espectáculo en vivo, sudando frente a ellos, con el sistema de sonido golpeando su pecho, las luces intermitentes, el olor apestoso del club y la sensación visceral de empujarse contra extraños.

La experiencia menos sensorial es un correo electrónico o una simple página web.

Tienes que llegar a todos los sentidos posibles:

* Ten unas fotos estupendas que utilices junto a cualquier texto.
* Haz un vídeo para cada canción.
* Sé un invitado en todos los programas de vídeo que puedas.
* En tus espectáculos en vivo, quema incienso o abraza a cada persona allí, o…

Ya has captado la idea. **Sigue buscando la forma más sensorial de llegar a tu público.**

LA VIDA ES COMO EL INSTITUTO

Cuando estás en el instituto, todo gira en torno a la pertenencia, los grupitos y ser popular.

Cuando vas a la universidad, el foco de atención se desplaza hacia los logros académicos.

Mucha gente sale de la universidad pensando que el mundo será así: cuanto más trabajes, más te recompensarán. Pero no es así.

La vida es como el instituto. Se trata de cómo te presentas, de lo social que eres, de la escena en la que estás, de ser simpático y de caer bien.

Pero puedes hacer que esto funcione a tu favor.

Puedes ser tu «yo» idealizado.

Puedes ir donde las cosas están sucediendo.

Puedes asistir a eventos interesantes e invitar a la gente a unirse a ti.

Puedes practicar tus habilidades sociales y ser el tipo de persona a la que a la gente le gusta ayudar.

Puedes abordarlo estratégicamente, como si fueras un niño nuevo que va a un colegio nuevo, con el objetivo de ser popular. Suena superficial, pero funciona.

Sé quién ellos quieren ser. En tu papel de músico, ¡es realmente empático!

Sería más fácil no esforzarse y ser normal. Aparecer vistiendo lo que sea, hacerte una foto normal y ser una persona normal.

Pero la gente quiere a alguien a quien admirar. Alguien que no sea de su mundo normal y aburrido. Alguien que sea quien ellos desearían ser, si tuvieran el valor.

Requiere un esfuerzo adicional para parecer y actuar de forma *cool* en lugar de normal, pero es considerado y forma parte de tu arte.

Fíjate en artistas como Andy Warhol o Miles Davis, que no solo eran grandes en su arte, sino que también sabían cómo jugar con su imagen para ser *cool*.

LADRANDO

Estoy en Nueva York. Al otro lado de la calle hay un hombre que se pasea por la acera. Está ladrando algo a todo pulmón. Todo el mundo evita acercarse a él.

Me acerco más. Intento averiguar por qué grita. Finalmente lo oigo. «¡Cupones del 20 % para persianas! ¡20 % de descuento! ¡Persianas para ventanas! ¡Consigue tus cupones aquí!».

Sí… eh… eso no funciona.

Una semana después, estoy con un amigo en Union Square. Durante todo el tiempo que estamos hablando, hay un hombre que grita de fondo. Es casi como si estuviera cantando una frase repetitiva: siempre un Fa que cae en un Re. De nuevo siento curiosidad, así que me acerco para escuchar lo que grita. «¡Ayuda a alimentar a los sin techo! ¡Ayuda a alimentar a los sin techo!».

¡Ah! ¡Así que está tratando de ayudar! Pero de nuevo, todo el mundo le evita.

Entonces me hizo pensar: **¿Cuántos de nosotros hacemos esto?**

Tal vez no estábamos obteniendo los resultados que queríamos, así que pensamos que, si gritábamos más fuerte, nos oiría más gente.

Pero la gente evita a esos tipos. Si alguien siempre presenta su negocio a sus amigos en las fiestas, ya no le invitarán a ellas.

En Inglaterra, se usa la palabra *barking* (ladrando) para referirse a un loco o demente. (Es la abreviatura de *barking mad* 3).

Al promocionar, asegúrate de no ladrar.

Cuando las cosas no funcionan, sé más inteligente, no más ruidoso.

---

3. Nota de la traductora: La expresión *barking mad* es una jerga para loco o demente.

GENTE

HAZLO PERSONAL

Antes de entrar en la industria musical, tenía una idea de cómo sería: Algún poderoso mánager o agente llamándome a su despacho para hablar de la comercialización de mi música.

Luego me mudé a Nueva York y me hice amigo de gente genial que también hacía cosas en la música. A veces estas personas eran agentes o managers, pero eso era secundario. La mayoría de las veces solo éramos amigos.

A veces les enviaba clientes. A veces me ofrecían oportunidades. Pero en realidad solo éramos amigos, hablando de nuestras vidas amorosas o de nuestras ideas, pasando el rato y divirtiéndonos.

Pasó mucho tiempo antes de que me diera cuenta de que ya estaba en la industria, que así es como se hacen las cosas. **La gente recomienda negocios a la gente que le gusta.** Todo es más personal de lo que esperaba.

Uno de mis mejores amigos del mundo es también mi abogado. Es uno de los mejores abogados musicales del mundo, pero sobre todo es mi amigo. Hablamos de ciclismo, de sus hijos y de música. Y a veces nos detenemos a discutir un contrato reciente.

El contacto inicial suele producirse por motivos profesionales. Como cuando buscaba un abogado y alguien me presentó a este tipo.

Cuando escucho música que me gusta, me pongo en contacto con el músico y le digo que nos reunamos. En pocos minutos estamos hablando de sus perros, de los micrófonos, de Japón y de lo que sea. Luego, cuando alguien me pide que le recomiende algo de música, ¿adivinas quién es el primero que se me ocurre?

El punto es: Ya que estás en el negocio de la música, hazlo personal.

No estés siempre vendiéndote. Eso aleja a la gente de ti, porque demuestra que no eres amigo.

Aunque empieces por lo profesional, vuélvelo personal lo antes posible. Sé un amigo. Así es como se hacen las cosas.

PIENSA SIEMPRE EN CÓMO PUEDES AYUDAR A ALGUIEN

Cuando alguien diga que está buscando algo, recuérdalo y ayúdale a encontrarlo. Presenta a la gente.

También escucha con atención lo que no se dan cuenta que necesitan. **Pregúntales qué es lo más difícil de su trabajo.** A la gente le encanta quejarse. Y cada queja te da una idea de cómo podrías ayudar.

Cuando encuentres algo que pueda ser útil, repasa la lista de todos tus conocidos y piensa si es especialmente útil para esa persona. Si es así, ponte en contacto con ellos personalmente para contárselo. No se trata de un bombardeo masivo, sino de una verdadera recomendación para ellos. Eso es mucho más significativo porque demuestra que estabas pensando en ellos en particular.

Siempre hay un favor que puedes hacer. **Da, da, y a veces recibirás.**

NO TENGAS MIEDO A PEDIR FAVORES

¿Has preguntado alguna vez cómo llegar a una ciudad? A la gente se le sube el ego cuando sabe la respuesta a algo que le preguntas. Se muestran encantados de presumir de sus conocimientos.

Así que no tengas miedo a pedir favores. **A la gente le gusta hacer favores.**

Cuando vivía en Nueva York, un audaz músico que conozco me llamó y me dijo: «Voy a ir a Nueva York dentro de dos meses. ¿Puedes darme una lista de todos los contactos importantes que crees que debo conocer?». Me reí porque admiraba su franqueza. Entonces le envié por correo electrónico una lista de veinte personas a las que debía llamar.

A veces necesitas encontrar algo concreto: un director de vídeo, un programador de JavaScript, un intérprete de sitar. Ponte en contacto con todos tus conocidos y pregúntales. Los amigos de los amigos sabrán cómo conseguir todo lo que quieras en la vida.

Algunas personas tienen tiempo libre y prefieren ayudarte a hacer algo interesante en lugar de ponerse a ver la televisión. ¿Necesitas ayuda para promocionar algo? ¿Necesitas ayuda para llevar el equipo a una exposición? **Pregúntales.**

Si les haces sentir importantes, conectados y necesarios, también les estarás haciendo un favor.

LOS PEQUEÑOS REGALOS PUEDEN SER MUY APRECIADOS

Cuando trabajaba en Warner/Chappell, era la persona menos importante de la empresa, solo trabajaba en la biblioteca.

Como es la mayor editorial musical del mundo, traté con cientos de personas. No puedo recordar la mayoría de sus nombres. Pero tres veces, y solo tres, recibí un regalo sorpresa de nuestros compositores.

1. James Mastro, de The Bongos, me regaló un llavero de la Virgen María muy chulo de cuando estuvo de gira por España.
2. Gerry DeVeaux, el escritor multiplatino, me regaló unos divertidos adornos navideños de peces de plástico cuando se fue a las Bahamas.
3. Y Jane Kelly Williams me regaló una sudadera roja.

¿Puedes creer que recuerdo estos detalles veinte años después? Créelo.

Si alguna de estas tres personas me pidiera un favor, seguro que le ayudaría.

A medida que se asciende en la escala del éxito, hacer un regalo puede resultar muy útil y ser recordado durante años.

Consigue regalos para las personas que has conocido y que probablemente son poco apreciadas. No malgastes los regalos en la gente de alto poder. Ya reciben demasiados.

Sé generoso. Vas a ver las mismas caras durante años.

LA PERSEVERANCIA ES DIPLOMÁTICA

Cuando éramos adolescentes, aprendimos por las malas que, si te pones en contacto con alguien y no te responde, es que no le gustas. Si sigues intentándolo, eres un perdedor.

Pero en el mundo de los negocios, es lo contrario. **Si no sigues intentándolo, eres un perdedor.**

Si alguien no te contesta, probablemente no haya sido intencionado. Todo el mundo está ocupado y su situación no tiene nada que ver contigo.

Imagina dos escenarios diferentes:

1. Si alguien no te contesta, te enfadas y decides que son malvados y que claramente querían insultarte. Te resientes de por vida y hablas mal de ellos para siempre.
2. Alguien no responde, así que supones que debe estar saturado de trabajo. Esperas una semana y vuelves a ponerte en contacto con ellos. Si sigue sin responder, te compadeces de que debe estar muy agobiado. Esperas una semana y vuelves a intentarlo. Si sigue sin responder, intentas contactar con ellos de otra manera.

Ahora, ¿cuál fue grosero y cuál educado?

REALIZA UN SEGUIMIENTO CONSTANTE
Y DEMUESTRA TU INTERÉS

Conocí a una publicista musical en Nueva York cuando estaba en la cima de su carrera. Algunos de sus clientes tenían grandes éxitos, así que todos querían trabajar con ella. Estaba inundada de música nueva.

Así es como se enfrentó a la inundación:

Cada vez que alguien enviaba su música, iba a una bandeja de entrada. Esa bandeja de entrada era completamente ignorada.

Cuando alguien se ponía en contacto con ella para hacer un seguimiento la primera vez, para preguntar si la había recibido, sacaba su música de la primera bandeja de entrada y la ponía en una segunda. Esa segunda bandeja de entrada también era ignorada.

Si le preguntaban por segunda vez si había tenido la oportunidad de escuchar la música, ella sacaba la música de la segunda bandeja de entrada y la ponía en una tercera. Esa tercera bandeja de entrada la escuchaba si tenía tiempo libre.

Por último, si le hacían un tercer seguimiento, sacaba su música de la tercera bandeja de entrada y le daba prioridad a escucharla de verdad.

Vio mi cara de asombro cuando describió su sistema. Así que me explicó:

«No puedo escuchar a todo el mundo, así que no puedo saber quién tiene la mejor música. Pero los que hacen un seguimiento demuestran que tienen la tenacidad y el empuje necesarios para triunfar. Mientras su música también sea buena, esos son con los que quiero trabajar».

No era ego. Solo era una forma práctica de hacer frente a una inundación, y un filtro bastante bueno para elegir nuevos clientes.

Quizá nadie más tenga un sistema oficial como este. Pero, aunque sea de forma inconsciente, sí lo tienen. **Las personas abrumadas no tienen tiempo para todos los primeros contactos al azar.** La paciencia y la persistencia te separan del resto y demuestran lo mucho que te importa.

LOS PEDESTALES IMPIDEN LAS AMISTADES

Yo era un músico en apuros, con grandes ambiciones pero sin mucho éxito, cuando fui a una conferencia de la industria musical en Las Vegas para promocionar mi música.

Estaba nervioso, pero hacía todo lo posible por establecer contactos con los directivos de todas las grandes compañías musicales. Asistí a todos los paneles de expertos, anoté el nombre de todos y me acerqué al escenario después para presentarme. **Tenía a esa gente en un pedestal.**

Me aterrorizaban. Había mucho en juego. Eran las personas que podían lanzar mi carrera. Era mental y emocionalmente agotador.

Así que durante el almuerzo salí a la piscina y metí los pies en el agua, solo para retirarme en silencio. Un tipo se sentó a mi lado e hizo lo mismo. Me dijo: «Veo que tú también te has fijado en las chicas del bikini». Lo había hecho. Así que nos sentamos allí, con los pies en la piscina, hablando de esas chicas de allí, de lo raro que es Las Vegas, de cómo su amigo estuvo despierto toda la noche apostando, y de otras cosas al azar. Era un tipo muy simpático, de los raros con los que suelo congeniar de inmediato. Supuse que debía de ser un colega músico.

Pero cuando se levantó para irse, me dijo: «Ha sido un placer hablar contigo. Sigamos en contacto», y me dio su tarjeta. ¡Mierda! Era el vicepresidente de uno de los mayores sellos discográficos.

Ese día aprendí una gran lección.

Si hubiera sabido de antemano quién era, nunca habría tenido una conversación real con él. Me habría sentido incómodo y cohibido, tratando de promocionarme. Pero como no lo sabía, pude conectar a nivel personal y ser un verdadero amigo.

Solía pensar que tener contactos en la industria musical significaba tener reuniones de negocios, y solo hablar de los intereses comerciales mutuos. Pero una y otra vez me he dado cuenta de que establecemos verdaderas conexiones hablando de cualquier otra cosa, y simplemente congeniando como amigos. **La gente hace negocios con la gente que le gusta.**

Así que cuidado con poner a la gente en un pedestal. Puede impedir una verdadera amistad.

Posdata de esta historia: Seguimos en contacto y acabó enviándome algunos de mis clientes más exitosos de CD Baby. Ahora, veinte años después, acabo de enviarle un correo electrónico para decirle que estoy escribiendo esta historia.

INDUSTRIA

¡LA MÁQUINA ESTÁ COMPUESTA DE PERSONAS!

Todos esos años en los que intenté hacerme famoso, sentí que la industria musical era una máquina gigantesca y misteriosa.

Yo presentaba mi música a los escaparates y la máquina elegía a todos los demás.

Intentaba contactar con las discográficas y la máquina no me dejaba pasar por la puerta.

Enviaba mi música a los medios de comunicación y la máquina la hacía desaparecer.

¡Qué máquina más despiadada! La sentía como un complejo rompecabezas que, si fuera lo suficientemente inteligente, podría resolver.

Pero entonces, a los veinte años, conseguí un trabajo dentro de la máquina.

Se me había dado todo el acceso. Me trataban como a una persona de dentro y me invitaban a todos los eventos. Hablaba con las estrellas del rock y sus representantes. Veía cómo la gente entraba y cómo se hacían los tratos.

La gran epifanía llegó a las pocas semanas de empezar el trabajo.

Tuve que llamar a un importante sello discográfico para conseguir una copia de un nuevo álbum. Me pusieron al teléfono con Stacy, que se encargaba de las promociones en su oficina de Nueva York. Era muy simpática y bromeaba por teléfono, así que decidimos quedar para comer.

Era una joven burbujeante de veinticuatro años que era una gran fanática de la música, tenía un título en estudios de medios de comunicación, consiguió este trabajo como pasante, ascendió un poco y por entonces estaba a cargo de la promoción.

Y fue entonces cuando me di cuenta:

Toda esta industria musical, esta máquina gigantesca y misteriosa, no es una máquina. Solo son personas.

En concreto, se trata sobre todo de gente joven como Stacy, que tiene mucho en común con nosotros, los músicos, y que es totalmente genial y accesible.

Así que no es algo sin corazón. **Solo tenemos que entender lo que es ser ellos.**

Una vez que conecté con ellos como personas —conociéndolos y asumiendo que tenían buenas intenciones—, la máquina empezó a funcionar para mí.

CÓMO ATRAVESAR LAS PUERTAS

Cuando era un joven músico, siempre oía que debía hacer que grandes discográficas solicitaran mi música. Nunca entendí realmente lo que significaba «solicitar», hasta que trabajé en el interior. Así es como se ve en realidad:

Todos los días llegan a las discográficas toneladas de música de personas totalmente desconocidas. Es demasiado para escuchar, así que todo se ignora. Todo.

Estas empresas no existen para encontrar nueva música. Su trabajo es sacar provecho de sus artistas actuales. Ese es un gran trabajo, en sí mismo.

Cuando el mánager, el abogado o el productor de uno de sus artistas va a una reunión, dice: «Estoy trabajando con este nuevo artista que tienes que escuchar antes de que salgamos a comer». Entonces el ejecutivo se sentará y lo escuchará de verdad.

Y así es como te escuchan. **Eso es lo que significa solicitado.**

Si envías tu música a alguna empresa sin que sea solicitada, no conseguirás que la escuchen de verdad. Su falta de respuesta dice: «Lo siento. No lo entiendes. Esa no es la forma de entrar».

Investiga para encontrar a los gestores, abogados, agentes y productores que ya están dentro.

Lo mismo ocurre al acercarse a cualquier objetivo demasiado público, ya sea una celebridad, un medio de comunicación importante o lo que sea. **La mejor manera de pasar por las puertas es que te soliciten a través de un contacto existente.**

Hay que verlo desde su punto de vista. Entender lo que es estar abrumado por la cantidad de música. Todo lo que pueden manejar es lo que ha sido aprobado previamente por sus contactos de confianza.

BUSCA A ALGUIEN QUE TRABAJE DENTRO DE LA INDUSTRIA

Moby, el famoso artista del techno, fue entrevistado por un periodista que le dijo: «Te conozco desde tus inicios, y ambos sabemos que pasaron muchos artistas increíbles por el escenario. Entonces, ¿por qué tuviste mucho más éxito que ellos?».

Moby dijo: «Mientras ellos pegaban folletos para promocionar su próximo concierto, yo me dediqué a poner la misma cantidad de energía en encontrar un gran equipo: un mánager, un agente, un publicista y una discográfica. Así que, mientras otros músicos se dedicaban a dar conciertos, **mi carrera despegó gracias a mi equipo**».

Esto surgió de nuevo cuando leí la biografía de la banda U2. Después de su primer éxito, se encontraron con un grupo de Boston que llevaba diez años dando conciertos sin descanso. El guitarrista dijo con tristeza: «Una canción en la radio hace más por tu carrera que diez años de conciertos».

Puedes escribir cien canciones. Puedes hacer mil conciertos. Puedes tener un millón de seguidores. **Pero eso no te llevará tan lejos como tener a alguien que trabaje dentro de la industria.**

Encontrar tu equipo es difícil, pero no es más difícil que promocionar conciertos. Y obtendrás una recompensa mucho mayor por tu esfuerzo.

DEMUESTRA TU ÉXITO ANTES DE PEDIR AYUDA

Aprendí esta enorme lección de vida de un documento secreto.

Los sellos discográficos dan un anticipo en efectivo a un compositor a cambio de poseer la mitad de los futuros ingresos generados por sus canciones. El editor apuesta por que esas canciones ganen al menos lo mismo que ese anticipo.

Estaba trabajando en la editorial musical Warner/Chappell, cuando alguien se alejó de su escritorio. Me di cuenta de que accidentalmente había dejado sobre él **la declaración financiera privada que mostraba a cada compositor que habíamos firmado, la cantidad de su adelanto, y cuánto habían ganado.** En secreto, hice una copia para mí, y luego guardé la suya.

Noté una gran diferencia entre dos compositores:

Uno de ellos era una gran escritora, que constantemente entregaba canciones con gran potencial de éxito, superprofesional, y una gran colaboradora. Consiguió su contrato porque uno de los directivos la escuchó y creyó en ella. Pero aún no había tenido ningún éxito.

Su anticipo: quince mil dólares.

El otro escritor era horrible. Sus canciones eran un metal realmente malo que haría que la peor banda de metal se acobardara. Estaban mal grabadas y terriblemente interpretadas. Pero en los años 80 había formado parte de una banda con una gran estrella del rock, por lo que tenía un crédito de composición parcial en una canción de un disco que vendió más de doce millones de copias.

Su anticipo: quinientos mil dólares.

¿La moraleja de esta historia?

Antes de pedir ayuda a la industria, tienes que conseguir tu propio éxito.

Demuestra que vas a tener éxito sin su ayuda. Demuestra que tienes impulso. Si quieren acelerar o amplificar tu éxito, tendrán que pagar para subirse a tu tren.

Si te acercas a ellos antes de poder mostrar algo de éxito, no tendrás ninguna ventaja en la negociación y obtendrás el peor trato posible.

PRUEBA DE MERCADO

Si quieres que una empresa más grande te ayude algún día, imita lo que las empresas alimentarias llaman prueba de mercado.

Cuando las empresas crean un nuevo producto, antes de lanzarlo al mundo quieren más pruebas de que será un éxito.

Así que primero lo lanzarán solo en una pequeña ciudad como Albany. Piden a los clientes que les den su opinión y, a partir de ahí, introducen mejoras. **Repiten este proceso hasta que es un éxito local.** Entonces lo prueban en otras ciudades pequeñas hasta que también es un éxito local.

Solo después de que sea un éxito probado consiguen el respaldo financiero para lanzarlo al mundo. Los inversores confían en él porque ha sido un éxito en todos los mercados de prueba.

Así que piensa en lo que estás haciendo con tu música como una prueba de mercado.

Tanto si utilizas un lugar físico como una comunidad virtual, prueba primero en un lugar pequeño. Pide a la gente que te dé su opinión y, a partir de ahí, haz mejoras. Repite este proceso hasta que sea un éxito local. Luego, pruébalo en otros lugares hasta que también sea un éxito allí.

Muestra esta prueba a una gran empresa, para que puedan invertir con confianza y lanzarla al mundo.

QUE TE RECHACEN, QUE TE FILTREN

¿Has oído hablar de la terapia del rechazo? Se trata de un reto —una especie de juego— en el que te propones como misión ser rechazado por alguien cada día. Tienes que hacer cosas locas, como preguntar a un desconocido si puedes probar un bocado de su sándwich.

Si te dicen que no, ganas ese día. El verdadero objetivo del reto es superar el miedo al rechazo exponiéndote constantemente a él.

Los músicos suelen enviar su música solo a lugares que lo aceptan todo. En otras palabras: lugares que no la rechazan. Es más fácil y se sienten mejor.

Pero piensa en los lugares que más rechazan la música. Como los medios de comunicación, las salas y los festivales. Como los mejores profesionales: agentes, promotores y productores de éxito. Y, en el mejor de los casos, los lugares que no suelen tener música.

Si los buscas con ahínco, puedes encontrarlos, y hacer lo que sea necesario para que tu música sea aceptada por ellos. Requiere más trabajo, y te rechazarán muchas veces. Pero puedes enfocarlo como una terapia de rechazo.

Porque, una vez que entras en cualquiera de estos lugares, tu credibilidad te diferencia del resto y te abre más puertas. Incluso puedes volver a acercarte a los lugares en que te rechazaron antes.

Cuando puedes demostrar que has pasado los filtros —los lugares que eliminan la mala música— te sitúas en la mejor compañía: lo mejor de lo mejor.

Se te abrirán muchas más oportunidades una vez que hayas pasado algunos filtros.

SÉ UN NOVATO COMPETENTE, NO UN EXPERTO

No te adentres demasiado en la madriguera de la gestión de tu pequeño negocio.

Puede convertirse en una vía de escape sin sentido, una forma de evitar el trabajo más vulnerable, que es hacer música. Actualizar tu página web en lugar de practicar. Responder a los correos electrónicos en lugar de escribir una nueva canción.

A pesar de que hablo tanto de marketing, nunca olvides que tu música en sí misma es siempre lo más importante. Si tu música no es buena, todo lo demás es discutible.

Llega hasta el punto de ser un novato competente en los negocios, y luego deja que un experto tome las riendas.

Si sientes que te estás convirtiendo en un experto, averigua qué es lo que más te gusta. Quizá seas mejor publicista que bajista. Quizá seas mejor bajista que publicista.

Tal vez sea el momento de admitir tu debilidad como representante artístico y dejarlo en manos de otra persona. Tal vez sea el momento de admitir tu genialidad como representante artístico y dedicarte a ello a tiempo completo.

Puedes hacer cualquier cosa, pero no puedes hacerlo todo. Tienes que decidir.

¿LAS ESTRELLAS DE ROCK TIENEN UN JEFE?

Tenía veinte años. Acababa de mudarme a la ciudad de Nueva York. Y estaba trabajando dentro de la industria de la música.

Yo dirigía la biblioteca musical de Warner/Chappell. Era una sala enorme, cerca de las oficinas de los ejecutivos, y la tenía toda para mí.

Las estrellas del rock venían a mi sala antes o después de sus reuniones, para esperar o relajarse. Como yo era un don nadie que trabajaba en la biblioteca, a menudo hablaban con franqueza.

Lo que me sorprendió fue esto: **Las mayores quejas de estas estrellas del rock se referían a las cosas que les obligaban a hacer, ¡o que no les permitían hacer!** Cosas como: «Creo que el álbum está perfecto y terminado, pero la discográfica dice que no oye un éxito, así que me obliga a coescribir». O: «Quería hacer un vídeo con este director que admiro, pero la discográfica no me deja».

Siempre había asumido que las estrellas de rock eran la cima de la cadena alimenticia. Era raro darse cuenta de que tenían un jefe. **Pero esa es la contrapartida cuando renuncias a tus derechos.**

La revolución de la música independiente fue muy emocionante porque miles de músicos se dieron cuenta de que ya no necesitaban firmar este tipo de acuerdos. No necesitaban ni sellos, ni distribuidores, ni editores, ni nada para hacer que su música llegara al público.

Pero años más tarde, sigo oyendo a la gente hacer ese trueque. Renunciar a sus derechos y servir a una empresa, con la esperanza de una mayor recompensa.

- Autores que actúan como si Amazon fuera el jefe.
- Diseñadores web que actúan como si Google fuera el jefe.
- Promotores que actúan como si Facebook fuera el jefe.

Pero solo tienes un jefe si lo eliges. Nadie te obliga a servir a esos amos.

Por supuesto, si no quieres un jefe, todo depende de ti. Menos promoción, pero más libertad. Menos ayuda, pero manteniendo todos tus derechos. Ir por las carreteras secundarias, no por la autopista. Sin servir a nadie más que a ti mismo.

No olvides nunca que puedes elegir.

INGENIOSO

EL SIGNIFICADO DE SER INGENIOSO

Estuve en una reunión de músicos en Memphis. Me encontré con un montón de gente que se quejaba de que sus diversas formas de distribución no les hacían ganar tanto como esperaban.

Luego conocí a un músico que vendió, él mismo, ocho mil copias de su álbum. Sin distribuidor. Sin sitio web. Solo él directamente.

Le pregunté cómo lo hacía. Me dijo: **«Simplemente conducía lentamente por la ciudad cada noche, con las ventanillas bajas, poniendo mi música a todo volumen. Cuando veía que a alguien le gustaba, iba a hablar con él. Vendía un ejemplar a casi todo el mundo, unos veinte o treinta por noche. Llevo un año haciéndolo. Hasta ahora he vendido ocho mil».**

¡Me encanta esta historia! Es tan directa. Me impactó especialmente porque todos los músicos que había conocido antes de él se quejaban de que ya era imposible ganar dinero.

Me hizo pensar en lo que significa ser ingenioso.

La forma sucinta de mostrarlo es contrastar dos mentalidades diferentes. Las llamaré A y B.

A: «Me he gastado sesenta mil dólares en hacer este álbum».
B: «Me he gastado sesenta dólares haciendo este álbum».

A: «¡Ya no hay buenos locales de música en vivo!».
B: «He creado un nuevo local».

A: «Lo he intentado todo».
B: «He encontrado un libro de los años 70 con algunas ideas únicas que estoy aplicando a nuestro marketing».

A: «¡No tengo tiempo para hacerlo todo!».

B: «Dos de mis fans me ayudan con la promoción, uno edita mis vídeos y otro lleva mi página web».

A: «No soy un tipo con contactos en Hollywood. No tengo contactos en la industria».

B: «Mi barbero conocía a la mujer del promotor, así que tuve que ser un poco insistente, pero ahora tocamos en su festival».

A: «Dijeron que no podíamos presentarnos sin más».

B: «Nos presentamos y no nos fuimos. Al final dijeron que sí».

A: «No conseguimos el concierto del festival».

B: «Nos rechazaron, así que nos pusimos en contacto con todos los artistas del festival hasta que encontramos uno que insistió en que el promotor nos contratara como teloneros».

A: «¡No hay manera!».

B: «He descubierto una manera».

Significa ser creativo, rebelde, decidido e imparable.
Significa pedir ayuda, pero no esperarla.

PARA PERDURAR DEBES SER RENTABLE

Un músico me envió su álbum y me dijo muy orgulloso: «Esto costó ochenta mil dólares en hacer y dos años en grabar. Todo es de primera categoría. Utilizamos uno de los mejores estudios del mundo».

Quería que me impresionara, pero en cuanto dijo «ochenta mil dólares» perdí la esperanza en su capacidad para ganarse la vida haciendo música.

Me impresionaría mucho más alguien que pudiera grabar un álbum por ochocientos dólares, porque eso demuestra que tiene ingenio. Podría grabar cien álbumes por el precio del suyo. Si yo fuera un inversor, invertiría en ese tipo de personas.

Una gran música no es suficiente. Perder dinero no puede durar. **Para que una carrera sea sostenible, tiene que ser rentable.**

No impresiones a la gente con lo que gastas. **Impresiona a la gente con lo poco que gastas.**

Lo mismo ocurre con las herramientas caras. El público no puede oír la diferencia entre los equipos baratos y los caros.

Así que decir que se necesita una determinada herramienta no es más que otra excusa para evitar el trabajo real. Cuanto más talentoso es alguien, menos necesita los accesorios.

Tu capacidad de ingenio disminuye con el tiempo. Te haces mayor y sientes que te has ganado las comodidades. Así que, sobre todo al principio de tu carrera, sé lo más ingenioso posible. **Demuestra que puedes sobrevivir.**

¡SÉ ESPECÍFICO!

Esta es una de las lecciones más útiles que he aprendido en la vida.

Cuando no sabes cuál es tu siguiente paso…

Cuando te sientes desmotivado…

Cuando le pides a alguien que te ayude…

Cuando estés preparado para hacer realidad un sueño…

Especifica más lo que necesitas.

Hay dos maneras de hacerlo:

#1: Anota todos los detalles que conozcas

Dentro de tu cabeza hay más de lo que has dicho. Tómate el tiempo de escribirlo todo.

Cuando tengas un objetivo vago o lejano, como «ser un gran cantante» o «ganar un millón con mi música», divídelo en ingredientes específicos. Describe hitos concretos y cómo alcanzarlos exactamente. A continuación, divídelo en acciones que puedas empezar a realizar hoy mismo.

Cuando te sientas atascado o desmotivado, averigua cuál es el siguiente paso. Incluso algo tan sencillo como terminar una canción es más fácil cuando te das cuenta de qué es exactamente lo que falla.

Cuando contrates a alguien para que te ayude, escribe absolutamente todo lo que necesitas que haga. Incluye todos los detalles de cada paso, y también tu filosofía.

#2: Investiga lo que no sabes

La mayoría de la gente sabe lo que quiere, pero no sabe cómo conseguirlo. Cuando no se sabe cuál es el siguiente paso, se procrastina o se siente uno perdido. Pero un poco de investigación puede convertir un deseo vago en acciones concretas.

Por ejemplo, cuando los músicos dicen: «Necesito un representante musical», yo pregunto: «¿Cuál? ¿Cómo se llama?».

No puedes actuar por un deseo vago. Pero con una hora de investigación puedes encontrar los nombres de diez representantes artísticos que trabajan con diez artistas que admiras. Entonces tienes una lista de las diez próximas personas con las que tienes que contactar.

Un *coach* me dijo que la mayor parte de su trabajo consiste en ayudar a la gente a ser específica. Una vez que convierten un objetivo vago en una lista de pasos específicos, es fácil pasar a la acción.

También hace que te des cuenta de si algo fue una mala idea. Muchas cosas solo suenan bien en teoría.

Así que hazlo por ti. Tómate el tiempo de ser específico. Te ayuda a ti y a los demás a pasar a la acción, y a vencer la procrastinación.

LLAMA AL LUGAR DE DESTINO
Y PREGUNTA CÓMO LLEGAR

La mayoría de nosotros no sabemos qué hacer a continuación. Sabemos dónde queremos estar, pero no sabemos cómo llegar.

La solución es increíblemente sencilla y eficaz:

Trabaja hacia atrás. **Ponte en contacto con alguien que esté allí y pregunta cómo llegar.**

Si quieres salir en la revista *Rolling Stone,* llama a su oficina principal en Nueva York. Cuando la recepcionista responda di: «Editorial, por favor». Pregunta a alguien del departamento editorial qué publicistas recomiendan. A continuación, llama a cada uno de los publicistas y pregúntales cómo convertirte en su cliente.

Si quieres dar un concierto en el club más grande de la ciudad, preséntate una tarde entre semana. Lleva una caja de pasteles a la persona que contrata a los artistas, y pide solo cinco minutos de sus consejos. Pregúntale qué criterios deben cumplirse para que se arriesguen con un nuevo acto. Pregúntale qué agentes de contratación recomiendan, o si recomiendan utilizar alguno. La reunión debe ser lo más breve posible. Obtén la información crucial y déjales tranquilos hasta que toques en su club algún día.

Llama al lugar de destino y pide que te indiquen cómo llegar.

Llegarás mucho más rápido que caminando sin un mapa, esperando llegar algún día.

NUNCA ESPERES

Una de las mejores abogadas de la industria musical de Los Ángeles hablaba en una conferencia.

Era una experta en leyes de derechos de autor, así que alguien le pidió consejo sobre un problema de licencias. Habían grabado la versión de una

380 · DEREK SIVERS OBRAS COMPLETAS (o casi)

canción famosa, pero no conseguían los derechos para venderla porque no obtenían respuesta del editor.

La abogada sorprendió al público cuando dijo: «Véndela de todas formas. **No esperes a que te den permiso.** Guarda la prueba de que te has esforzado por llegar a ellos. Si algún día se ponen en contacto contigo para pedirte dinero, págales. Pero nunca esperes».

Viniendo de una abogada especializada en derechos de autor, esa es una declaración audaz.

Fue un recordatorio de que tu carrera es más importante que los detalles. El éxito es tu máxima prioridad. **No dejes que nada te detenga.**

ASUME QUE NADIE VA A AYUDARTE

Conozco a empresarios que esperan encontrar un inversor. Conozco a músicos que esperan encontrar un mánager.

Mi consejo es que asumas que nadie va a ayudarte. **Es más útil asumir que todo depende de ti.** Esto no es desesperante, sino útil y fortalecedor.

Seguro que has oído hablar de Aron Ralston, que se quedó atrapado en un cañón remoto durante cinco días y tuvo que cortarse el brazo para escapar porque sabía que nadie le rescataría. Hicieron una película, y un libro, sobre ello llamada *127 horas*. Si hubiera creído que alguien vendría, se habría limitado a esperar. Pero como sabía que todo dependía de él, se rescató a sí mismo.

Cuando asumes que nadie va a ayudarte, tienes que utilizar todas tus fuerzas y recursos. No puedes esperar, porque no hay nadie a quien esperar. **Mantén tu atención en las cosas que están bajo tu control, no en las circunstancias externas.** Es un pesimismo productivo.

Sí, por supuesto, es inteligente pedir siempre ayuda a tus fans y amigos. Esfuérzate por trabajar con los mejores colaboradores, agentes, productores, etc. Pero nunca cuentes con su ayuda. Esa es la diferencia.

Luego, cuando alguien te ayuda, te sientes aún mejor.

LA SEGURIDAD DE LA INSEGURIDAD

Si eres un músico a tiempo completo, nunca tendrás un trabajo, un jefe, un salario o un seguro. Lo harás todo tú mismo. Siempre lucharás contra la apatía y contra quienes tratan de mantenerte fuera. Y tendrás que ser uno entre un millón para lograr este objetivo increíblemente difícil.

Para algunas personas, esto suena horrible. Para mí, fue un sueño hecho realidad.

Alguien con un trabajo fijo me preguntó cómo podía manejar la falta de seguridad.

¿Falta de seguridad? **Vivir así es como aprender habilidades de supervivencia en la naturaleza. Ser capaz de valerse por uno mismo es la verdadera seguridad.**

- Te metes constantemente en nuevos escenarios y aprendes algo nuevo cada vez.
- No te dan una red de seguridad, así que aprendes a crear la tuya propia.
- Tu carrera no está ligada a ninguna empresa.
- Tu éxito o fracaso depende de ti, no de los caprichos de un jefe.
- Eres un agente libre, así que puedes aprovechar cualquier oportunidad.
- Tu sueldo es siempre negociable. Puedes experimentar duplicando tus tarifas o cobrando lo que quieras.

Básicamente, ¡no tener un trabajo fijo te impulsa a ser siempre tu mejor versión! Para mí, es la vida ideal.

UN BUEN PLAN SIEMPRE TRIUNFA, SIN IMPORTAR LO QUE OCURRA

No necesitas un plan de negocio formal. Pero sí necesitas un plan. **Así que haz dos planes simultáneos.**

Haz un plan que no dependa de nadie más. Ningún acuerdo discográfico.

No hay inversores. Ningún golpe de suerte. Tus beneficios pueden ser pequeños pero sostenibles. Haz crecer tu audiencia. Desarrolla tus habilidades. Construye tu reputación. Puedes continuar felizmente así de forma indefinida.

Haz otro plan que utilice la industria musical. Construye tu equipo. Consigue un contrato discográfico. Encuentra inversores. Aumenta tus probabilidades de tener un golpe de suerte.

Lleva a cabo estos dos planes simultáneamente.

Si te ofrecen un trato, puedes aceptarlo o dejarlo. Eso te da un gran poder de negociación. Te conviertes en una mejor inversión cuando no necesitas su dinero. Demuestra que tendrás éxito tanto si participan como si no.

Si estás preparado para cualquiera de los dos caminos, tu plan ganará pase lo que pase.

ANTES 10%, AHORA 90%

Hace unas décadas, como músico, solo el 10% de tu carrera dependía de ti.

Unos pocos controlaban todos los puntos de venta. Había que impresionar a uno de estos poderosos para poder presentar tu música al mundo. Así que ser descubierto era todo lo que podías hacer.

Pero ahora el 90 % de tu carrera depende de ti. Tienes todas las herramientas para lograrlo.

Tienes que idear un plan y hacerlo realidad. Tienes que hacer una gran grabación, un gran espectáculo, un gran vídeo. Tienes que hacer que miles de personas quieran tu música tanto que estén dispuestas a pagar por ella.

Los sellos discográficos ya no adivinan. Solo contratan a artistas que han conseguido un éxito por sí mismos. E incluso si un sello discográfico te ficha, ¡todavía depende de ti hacer que la gente lo quiera!

Lo único que te impide tener un gran éxito eres tú mismo.

Esto es a la vez aterrador y emocionante. Pero al menos tienes el control.

NO SE CONSIGUEN RESULTADOS EXTREMOS SIN ACCIONES EXTREMAS

No se puede salir de forma normal de esto.

El talento extremo requiere una práctica extrema: entrenar como un atleta olímpico.

El éxito extremo requiere una concentración extrema: decir no a las distracciones y al ocio.

La fama extrema requiere una ambición extrema: aceptar los focos y su presión.

No puedes hacer lo que hace todo el mundo. No puedes ver sesenta horas del programa de televisión favorito de todo el mundo. No puedes tener dos perros que necesitan que estés en casa. Eso es para la gente normal que quiere una vida normal. Eso no es para ti.

El negocio de la música no es un lugar para ser normal. Cuanto más intenso, mejor. La gente normal pensará que estás loco. Pero tus compañeros de logros te darán la bienvenida a un club exclusivo.

Cuando no estás practicando, alguien en algún lugar está practicando. Y, cuando te encuentres con él, ganará.

Lánzate de lleno a esto. **Encuentra lo que te gusta y déjate la vida.**

DIRÍGELO TÚ MISMO

La mentalidad de «hazlo tú mismo» es atractiva. Pero no significa que lo hagas todo tú mismo. Y no significa que tengan que ser tus manos.

Quizá al principio, si estás empezando y no tienes acción, puedes hacerlo todo tú mismo. Puede ser divertido hacer tu página web, hacer la ingeniería de tus grabaciones, diseñar tu material gráfico, vender tus conciertos e incluso tocar todos los instrumentos al grabar.

Pero en cuanto cojas impulso, sabotearás por completo tu éxito si sigues intentando hacerlo todo tú.

En cambio, aprende a usar las manos de los demás. **Sé cómo un director de cine. Es tu visión. Tú decides cómo se hacen las cosas.** Diriges a tu equipo sobre lo que hay que hacer. No lo haces todo tú.

Sí, esto significa que hay que encontrar especialistas en las otras tareas. Y sí, a veces es difícil encontrarlos. Pero es más difícil ver cómo tu carrera se arrastra en lugar de volar porque intentas hacerlo todo tú mismo. He visto a demasiados cometer este error. Por favor, no lo hagas.

CONVIÉRTELO EN ALGO POSITIVO

El viejo refrán **«Todo depende de a quién conozcas»** solía ser muy derrotista.

Quería ser un músico famoso, pero no conocía a ningún famoso. No crecí en Hollywood. Ninguno de mis amigos tenía éxito. La fama era un grupo secreto al que solo podías acceder conociendo a las personas correctas.

Así que cuando escuché: «Todo depende de a quién conozcas», sentí que el resto de la frase era: «y tú no conoces a nadie. Así que olvídalo».

Un día en la universidad tuvimos un orador invitado que era un alto ejecutivo de BMI.

Al entrar en clase le oí decir que tenía hambre. Había llegado directamente a nuestra universidad sin comer, así que cuando el profesor le dijo que era una clase de dos horas, se quejó.

Como todo el mundo seguía sentándose, salí corriendo al pasillo, llamé a la pizzería local y pedí unas cuantas pizzas para que las enviaran a nuestra clase.

Cuando llegaron, se rio y dijo: «Buena jugada. Te debo una». Me dio su tarjeta después de la clase y me sugirió que siguiera en contacto.

Durante los dos años siguientes, atendió mis llamadas y me dio todo tipo de consejos sobre el negocio de la música. Cuando me gradué en la universidad, me consiguió un gran trabajo en Warner/Chappell Music Publishing en Nueva York. Se enteró de que estaban contratando, les llamó para decirles que su búsqueda había terminado, y eso fue todo. Empecé a trabajar esa semana.

Un año después, me di cuenta de que «Todo depende de a quién conozcas» no tiene por qué ser deprimente. Solo que nunca consideré que podría funcionar a mi favor.

Entonces me di cuenta de la profunda conclusión. **Todo lo que parece deprimente puede ser reenmarcado para que funcione a mi favor.**

Todo trato que es malo para alguien es bueno para otro. **Así que en lugar de quejarte por estar en el lado malo, puedes ir al lado bueno.**

Si crees que la radio corporativa impide que se escuche tu música, ¡crea una emisora de radio! Toma la historia de SomaFM.com como ejemplo.

Si crees que los bancos tienen una ventaja injusta, puedes crear un banco. Mira el ejemplo de simple.com.

En 1997, pensé que la distribución para los músicos era una mierda. Así que fundé CD Baby. Ahora la distribución ya no apesta.

Si vives en una democracia y no te gusta la ley, incluso puedes cambiarla.

Puedes ponerlo todo a tu favor. Es más fácil que nunca reemplazar un sistema roto, y nunca más sentirte impotente de nuevo.

¿NO ESTÁS CONTENTO CON LOS LOCALES EXISTENTES? CREA UNO NUEVO

Gary Jules es un cantante y compositor de California. Cuando vivía en Los Ángeles, deseaba que hubiera un lugar más amigable para los músicos. Un lugar donde la gente fuera a escuchar, no hablar por encima de la música. Un lugar para tocar, no un escaparate para los sellos discográficos.

En lugar de quejarse, decidió hacer algo al respecto.

Se fijó en una pequeña cafetería en una ubicación perfecta en Cahuenga Boulevard, pero no tenían música.

Preguntó si podía tocar allí los martes por la noche y llevar su propio público y sistema de sonido. Se lo permitieron.

Pronto invitó a sus artistas favoritos como teloneros y organizó un círculo semanal de compositores.

Le iba bien, así que dejó su sistema de megafonía allí a tiempo completo y empezó a contratar a grandes artistas cada noche.

Había una gran regla: No se podía hablar durante la representación. Se advertía al público de que no debía hablar, y los artistas incluso interrumpían el espectáculo si alguien lo hacía. (Los artistas decían: «Puedes ir a cualquier otro lugar de Los Ángeles a hablar por encima de la música. Aquí no»).

Un par de meses más tarde, la cafetería ya ni siquiera abría durante el día. Ahora es uno de los mejores locales de música de Hollywood, The Hotel Café, y artistas de fama mundial tocan allí todas las noches.

Para ser claros: Gary hizo esto en 2002. A finales de 2003, tuvo un éxito impresionante en el Reino Unido con su versión de la canción *Mad World*. De ahí en más, los propietarios del Hotel Café, Marko y Max, merecen todo el crédito por el crecimiento posterior.

De todos modos, la verdadera cuestión no es Gary o el Hotel Café, sino esto:

Si no estás contento con cómo son las cosas, no te quejes. Haz tú las cosas como deben ser.

DESCRIBIR

CUANDO TU MÚSICA NO PUEDE HABLAR POR SÍ MISMA

En la radio, tu música habla por sí misma. La gente escucha tu música y le gusta o no.

En los conciertos, tu música habla por sí misma. Escuchar y ver tu actuación es suficiente.

Pero en cualquier otra situación, a menos que tu música esté ya en sus oídos, tu música no puede hablar por sí misma. **Las palabras que describen tu música tienen que hacer el trabajo duro.**

Si estás online, la descripción debe ser tan interesante que la gente se detenga a hacer clic y escuchar.

En el boca a boca entre amigos, la descripción tiene que ser tan memorable que la gente te busque después.

En la industria de la música, la descripción tiene que ser tan intrigante que la gente ocupada sienta que mereces su tiempo.

Estas son las principales formas de llamar la atención sobre tu música, así que esto es importante.

Cuando seas un nombre conocido y tu música suene en todas partes, podrás dejar de describirla. Pero, por ahora, tienes que hacer una buena descripción.

UNA CURIOSA RESPUESTA A LA MÁS COMÚN DE LAS PREGUNTAS

La gente siempre te preguntará: «¿Qué tipo de música haces?».

Y siempre tendrás que responder a esa pregunta. Así que ten una buena descripción preparada de antemano.

Muchos músicos evitan responder diciendo: «Tocamos todos los estilos». No es así. Eso es como decir: «Hablo todos los idiomas».

Muchos músicos evitan responder diciendo: «Somos totalmente únicos». No, no lo son. Si utilizas notas, instrumentos, ritmos o palabras, no eres totalmente único.

Si le das a la gente una no respuesta como esta, los pierdes. Tuviste la oportunidad de hacer un fan, y la desperdiciaste. No te recordarán porque no les has dado nada que recordar. No les has despertado la curiosidad.

Imagínate que hubieras dicho: «Sonamos como el olor a pan recién horneado».

O «Somos la banda sonora de la batalla final para salvar la Tierra».

O «Bob Marley con una pipa turca fumando caramelos japoneses».

Entonces ya tienes su interés. Una descripción creativa sugiere que tu música también será creativa.

Así que inventa una respuesta curiosa a esa pregunta tan común. No tienes que sentirte limitado por ella.

Fíjate que esos tres ejemplos que he puesto pueden sonar a cualquier cosa. Y esa es la cuestión.

Con una frase interesante para describir tu música, puedes hacer que unos completos desconocidos se pregunten por ti.

Pero hagas lo que hagas, aléjate de las palabras «todo», «nada», «todos los estilos», «totalmente único» y la otra no respuesta: «una mezcla de rock, pop, jazz, hip-hop, folk, reggae, blues, techno y metal».

DESPIERTA LA CURIOSIDAD DE LA GENTE EN SOLO UNA FRASE

Los guionistas de Hollywood presentan constantemente sus ideas cinematográficas a los ejecutivos de los estudios. Cada uno tiene unos cinco segundos para impresionar. La única frase que utilizan para describir su historia decide si el estudio la leerá o no.

Lo mismo ocurre contigo. Solo necesitas una buena frase para describir tu música. Solo tienes un objetivo: **hacer que la gente sienta curiosidad.**

Eso es todo.

No debes tratar de describir cada nota de música que haces. No debes tratar de justificar tu existencia en la Tierra.

Solo tienes que hacer que sientan la suficiente curiosidad como para escuchar.

Eso es todo.

Describí mi banda como «un cruce entre James Brown y los Beatles». Por supuesto, no todo lo que hacía sonaba así, pero esa frase era suficiente para que la gente quisiera escucharlo. Les veía detenerse un segundo para intentar imaginar cómo podría sonar. Luego decían: «¡Vaya, tengo que escuchar eso!». Misión cumplida.

Cuanto más breve, mejor. Dales una buena frase y deja de hablar. Deja que quieran escuchar más.

SIN UNA BUENA RAZÓN, NO SE MOLESTARÁN

Alguien te ve llevando una guitarra y te pregunta: «¿Qué tipo de música tocas?».

Tú dices: «No hay manera de describirlo. Solo tienes que comprobarlo. Tocamos el próximo jueves a las once de la noche. Deberías venir».

Imagina que se invierte la situación:

Te encuentras con un hombre que dice que tiene un pequeño negocio.

Le preguntas a qué se dedica su empresa. Dice: «No hay forma de describirlo. Solo tienes que comprobarlo. Abrimos el próximo jueves durante una hora. Deberías venir».

¿Realmente te molestarías en ir a ver su negocio si ni siquiera puede decirte por qué deberías hacerlo? Por supuesto que no.

Entonces, ¿cómo esperas que alguien venga a escucharte tocar?

Hay que dar a la gente una buena razón. Di algunas palabras para despertar su curiosidad.

Cuando te preguntan qué tipo de música haces, esperan activamente que les des una razón para escucharla.

Si no les das una razón en ese mismo momento, la oportunidad se esfuma.

¿NO SABES CÓMO DESCRIBIR TU MÚSICA?

Envía un correo electrónico a todos tus conocidos diciendo que estás tratando de encontrar una frase única para describir tu música y pídeles ayuda.

Busca a unos cuantos adolescentes e invítalos a una pizza si se sientan a escuchar unas cuantas canciones y luego te las describen mientras esperan a que llegue la pizza.

Contrata a un escritor de música para que te ayude. Esto es lo que hacen. Cuando estés tocando en el escenario, pregunta a la gente del público.

Lee un sitio de reseñas musicales que describa música que nunca has escuchado. Fíjate en las frases que te despiertan la curiosidad por escuchar más.

Cuando tengas una que te guste, pruébala con la gente. Mira si se les ilumina la cara. **Comprueba si sienten curiosidad.**

Cuando tengas una gran descripción, lo sabrás. Entonces podrás usarla durante años y años.

DESCRIBE TU MÚSICA COMO SI NO FUERAS MÚSICO

Cuando describas tu música, no utilices el lenguaje de los músicos.

No digas: «Armonías maravillosas y arreglos intrincados. Una sección rítmica grandiosa y letras introspectivas». La gente de verdad no entiende lo que significa eso.

Para la mayoría de la gente, escuchar música es como si un gato viera pasar los coches.

«Ese es rápido».

«Ese era azul».

«Vaya si suena fuerte».

Solo un experto o un mecánico podrían describir los detalles técnicos del coche que pasa.

Así que habla a la gente en sus términos. Piensa en lo que le diría un oficinista a un amigo sobre tu música: «¡Es una monada! Me encanta esa canción con el pequeño «*hoop-hoop*» del principio, con esa voz de bebé. ¡Es un poco *funky*! Y tiene esa voz sexy de dormitorio. Un vídeo genial».

Piensa en lo que le diría un adolescente en el parque de patinaje a otro: «Es como si Kranetow no se hubiera acojonado. Es como si Tweetown se volviera metalero, pero siendo de Marte o algo así. Es una maravilla. La voz de esa chica es una locura».

La gente de verdad te comparará con artistas famosos. La gente de verdad habla del ambiente general o del sonido de algo. La gente de verdad no habla de «letras perspicaces», «melodías fuertes» o «destreza musical».

Utiliza su lenguaje.

UTILIZA LOS TRUCOS QUE FUNCIONARON CONTIGO

Encuentra un medio de comunicación que escriba sobre la nueva música.

Leerás sobre muchos artistas de los que nunca habías oído hablar, y también verás sus fotos.

De todas ellas, solo una o dos te llamarán realmente la atención.

¿Por qué? No tengo la respuesta. Solo la tienes tú. **Pregúntate por qué un determinado titular, foto o artículo te ha llamado la atención.**

¿Fue algo de la frase inicial? ¿Fue un dato curioso sobre los antecedentes del cantante? ¿Qué fue exactamente lo que te intrigó?

Analiza eso. Utiliza eso. Adapta esas técnicas para escribir un titular o un artículo sobre tu música.

Esto también te ayuda a entrar en la mentalidad de verte a ti mismo desde el punto de vista de los demás.

O PUEDES NO DECIR NADA

¿Quizás todas estas palabras te han desanimado y no tienes nada nuevo que decir?

Gasta algo de dinero en un gran fotógrafo o haz un súper vídeo.

Muchos artistas famosos y sexys han demostrado que no es necesario hablar y hablar.

Pero si no lo haces, todo depende de la imagen; así que más vale que tu imagen sea realmente atractiva.

HILLBILLY FLAMENCO

Esta es una historia sobre cómo dos palabras pueden cambiar tu carrera.

David y su banda siempre habían querido tocar en los grandes festivales de música.

Llevaban años actuando en clubes y les iba bastante bien, pero nunca pudo llamar la atención de los agentes que reservan los festivales. Les llamaba y les presentaba su música, pero esos agentes nunca le respondían.

Una noche en un concierto, entre canción y canción, un fan borracho gritó: «¿Sabéis a qué sonáis? A *hillbilly flamenco*[4]». El público se rio y el grupo también. Esa noche bromearon al respecto en el escenario, y de nuevo en el viaje de vuelta a casa.

Una semana después, el grupo aún recordaba esas dos palabras: *hillbilly flamenco*. Era divertido, y al público le gustaba, y en realidad describía bien su música. Así que decidieron utilizarla más a menudo.

Cada vez que tocaban, empezaban a decir al público: «Si os preguntáis qué tipo de música es esta, ¡es *hillbilly flamenco*!».

Al final del espectáculo, preguntaban al público: «Cuando contéis a vuestros amigos qué tipo de música habéis escuchado esta noche, ¿qué diréis?». El público gritaba: «¡*Hillbilly flamenco*!».

Y aunque no lo creas, ¡funcionó! **La gente empezó a hablar a sus amigos de esta banda, porque era muy fácil y divertida de describir.** La asistencia a sus conciertos empezó a subir y subir.

Entonces, un día, David volvió a llamar a uno de esos agentes que reservan los grandes festivales. Pero esta vez David dijo: «¡Nuestro estilo musical es el *hillbilly flamenco*!».

El agente se rio y dijo: «¡Vaya, tengo que oírlo! Esta vez te voy a dar mi dirección personal».

El agente finalmente escuchó su música, y le encantó. Ahora David y su banda tocan en los festivales que siempre quisieron.

Cuando me contó esta historia, terminó diciendo: «Nuestra carrera tuvo un claro punto de inflexión. El día que empezamos a usar esas dos palabras para describir nuestra música marcó toda la diferencia».

---

4. Nota de la traductora: *Hillbilly Flamenco* es una expresión en inglés que se refiere a un estilo musical que combina elementos de la música tradicional del sur de los Estados Unidos (conocida como *hillbilly* o *country*) con la música flamenca originaria de España.

OBJETIVO

APUNTA A LA PERIFERIA

En las últimas décadas se ha producido un cambio sorprendente.

Antes se conseguía el éxito siendo normal y corriente. Pero ahora tienes más posibilidades de triunfar siendo **extraordinariamente inusual.**

Los compositores intentan escribir un estándar atemporal que resuene en todo el mundo. Pero ¿de qué sirve eso si nadie lo escucha porque tu música es demasiado normal?

Nuestra cultura está ahora dividida en nichos. En 1948, el programa de televisión de Milton Berle contaba con el 80 % de los espectadores, porque era una de las tres únicas opciones. Cuando los Beatles actuaron en Ed Sullivan en 1964, tuvieron el 60 % de los espectadores. Pero ahora los programas de mayor éxito solo consiguen el 1 % de todos los espectadores, porque hay muchas opciones.

No habrá otro álbum tan exitoso como *Thriller* de Michael Jackson. Ahora, con opciones ilimitadas, los aficionados a la música no tienen que esperar a que los medios de comunicación les digan qué les gusta. Pueden escuchar inmediatamente lo que quieran. Por eso, los gustos están más repartidos que nunca.

Así que llega a las personas que se han dirigido a la periferia. Son los que buscan algo nuevo y es más probable que deliren si les impresionas.

Piensa en la metáfora de disparar una flecha a una diana:

En el antiguo negocio de la música de éxito, tenías un single de éxito o nada. La única manera de tener éxito era dar en el centro exacto de un pequeño objetivo lejano. Si fallabas en el centro, no conseguías nada.

Ahora es como si el objetivo estuviera más cerca y fuera más grande, pero hay una trampa: Alguien cortó el centro de la diana.

Puedes apuntar al borde y acertar con bastante facilidad. Pero si sigues apuntando al centro, no hay nada.

Así que sé extraordinariamente inusual, y apunta a esas personas que se han dirigido a la periferia.

SI APUNTAS CON SUFICIENTE AGUDEZA, SERÁS EL DUEÑO DE TU NICHO

Digamos que has decidido que tu estilo de música debe llamarse, con orgullo, *power-pop.*

- Si dices en la primera frase o en el primer párrafo de todo tu marketing «¡Somos power-pop!».
- Si tu dirección de correo electrónico es «powerpop@gmail.com».
- Si el título de tu álbum es P*ower-pop Drip and Drop.*
- Si la matrícula de la furgoneta de tu banda es «POWRPOP».

Cuando alguien me pida una recomendación musical y diga que le gusta el *power-pop,* ¿adivinas a quién le voy a decir que compre?

Ten la confianza de encontrar tu nicho, definir quién eres, y luego declararlo una y otra vez.

Si lo haces con la suficiente constancia, te harás dueño de ese nicho. La gente no podrá imaginar ese nicho sin ti.

No olvides que puedes **utilizar tu ciudad o país** como nicho. Amplía tu influencia regional en tu género musical y decláralo como un subgénero oficial del que eres el creador. Piensa en ejemplos anteriores: El funk de Minneapolis, el *grunge* de Seattle, el K-pop coreano, la vanguardia islandesa y, por supuesto, los diferentes tipos de hiphop de cada rincón del mundo.

Puedes **crear tu propio nicho**, si eres valiente. Puedes ser el mejor artista de «metal medieval a capela» del mundo.

EXCLUYE ORGULLOSAMENTE A LA MAYORÍA DE LA GENTE

Nos encanta que alguien odie lo mismo que nosotros, sobre todo si es popular.

Nos atrae la confianza de alguien que no intenta complacer a nadie. Admiramos una postura fuerte y desafiante.

Puedes utilizarlo para atraer a tus futuros fans.

Puedes decir: «Si te gusta Katy Perry, nos odiarás». Entonces a la gente que odia a Katy Perry le encantará que hayas dicho eso y querrá comprobarlo.

Puedes decir: «No escuches esto si estás feliz con tu vida». Entonces la gente que odia toda esa basura feliz estará intrigada.

La mayoría de los músicos intentan complacer a todo el mundo. Así que, cuando no lo haces, sugiere que tienes el talento necesario para respaldar tu confianza.

Puedes ser como el portero de tu club exclusivo. Tal vez rechaces a cualquiera que tenga más de treinta años, o menos de cincuenta. Tal vez rechaces a cualquiera que lleve un traje, o a cualquiera que no tenga un tatuaje.

Hay gente genial en todo el mundo a la que le gustaría tu música. Puede que solo sea el 1 % de la población. Pero el 1 % del mundo son setenta y cinco millones de personas.

Rechaza en voz alta el 99 %. Señala quién eres. Cuando alguien de tu 1 % objetivo te oiga excluir con orgullo al resto, se sentirá atraído por ti.

LO BIEN REDONDEADO NO CORTA

Imagina que la atención del mundo es una gran pila de apatía, tan espesa que podrías cortarla con un cuchillo. Para llamar la atención sobre tu música, tienes que atravesar esa pila.

El único problema es que, si eres redondo, **no puedes cortar nada.** Necesitas estar bien afilado, como un cuchillo.

Veamos primero un mal ejemplo: te llamas María y sacas un disco llamado *Mis canciones,* cuya portada es una foto de tu cara. La música es de buena calidad y las canciones hablan de tu vida. Cuando la gente te pregunta qué tipo de música que haces, dices «Oh, de todo. Todos los estilos». Pones tu música en el mundo pero no pasa gran cosa. Las puertas no se abren.

Imagínate en cambio: Escribes nueve canciones sobre comida. Sacas un álbum llamado Sushi, Soufflé, y otras siete canciones sobre comida. Grabaste tus voces en la cocina. Dejaste la escuela de cocina para ser música.

Ahora tienes un ángulo de promoción. Ahora la gente puede recordarlo y recomendarlo. Sí, es un ejemplo tonto, pero ¿ves cómo esto sería mucho más fácil de promocionar?

Quizá pienses: «Pero tengo tanto que ofrecer al mundo, ¡no puedo limitarme así!». Así que extiende tu oferta musical al mundo a lo largo de muchos años, y mantén cada fase centrada claramente en un aspecto de tu música.

Fíjate en las largas carreras de David Bowie, Miles Davis, Madonna, Prince, Joni Mitchell o Paul Simon. Cada uno de ellos pasó por fases muy definidas, tratando cada álbum como un proyecto con un enfoque estrecho.

Sé afilado como un cuchillo, atraviesa el montón de apatía, y hazte notar.

Hazlo cada uno o dos años y, a la larga, tendrás una gran variedad.

SÉ UN PERSONAJE EXTREMO

Esto es divertido y amable.

Cuando la gente dice que una película tiene un gran personaje, quiere decir que es alguien especialmente impactante, divertido u honesto. Para ser un gran personaje debes ser fuera de lo común.

Supera tus límites exteriores. Muestra tu rareza. Saca a relucir todas tus excentricidades. El mundo lo necesita.

Tu personaje público —la imagen que muestras al mundo— debe ser un personaje extremo. Puede ser una versión de ti mismo o una máscara. (Es más fácil ser honesto detrás de una máscara).

Algunos de los mayores músicos de las últimas décadas han admitido que interpretaban un personaje. Eminem, por ejemplo, dijo que escribía las letras de sus canciones con el objetivo de impactar a un oyente pasivo para que prestara atención. Luego construyó su personaje público para que coincidiera con las letras.

¿Te preocupa que quizás debas ir a lo seguro, porque tu música no es tan extrema? Bueno… Piensa en los artistas conservadores y anticuados que probablemente le gustaban a tu bisabuela: Frank Sinatra, Judy Garland, Miles Davis, Billie Holiday… Incluso estas viejas leyendas eran bastante extremas.

Es más interesante para el público si eres lo contrario de lo normal. Así que sé un personaje extremo. El foco de atención es la excusa. Puedes hacer lo que quieras en nombre del entretenimiento.

UN CENTENAR DE ACTORES EN EL ESCENARIO

Imagina que estás entre el público de una obra de teatro y que hay cien actores en el escenario.

¿Cuáles destacarías? ¿Cuáles recordarías?

No necesariamente el más ruidoso o el más hiperactivo. Tal vez te atraiga la mujer de larga melena negra, medio escondida, de pie y en silencio al borde del escenario.

Ahora tú, como músico, eres uno de los actores de ese escenario superpoblado.

¿Destacarías? **¿Sabría la gente lo que representas, a simple vista?**

Sé identificable, para que la gente que te busca pueda encontrarte entre la multitud.

(Aunque no lo olvides: el actor más memorable será el que hable contigo después de la función).

EL VODKA MÁS CARO

Hay una empresa de vodka que se anuncia como «el vodka más caro que se puede comprar».

Es tentador. Es casi un reto. (¡Y excluye con orgullo a la gente!).

Mientras que la mayoría de las empresas intentan ser las más baratas, unas pocas hacen lo contrario y pretenden ser las más caras.

La mayoría de la gente trata de imitar las tendencias y estilos actuales.

Así que te sugiero que declares con valentía que eres algo totalmente ajeno a las tendencias, lo contrario de lo que todo el mundo intenta ser.

Anuncia tu espectáculo en directo como «el concierto más aburrido que verás».

Llama a tu música «la menos pegadiza, poco memorable y poco bailable que jamás hayas escuchado».

Dile a la industria musical «esta música no tiene ningún potencial de éxito».

Seguro que llama la atención de la gente. Es casi un reto.

HACER LO CONTRARIO QUE LOS DEMÁS ES VALIOSO

Es la oferta y la demanda. **Cuanta más gente hace algo, menos valioso es.**

Todos los demás realizan varias tareas. Así que es más valioso hacer una sola tarea.

Todos los demás están hiperconectados. Así que es más valioso desconectarse.

El consejo de inversión de Warren Buffett es: «Sé temeroso cuando los demás son codiciosos, y sé codicioso cuando los demás son temerosos».

Así que haz lo que otros no están haciendo.

Si tocas un instrumento, dale un giro que nadie haya hecho antes. Como la flauta *beatbox* de Greg Pattillo. El New York Times dijo que es «la única persona del mundo que hace lo que él hace».

Cuando me ganaba la vida tocando en universidades, tenía tres actuaciones diferentes: una banda de rock, un espectáculo acústico en solitario y *Las plagas profesionales*, una actuación en la que corría con una bolsa de licra negra, molestando a la gente. *Las plagas profesionales* superaron a los otros actos en una proporción de cinco a uno, porque hay montones de bandas de rock, montones de espectáculos acústicos en solitario, pero solo un lugar para contratar a un tipo que corre con una bolsa, molestando a la gente.

Fíjate en lo que hacen tus competidores y comprométete a no hacerlo. **No intentes ganarles en su juego. Juega a algo completamente diferente.** Sé radicalmente opuesto. No te asocies con ellos de ninguna manera. Sé tan diferente que la gente ni siquiera piense en compararte.

Antes del lanzamiento de Starbucks, una taza de café en casi cualquier lugar costaba cincuenta céntimos. Pero Starbucks quería vender su café por cuatro dólares. ¿Cómo pudieron salirse con la suya? Crearon un ambiente único dentro de sus tiendas. Crearon nombres únicos para sus tamaños, como *Grande y Venti*. Crearon nombres únicos para sus bebidas, como *Frappuccino*. Sus ofertas eran tan diferentes que la gente aceptaba el precio de cuatro dólares sin compararlo con la típica taza de café de cincuenta céntimos.

Así de diferente debes ser. No compitas. Sé completamente diferente.

VENDE MÚSICA RESOLVIENDO UNA NECESIDAD CONCRETA

La música instrumental se vende mejor si se vincula a un propósito.

La música para masajes se vende muy bien.

La música de yoga se vende muy bien.

La música instrumental navideña se vende muy bien.

Fíjate que están vendiendo algo más que la propia música. Venden algo que quienes no son músicos encuentran útil. **Resuelven un problema.**

Imagina a dos fabricantes de velas.

Uno de ellos dice: «¡Mis velas tienen la cera más fina con la mecha de mejor calidad!».

El otro dice: «Estas son velas de oración. Enciende una cada vez que reces».

Hay docenas de personas que comprarán la primera.

Pero hay millones que comprarán la segunda.

LA GENTE BUSCA LO OSCURO CON MÁS AHÍNCO

En CD Baby, había un gran músico que hizo un increíble álbum de heavy metal progresivo.

Teníamos una sección de «palabras clave para la búsqueda», en la que le pedían tres artistas con un sonido similar, él se limitaba a escribir los actos pop más vendidos de la época («Britney Spears, Ricky Martin, Backstreet Boys»).

¿En qué demonios estaba pensando? Solo quería aparecer en los motores de búsqueda de la gente, a cualquier precio. ¿Pero para qué? ¿Y para quién?

¿Realmente quería engañar a una fan de Britney Spears para que encontrara su oscuro álbum de metal progresivo? ¿Empezaría esa preadolescente a escuchar su epopeya de diez minutos llamada *Confusing Mysteries of Hell?*

Le sugerí que, en cambio, tuviera la confianza de dirigirse a los verdaderos fans de su música.

Así que puso tres oscuros artistas de metal progresivo en la descripción de su buscador («Fates Warning, Shadow Gallery, Angra»).

¿Y adivinas qué? Vendió más música que nunca. La gente que buscaba a estos oscuros artistas solo lo encontró a él. Encontró a sus verdaderos fans.

Los fans de los nichos oscuros buscan más. Asegúrate de que te encuentren. Quieres a los fans apasionados de tu nicho, no a los fans casuales de las tendencias.

CANTIDAD

POR QUÉ NECESITAS UNA BASE DE DATOS

Una base de datos no es más que una colección organizada de información. Puedes tener una base de datos de tu música o de tus libros. Pero yo voy a hablar de una base de datos de toda la gente que conoces. Tu aplicación de correo electrónico es una especie de base de datos. Tiene una libreta de direcciones de todas las personas a las que has enviado correos electrónicos, y un historial de tus correos con cada persona. Así que ya has hecho la mitad de lo que voy a describir aquí.

Pero te voy a recomendar que vayas más allá, y que también lleves un control de:

- Tus notas privadas sobre las personas («sirvió en el ejército, le encanta hablar de política»).
- Etiquetas para ayudarte a encontrar personas («baterista, programador, agente»).
- Ubicación física («Londres, Inglaterra»).
- Cuándo debes ponerte en contacto con esta persona la próxima vez («dentro de tres semanas»).

Una vez que tengas esta información, podrás encontrar fácilmente a todos los agentes que conozcas en Londres, y enviarles un correo electrónico sobre una actuación.

La otra gran característica de una base de datos es que puede personalizar tu comunicación. En lugar de enviar un mensaje como «Hola a todos. ¿Cómo estáis?», tu base de datos enviará correos electrónicos personalizados como «Hola, James. ¿Cómo estás?», «Hola, Sarah. ¿Cómo estás?». No solo capta mejor su atención, sino que es más amable.

Mantendrá un historial de tu comunicación con todo el mundo. Esto ayuda cuando escuchas de alguien por primera vez en años. Puede recordarte quién es y mostrarte la última vez que hablaron. También te ayuda a hacer cosas como encontrar solo a las personas de las que no has tenido noticias en más de un año. Puedes establecer recordatorios en el calendario para que te recuerden que tienes que hacer un seguimiento de alguien más tarde.

En cuanto a qué base de datos utilizar, tengo tres recomendaciones:

1. Cloze. Ve a Cloze.com. Enlázalo con tus bandejas de entrada y cuentas de redes sociales existentes, y sacará la información de todas las personas que ya tienes ahí. Es brillante y está lleno de funciones.

2. Monica. Ve a MonicaHQ.com. Es el más personal y está focalizado en las personas, ya que te anima a llevar un registro de todo lo que sabes sobre todo el mundo. Además, es de código abierto y se puede instalar gratuitamente en tu propio servidor.

3. Acabé programando mi propio software de base de datos, que pienso compartir gratuitamente algún día. Quizá para cuando leas esto, ya esté listo. Solo tienes que enviarme un correo electrónico para pedírmelo.

Utilizar una base de datos es una de las cosas más poderosas que puedes hacer por tu carrera. No lo dejes para después. No es tan complicado como parece. Cuanto antes empieces, mejor.

MANTENTE EN CONTACTO CON CIENTOS DE PERSONAS

Todas las personas que has conocido tienen el potencial de ayudarte.

Si te mantienes en contacto y sigues pensando en ellos, hay muchas posibilidades de que se te presente una oportunidad. Pero, si no te mantienes en contacto, ese potencial casi desaparece. Si no estás en contacto, no estás presente.

Así que tienes que crear un sistema automático sencillo para mantenerte en contacto sin depender de tu memoria. Utiliza tu base de datos para etiquetar a todos en una categoría como ésta:

- **Lista A:** Personas muy importantes. Contacto cada tres semanas.
- **Lista B:** Gente importante. Contacto cada dos meses.
- **Lista C:** La mayoría de la gente. Contacto cada seis meses.
- **Lista D:** Personas que han bajado de posición. Contacta una vez al año, para asegurarte de que sigues teniendo sus datos correctos.

Cuando te pongas en contacto con cada persona, averigua cómo le va. Fíjate si puedes ayudarles de alguna manera.

Este contacto regular debe ser desinteresado y sinceramente atento. No pidas un favor a menos que hayas estado en contacto recientemente. Es un poco insultante contactar con alguien con quien no has hablado en mucho tiempo, solo para pedirle un favor.

La mayoría de la gente es tan mala a la hora de mantenerse en contacto que apreciará mucho que lo hagas. Y cuando lo conviertes en un hábito, es fácil estar en contacto con cientos o miles de personas.

CONOCE A TRES PERSONAS NUEVAS CADA SEMANA

Ese es tu sencillo objetivo: ampliar tu red de contactos. Cada semana, conoce al menos a tres personas nuevas que puedan ayudarte en tu carrera.

Mantén una conversación real, algo más que un texto en una pantalla. Haz preguntas, conócelos y establece una conexión personal. Aprende qué es lo que buscan y cómo puedes ayudarles.

A este ritmo, conocerás a ciento cincuenta personas nuevas cada año. **Cuanta más gente conozcas, mejor.**

Una de las mayores estrellas del pop del mundo en estos momentos empezó a reunirse con cincuenta personas al día durante un año. Antes de su primer álbum, su representante la llevó por todo Estados Unidos para que conociera a todos los promotores, productores, directores de radio, directores de vídeo, escritores, editores, publicistas... a todas las personas del mundo de la música que podrían ayudar a su carrera. Apenas cinco minutos de saludo, apretón de manos y «encantada de conocerte» con esta encantadora futura estrella del pop. Debió ser agotador. Pero, después de un año de esto, había quince mil personas en la industria musical que la habían conocido cara a cara y que siempre sentirán una conexión personal con ella.

Aunque probablemente no llegues a este extremo, es un ejemplo de lo lejos que podrías llevar esta idea.

Si asumimos que tu música es estupenda y que eres una persona simpática a la que a la gente le gusta ayudar, haré esta predicción: **El número de personas que conozcas determinará tu éxito.**

MANTÉN EL CONTACTO

Cuando promocionaba mi música, me di cuenta de un patrón interesante. Si mantenía una buena conversación con alguien del mundo de la música, a menudo me enviaba una oportunidad en uno o dos días.

En otras palabras, cuando miro hacia atrás y veo las oportunidades aleatorias que se me presentaron, a menudo vinieron de alguien con quien acababa de hablar un día o dos antes.

Sí, lo he dicho dos veces para enfatizarlo. Esto es importante.

Años más tarde, cuando dirigía CD Baby, surgieron varias oportunidades en las que alguien me pedía que recomendara a un músico. Casi siempre recomendaba al músico con el que acababa de hablar, ya que era el primero que se me ocurría. Por eso es tan importante mantener el contacto.

Había algunos músicos increíbles cuya música me encantaba, así que me puse en contacto con ellos para decirles que era un gran fan y que me encantaría ayudarles como pudiera. Pero si no se mantenían en contacto, acababan desapareciendo de mi mente. Es una pena, pero así es la vida.

Había algunos músicos buenos (pero no increíbles) que se mantuvieron muy bien en contacto. Así que, cuando se me presentaron oportunidades, ¿adivinas en quién pensé para recomendar? Sí. Así es la vida.

La diferencia entre el éxito y el fracaso puede ser tan sencilla como mantener el contacto.

Conocer a la gente requiere un esfuerzo. Así que, una vez hayas conocido a alguien, saca el máximo provecho de la relación para ambos. Mantén el contacto.

CADA AVANCE VIENE DE ALGUIEN QUE CONOCES

Cuando promocionaba mi música, solía buscar oportunidades en todo el mundo.

Solo más tarde me di cuenta de que todos los grandes avances que ocurrieron en mi carrera vinieron de alguien que conocía.

Cuando llegas a una oportunidad a través de una conexión, tienes una ventaja. No eres anónimo. Ya has pasado por un filtro y has superado una prueba. Eres especial porque se trata de una referencia personal.

¿Significa esto que debes dejar de buscar oportunidades en el mundo? No. Por supuesto que no.

Aprovecha parte de ese tiempo de búsqueda y dedícalo a mantener los contactos que ya tienes.

Mientras, también sigue mirando al mundo. Pero cuando encuentres una oportunidad, no te limites a mezclar tu música con el resto. Conoce a la gente que hay detrás. Distínguete. Hazlo personal. **Y en ese momento se trata de alguien que ya conoces.**

Todos los avances provienen de alguien conocido.

PON A TRABAJAR A TUS FANS

¿Recuerdas a ese tipo que viene a todos tus espectáculos?

¿Y a esa mujer que siempre te dice lo mucho que le gusta tu música?

¿Y a ese fanático que te dijo: «Si alguna vez necesitas algo, pídelo»?

Ponlos a trabajar.

La gente que se acerca así busca una misión: una conexión con tu mundo. Puede que seas lo mejor que le haya pasado a un adolescente que está pasando por una fase impopular. Puedes ayudar a alguien a empezar una nueva vida tras una ruptura. Puedes aportar algo de variedad emocionante a sus rutinas aburridas.

Escribe una lista de lo que hay que hacer. Invítalos a comer pizza para pasar una tarde ayudando. Recorred juntos la ciudad y colocad folletos de los conciertos. Pídeles que revisen una lista de medios de comunicación y que contacten con cinco personas por semana.

Podrías pensar: «¿Cómo puede alguien querer hacer este trabajo tan aburrido gratis?». Pero mucha gente tiene demasiado tiempo libre y quiere emplearlo en algo que no sea ver la televisión.

Para la mayoría de la gente, el negocio de la música es pura magia. Es rebelión y pasión y fantásticamente romántico. Pueden vivir a través de alguien que sigue sus sueños apasionados contra todo pronóstico.

Trabajar contigo puede ser lo más cerca que estén de ese mundo mágico. Dale a alguien la oportunidad de estar en ese grupo selecto. Ponlos a trabajar.

INCLUYE A TODOS EN TU ÉXITO

Todos los que se sienten atraídos por ti antes de que seas famoso están pensando lo mismo: **¡Podrías ser famoso pronto!**

- Aficionados que quieren ayudarte.
- Profesionales que quieren conocerte.
- Músicos que quieren tocar contigo.
- Empresas que quieren trabajar contigo.

Todos esperan ser incluidos en tu glorioso futuro.

A medida que tengas más éxito, comparte ese éxito con quienes te ayudaron hace años. Cuando estés en el torbellino de la fama, no puedes depender de tu memoria. Así que usa tu base de datos para recordar quién te ha hecho favores especiales. **Cuando seas famoso, devuelve los favores.** Ponte en contacto con ellos e invítalos a tu nuevo mundo. (No esperes a que te lo pidan).

¿Los que te daban sus servicios gratis? Ahora puedes pagar el precio completo.

¿Los que querían glamour por asociación? Invítalos a la mejor fiesta.

¿Los que se merecen más reconocimiento? Alábalos frente a tu nuevo público.

El destino no te lleva al éxito. Los que te rodean te llevan a él. Así que reconoce su contribución y haz que te acompañen en el camino.

CÓMO ASISTIR A UNA CONFERENCIA

Asistir a un congreso de música es la forma más eficaz de conocer el mayor número de los mejores contactos.

Las personas que asisten a las conferencias son ambiciosas, trabajan ya en el sector y están abiertas a conocer gente nueva.

Te recomiendo encarecidamente que vayas a unas cuantas conferencias de la industria musical cada año.

Dicho esto… **La mayoría de la gente pierde completamente su tiempo y su dinero cuando asiste a una conferencia.** Así que aquí tienes cómo hacerlo bien:

INTERÉSATE Y ESCUCHA

Sabes que la forma de ser interesante para los demás es **interesarte** por ellos.

Así que, la semana anterior a la conferencia, lee uno o dos libros sobre **cómo ser un gran oyente.** (El clásico original de los años 30 se titula *Cómo ganar amigos e influir sobre las personas,* pero hay muchos libros similares sobre el don de gentes, y todos son buenos).

Utiliza la conferencia como campo de pruebas para tus nuevas habilidades de escucha. Interésate al máximo por los que te rodean. Piensa como un reportero de investigación.

PIENSA EN CÓMO PUEDES AYUDAR A CADA PERSONA QUE CONOZCAS

Dirígete a un desconocido y dile: «Hola, ¿a qué te dedicas?».

Pregunta cómo se inició en eso. Pregúntale qué es lo que les cuesta. Averigua cómo puedes ayudarle.

Si es demasiado tímido, ayúdale presentándole a la siguiente persona que conozcas e invitándole a cenar. Si es demasiado popular, ayúdale a escapar de la multitud para que tenga un poco de paz y tranquilidad.

Intercambiad información de contacto a los pocos minutos de conoceros. Si esperas demasiado, uno de los dos se alejará y será demasiado tarde.

Si eres una persona introvertida como yo, esto será agotador. Pero solo tienes que hacerlo durante unas horas, y esto solo ocurre unas pocas veces al año. Merece la pena el esfuerzo.

Cada noche, antes de acostarte, introduce la información de todos tus nuevos contactos en tu base de datos, incluyendo tus notas privadas sobre lo que recuerdas de cada persona. Es fundamental que lo hagas antes de conocer a más personas al día siguiente.

Envíales un mensaje inmediatamente, conectando el tú digital con el tú físico. («Hola, John. Me alegro de haberte conocido hoy. Tenías razón con lo de las bicicletas. Aquí tienes un enlace a la página web por la que preguntaste. Nos vemos mañana en la fiesta de cierre»). Incluye tu información de contacto completa.

Si te interesas sinceramente por ellos y tratas de ayudarlos activamente, probablemente ellos se interesarán por ti y tratarán de ayudarte.

¿Y TÚ?

Fíjate que no he dicho nada de promocionarte. Se trata de ellos, no de ti. Tu promoción vendrá después.

La gente te preguntará a qué te dedicas. **No des una respuesta aburrida, es de mala educación.** Si dices «soy bajista», dirán «oh», seguido de un silencio incómodo y una excusa sobre por qué tienen que marcharse.

Antes de la conferencia, inventa una frase interesante que diga lo que haces, incluyendo una parte curiosa que les haga hacer una pregunta de seguimiento. Por ejemplo: «Bajista de los Crunchy Frogs, el peor grupo de *bluegrass* punk de la historia. Encabezamos el espectáculo de esta noche. Nuestro cantante es un pirata». ¿Ves cómo eso puede dar lugar a preguntas?

Cualquiera que lo escuche te preguntará por qué crees el peor, o por qué tu cantante es un pirata. Les estás ayudando a entablar una conversación. Además, al mencionar rápidamente un galardón, les estás demostrando que vale la pena conocerte.

Pero, por favor, detente después de decir tu frase. **Lo único peor que una respuesta corta y aburrida es una respuesta larga y aburrida.** Deja espacio para que te pregunten algo. Si no lo hacen, vuelve a cambiar de tema.

No impongas tus cosas a alguien que no las pide. Es el mayor rechazo de todos. Porque demuestra que no entiendes el verdadero objetivo, que es...

LOS VERDADEROS NEGOCIOS SE HACEN EN EL SEGUIMIENTO, NO EN LA PROPIA CONFERENCIA.

La conferencia en sí es un bombardeo de distracciones. Utilízala solo para estas primeras conexiones.

Asume que cualquier cosa que entregues a alguien en una conferencia será desechada. Así que no lo hagas, a menos que te lo pidan.

En cambio, si quieres que tengan algo tuyo, envíalo más tarde.

El mejor momento para llegar a ellos es cuando están **solos, de vuelta en su oficina, una o dos semanas después de la conferencia,** y pueden prestarte toda su atención individual.

Es entonces cuando quieres que alguien compruebe lo que ofreces: cuando se centra en ti.

Te recordarán como muy interesante. Luego descubrirán que también tienes mucho talento.

TODO ES CUESTIÓN DE SEGUIMIENTO.

Después de asistir a más de un centenar de conferencias en veinte años, puedo decir por experiencia que solo un 1 % de las personas hacen un seguimiento. Por lo tanto, el 99 % pierde su tiempo y su dinero. Por favor, no estés en ese 99 %.

Todo sucede en el seguimiento. Recuerda esto y te irá bien.

NO SEAS UN MOSQUITO

Un mosquito entra en una habitación llena de gente solo para chupar algo de ellos.

La gente odia a los mosquitos.

Es importante conocer a la gente, pero más importante es entablar una relación. Haz preguntas. Escucha.

Aprende lo que les gusta. Aprende lo que quieren. **Averigua qué puedes hacer por ellos.**

Las relaciones son recíprocas. Hay que dar para recibir. No seas un mosquito.

DINERO

DESHAZTE DE TUS TABÚES SOBRE EL DINERO

Todo el mundo tiene extrañas asociaciones mentales con el dinero. Creen que la única manera de ganar dinero es quitárselo a los demás. Piensan que cobrar por tu arte significa que no eres sincero y que solo buscas beneficios.

Pero después de conocer a miles de músicos durante más de veinte años, he aprendido esto:

Los músicos más infelices son los que han evitado el tema del dinero y ahora están arruinados o necesitan un trabajo diurno agotador. Puede sonar bien decir que el dinero no importa, decir «No te preocupes por eso», pero conduce a una vida realmente dura.

Entonces, en última instancia, tu música se resiente, porque no puedes dedicarle el tiempo que necesita y no has encontrado un público que la valore.

Los músicos más felices son los que desarrollan su valor y cobran con confianza un precio elevado. Hay una profunda satisfacción cuando sabes lo valioso que eres y el mundo está de acuerdo. Entonces te refuerzas, porque puedes centrarte en ser el mejor artista que puedes ser, ya que has encontrado un público que te recompensa por ello.

Así que nunca subestimes la importancia de ganar dinero. Deja de lado cualquier tabú que tengas al respecto.

El dinero no es más que un intercambio neutral de valor. Si la gente te da dinero, es una prueba de que les das algo valioso a cambio.

Si te centras en ganar dinero con tu música, te aseguras de que sea valiosa para los demás, no solo para ti.

¿VALIOSO PARA LOS DEMÁS O SOLO PARA TI?

Cuando tengo calor, me resulta difícil imaginar que los demás en la habitación tienen frío. Creo que realmente hace calor, no que solo hace calor para mí. Lo siento como un hecho, no como una opinión.

Cuando hago algo que es realmente valioso para mí, me resulta difícil imaginar que no sea valioso para los demás. Creo que es realmente valioso, no que lo es solo para mí. Lo siento como un hecho, no como una opinión.

Esto es comprensible. Nuestros sentimientos se sienten como hechos. Es difícil imaginar que no lo sean.

Este es el problema del «artista frustrado»

Cuando alguien crea algo que le parece importante, poderoso y valioso, es difícil imaginar que no sea importante, poderoso y valioso para los demás.

Pero el dinero solo viene de hacer algo valioso para los demás

El artista frustrado vuelca su corazón en un proyecto que es increíblemente valioso para él, pero que no lo es (todavía) para los demás. Por eso no llega el dinero.

La buena noticia es que **hay dos formas de salir del problema del artista frustrado,** y cualquiera de ellas puede ser divertida.

N.º 1: CÉNTRATE EN HACER QUE TU MÚSICA SEA MÁS VALIOSA PARA LOS DEMÁS

El arte no termina en el borde del lienzo. Mantén tu creatividad en marcha. Pregúntate constantemente: «¿Cómo puedo ser más valioso para el público?». Puede que se te ocurran ideas como estas:

- Convierte lo que haces de una exposición pública a un servicio personal. Personaliza tu trabajo para quienes te contratan.
- Difunde una versión fascinante de tu historia, para que los fans se interesen emocionalmente por ti.
- Sé más divertido para que la gente no necesite gustos sofisticados para apreciar tu música.
- Haz que tus espectáculos sean solo por invitación.
- Haz que participen más sentidos. Haz una actuación en directo tan interesante desde el punto de vista visual que incluso los sordos la adoren. ¿Puedes incluso incorporar el olfato, el tacto o el gusto?
- Ve a donde ya fluye el dinero. Adapta lo que haces a las necesidades de las empresas, los centros de vacaciones, los hospitales o las universidades.

Entonces, oblígate a probar las mejores ideas, aunque al principio te parezca poco natural. Lee libros sobre negocios y psicología para obtener más ideas, ya que muchas mentes brillantes se plantean la misma pregunta desde una perspectiva diferente.

Hazlo repetidamente, prestando atención a los comentarios de los demás, y serás más valioso.

Aunque, si ves que esto te hace sentir más miserable que entusiasmado, prueba el otro camino:

N.º 2: DEJA DE ESPERAR QUE SEA VALIOSO PARA LOS DEMÁS

Acepta tu música como algo personal y valioso solo para ti. Consigue tu dinero en otra parte.

El sexo con mi novia es muy valioso para mí y para ella, pero por suerte no intento que sea valioso para los demás.

Si dejas de esperar que tu música sea valiosa para los demás, tu mente podrá por fin estar en paz. Hazlo solo porque te gusta y, sinceramente, no te importa lo que piensen los demás.

Incluso podrías mantenerlo en privado como un diario, solo para tener en claro para quién es realmente.

Probablemente estarás más contento con tu música gracias a este cambio de mentalidad. Irónicamente, puede que los demás también la aprecien más, aunque a ti, sinceramente, te dará igual.

LA FILOSOFÍA DE PONER UN PRECIO

Durante años me gané la vida tocando en las universidades.

Una vez, una universidad de Ohio —a unas doce horas de viaje— me preguntó cuánto cobraría por hacer un **espectáculo de dos horas.**

Dije: «Mil quinientos dólares».

Me dijo: «Oh, eso es demasiado. ¿Cuánto cobrarías por hacer una **presentación de solo una hora?**».

Dije: «Dos mil dólares».

Me dijo: «No, espera, ¡actuarás menos, no más!».

Yo dije: «¡Sí! ¡Exactamente! ¡Para lo que me pagas es para llegar allí! Una vez que estoy allí, tocar música es la parte divertida. Si me dices que tengo que volver a la furgoneta y conducir a casa después de solo una hora, entonces te voy a cobrar más que si me dejas tocar un par de horas».

Le gustó tanto que me dio los mil quinientos dólares.

El punto es: Los negocios son creativos. Puedes hacer las cosas como quieras. No hay necesidad de adherirte a las normas. Las normas son para los negocios sin personalidad.

Vierte tu personalidad y filosofía en tu forma de hacer negocios. La gente aprecia de verdad que hagas las cosas de forma sorprendente. Demuestra que te preocupas más que la mayoría, que te esfuerzas, que no lo haces solo por el dinero.

DESTACA EL SIGNIFICADO POR ENCIMA DEL PRECIO

Un músico llamado Griffin House solía vender CD en sus conciertos por quince dólares. Lo mencionaba una o dos veces desde el escenario y vendía unos **trescientos dólares de media por noche.**

Un día, su director, Terry McBride, le pidió que probara un enfoque completamente diferente. Le dijo:

Dile al público: «Es muy importante para nosotros que tengáis nuestro CD. Hemos trabajado tanto en él y estamos tan orgullosos de él que queremos que lo tengáis, pase lo que pase. Pagad lo que queráis; pero aunque no tengáis dinero, por favor, coged uno esta noche».

Repite esto antes del final del espectáculo: «Por favor, que nadie se vaya de aquí esta noche sin llevarse una copia de nuestro CD. Hemos compartido este gran espectáculo juntos, así que significaría mucho para nosotros que os llevarais uno».

La petición pasa de ser un argumento comercial a una conexión emocional. Permitirles obtener un CD sin dinero no hace más que reforzar eso.

En cuanto Griffin hizo este cambio, empezó a vender unos **mil doscientos dólares de media por noche**, ¡incluso contando a las personas que lo cogían gratis! El precio medio de venta era de unos diez dólares.

Pero la parte importante vino después:

Como cada persona salía de cada espectáculo con un CD, era más probable que recordara a quién había visto, se lo contara a sus amigos, lo escuchara más tarde y se convirtiera en un fan aún más dedicado.

Luego, cuando la banda volvió a una ciudad donde habían insistido en que todo el mundo se llevara un CD, ¡la asistencia a esos conciertos se duplicó! Las personas que se llevaron un CD se convirtieron en fans a largo plazo y llevaron a sus amigos a futuros conciertos.

Así que, sea lo que sea lo que vendas, haz hincapié en su significado, no en su precio.

A ALGUNOS LES GUSTA PAGAR. DEJA QUE LO HAGAN

No todo el mundo es pobre.

Cuando los músicos me ponen en la lista de invitados de un local, pago igualmente. Me gusta apoyar al local y al artista.

Cuando el sello discográfico Magnatune dejó que la gente pagara tan poco como cinco dólares para comprar un álbum, pagaron una media de nueve dólares con ochenta. Muchos pagan mucho más, porque saben que va a parar al artista.

El álbum *In Rainbows* de Radiohead se ofrecía de forma gratuita, pero el 40 % de la gente optó por pagarlo de todos modos.

Es como donar dinero a su organización benéfica favorita. No tienen que hacerlo, pero les hace felices.

Cuando ofrezcas algo gratis, no olvides que hay mucha gente a la que le gusta pagar. **Apela a este lado de la gente, dándoles una razón para pagar que les haga sentir bien.**

Diles lo que su pago va a apoyar. Muéstrales lo mucho que aprecias la compra. Eso les hará felices por darte dinero.

CUANTO MÁS ALTO ES EL PRECIO, MÁS SE VALORA

Los experimentos de psicología han demostrado que, cuanto más paga la gente por algo, más lo valora.

Las personas a las que se les dio una píldora placebo tenían el doble de probabilidades de que su dolor desapareciera cuando se les dijo que la píldora era cara.

Las personas que pagaron más por las entradas tenían más probabilidades de asistir al espectáculo.

Cuando la gente quiere lo mejor, se fija en el precio para saber qué es lo mejor. Creen que el vino caro sabe mejor. Creen que los auriculares caros suenan mejor. Incluso cuando, en secreto, esas cosas no son diferentes de las baratas.

Si firmas un contrato con una empresa, negocia el mayor anticipo posible. Aunque no necesites el dinero, es la mejor estrategia, porque, cuanto mayor sea el anticipo, más trabajará la empresa para recuperarlo. Esto acaba siendo mejor para todos.

Tony Robbins, cuando empezó a tener éxito, empezó a cobrar un millón de dólares por las consultas personales. Su razón fue sorprendente. No era por el dinero. Era porque su objetivo era ayudar a la gente a mejorar su vida, y su mayor problema era que la gente no hacía el trabajo necesario después de acudir a él. Así que si alguien gasta un millón de dólares, seguro que va a hacer el trabajo. Dice que mantiene su tasa de éxito al 100%.

Así que es empático cobrar más por tu trabajo. La gente lo apreciará más y obtendrá mejores resultados.

¿LOS FANS SE LO CUENTAN A SUS AMIGOS? SI NO ES ASÍ, NO PROMUEVAS

¿Debes dedicar más tiempo a la promoción en este momento?

¿O deberías dedicar más tiempo a crear y mejorar? Es una pregunta difícil. Por suerte para ti, tengo la respuesta.

Todo se reduce a una observación: **¿Tus fans le muestran tu música a sus amigos?**

Si no es así, no pierdas el tiempo promocionándolo todavía. Sigue trabajando, mejorando y creando, hasta que tus fans hablen de ti a sus amigos.

Para que quede claro, no me refiero a que los fans se lo digan a los amigos porque tú se lo hayas pedido. No pueden hacerlo solo para ayudarte, como un favor. Tienen que hacerlo solo porque les gusta tanto tu música que están haciendo un favor a sus amigos al mostrarles tu música.

Tu música tiene que ser notable, tan sorprendentemente buena que los demás la comenten.

Hasta ese momento, es mejor que te limites a mejorar y crear todo lo que puedas.

Si quieres saber más sobre esto, lee el libro de Seth Godin, *Purple Cow.*

NO PROMOCIONES ANTES DE QUE LA GENTE PUEDA ACTUAR

A menudo oigo a los músicos decir que quieren hacer una promoción anticipada, es decir, contar a la gente su nuevo álbum antes de que esté disponible para su compra.

Aunque el plan puede ser generar emoción, creo que ocurre lo contrario. Imagina el diálogo.

«¡Escucha mi nueva música!».

«¿Dónde está? ¿Puedo comprarla?».

«Todavía no, pero pronto».

«¿Por qué me lo dices ahora?».

«¡Así podrás estar preparado para el anuncio!». (Luego pasan dos meses).

«¡Escucha mi nueva música! Ya está lista».

«Creo que ya he oído hablar de esto. No es nuevo. Eliminar».

En su lugar, imagina este plan:

1. Graba tu música.
2. Inicia conversaciones con las personas que promueven la música. No les propongas nada. Simplemente, conócelos.
3. Prepara tu plan de marketing, pero no lo hagas todavía. Solo ponlo todo en marcha.
4. Haz que tu música se distribuya por todas partes. Antes de anunciarla, asegúrate de que realmente está ahí. Escúchala a través de *streaming* e incluso compra una copia, para asegurarte de que no hay errores.
5. Por último, haz tu promoción y díselo a todo el mundo.

Una de las cosas buenas del *crowdfunding* es que, para cada proyecto, hay dos etapas en las que la gente puede actuar, por lo que se puede repetir este ciclo dos veces.

Nunca promuevas algo antes de que la gente pueda pasar a la acción, o podrías desperdiciar el único momento en que tendrás su atención.

NUNCA PONGAS UN LÍMITE A TUS INGRESOS

Imagina a dos personas. Una es una juguetera. La otra es una masajista.

Imagina que ambas se hacen famosas de repente. Ahora un millón de personas quieren esos juguetes. Y un millón de personas quieren un masaje de esa masajista.

Para el fabricante de juguetes, eso no es problema. Que el fabricante haga un millón más.

¿Para la masajista? Es un gran problema. Ella está limitada por su tiempo de trabajo.

Entonces, ¿en qué negocio prefieres estar? ¿Uno que ganes dinero mientras haces otras cosas, o uno que solo se beneficie de tus propias manos?

Muchos expertos dicen que, como la gente no compra música grabada, los músicos deberían limitarse a dar conciertos. Pero ese plan tiene sus defectos. Limita tus ingresos.

Entonces, ¿de qué otras maneras puede tu música obtener ingresos mientras duermes? Originalmente tenía una lista de ideas aquí, pero todas eran muy obvias, y no sé qué década será cuando leas esto. Así que lo importante es seguir planteando la pregunta y seguir probando las ideas.

ENFOQUE

EPILOGUE

MÚDATE A LA GRAN CIUDAD

Odio admitir esto, pero es cierto.

Una de las mejores cosas que puedes hacer por tu carrera es trasladarte a una gran ciudad, a uno de los principales centros de medios de comunicación, los lugares que transmiten a todo el mundo. **Nada menos que Nueva York, Los Ángeles, Londres, Mumbai, Hong Kong o quizás San Francisco.** (Nashville, París, Seúl o Tokio solo cuentan si te limitas a esos mercados).

Son los lugares donde todo sucede. Donde tienen su sede las mayores empresas de comunicación del mundo. Donde fluye el dinero. Donde viven y trabajan los agentes, productores y ejecutivos de más éxito. Donde van las personas más ambiciosas.

Tienen una energía seria, porque hay mucho en juego. No es casual. No son lugares para un equilibrio cómodo entre el trabajo y la vida privada. Están alimentados por la ambición. La gente no para.

He vivido en un montón de sitios, pero, cuando miro hacia atrás en mi carrera, es obvio que los mayores avances se produjeron porque estaba viviendo en el corazón de la industria musical en Nueva York y Los Ángeles.

Demuestra que estás en el juego. Demuestra que vas en serio. Te proporciona una competencia sana saber que las mayores estrellas y leyendas de hoy en día también están ahí contigo. Te reta a poner tus habilidades al nivel de los mejores, en el lugar de los mejores de tu ciudad.

Una vez seas famoso, y los medios de comunicación manejen tu reputación, podrás alejarte si quieres. Pero incluso entonces estarás un poco fuera de juego. Puedes decidir si eso te parece bien.

Viví nueve años en Nueva York y siete en Los Ángeles. Conocí a muchas personas maravillosas, otras personas ambiciosas como yo que se habían mudado desde todo el mundo para tener éxito.

Entonces, ¿por qué odio admitir esto?

Porque me encanta cómo Internet ha hecho posible que cualquiera tenga éxito, en cualquier lugar. Me encanta la idea de vivir en medio de la nada, rodeado de naturaleza, pero conectado al mundo.

Pero, aun así, cuando miro los hechos, es imposible negarlo. **Vivir en la gran ciudad, y estar donde todo sucede, es lo que más ayudará a tu carrera.** Estar en cualquier otro lugar no te perjudicará, pero no te ayudará.

LOS SUEÑOS DETALLADOS TE CIEGAN A NUEVAS COSAS

Hay una fábula sobre un hombre atrapado en una inundación. Convencido de que Dios va a salvarle, dice que no a una canoa, un barco y un helicóptero que pasan por allí y se ofrecen a ayudarle. Muere y en el cielo le pregunta a Dios por qué no lo salvó. Dios le dice: «¡Te envié una canoa, un barco y un helicóptero!».

Todos tenemos una imaginación muy vívida. Tenemos un objetivo en nuestra mente y nos imaginamos el camino con mucha claridad. Entonces es difícil dejar de centrarse en esa imagen brillante para ver qué más podría funcionar.

Las nuevas tecnologías hacen que las cosas antiguas sean más fáciles y que las nuevas sean posibles. **Por eso tienes que reevaluar tus viejos sueños, para ver si han aparecido nuevas cosas para alcanzarlos.**

Algunos actores se trasladan a Hollywood con la esperanza de hacerse notar. Otros aprovechan cualquier nuevo medio para hacerse inevitables.

Algunos autores están esperando a que una editorial los contrate. Otros se enriquecen con la autopublicación.

Tienes que distinguir entre tu verdadero objetivo y los detalles innecesarios. **No dejes que los detalles te distraigan de tu objetivo.**

Para cada uno de tus sueños, pregúntate de vez en cuando cuál es el verdadero objetivo. Luego, busca una forma mejor de llegar a ese punto.

Suelta los sueños obsoletos que te impiden darte cuenta de lo que está aquí ahora.

¿ESTÁS EN LA LÍNEA DE SALIDA O EN LA DE LLEGADA?

Los nuevos clientes solían preguntarme: «¿Cuánto vende de media un artista en CD Baby?».

Algunos tomarían nuestras cifras de ventas publicadas y las dividirían. Ochenta y cinco millones de dólares pagados, divididos por doscientos cincuenta mil álbumes disponibles es igual a trescientos cuarenta dólares por álbum.

Los números son correctos, pero la respuesta es errónea porque agrupa dos enfoques completamente diferentes.

Para algunos artistas, lanzar su música es como la línea de salida de una carrera. Se da el pistoletazo de salida. Trabajan en ello. Pasan horas al día presionando, promocionando y vendiendo, llegando a nuevas personas por cualquier medio.

Para ellos, el ingreso medio, a través de mi pequeña tienda, era de cinco mil dólares. Cincuenta de ellos ganaban más de cien mil dólares cada uno.

Pero, para muchos artistas, publicar su música es como la meta de una carrera. Siempre quisieron grabar y publicar su música. Lo hicieron. Ya está hecho. La envían a sus amigos y familiares, y se alegran de los cumplidos. Sus esfuerzos están básicamente acabados, ya sea porque están satisfechos o porque han asumido que el mundo acudirá a ellos automáticamente.

Para ellos el ingreso medio era de veinte dólares.

Los nuevos clientes que preguntaban por la media intentaban predecir lo bien que se venderían. Pero depende del enfoque que quieras adoptar.

¿Estás en la línea de salida o en la de llegada?

Ese es el mejor predictor de lo lejos que llegarás.

NADIE CONOCE EL FUTURO, ASÍ QUE CONCÉNTRATE EN LO QUE NO CAMBIA

En cada conferencia sobre música, con un panel de expertos en el escenario, el moderador siempre pregunta: «¿Cuál es el futuro del negocio de la música?».

El que vende suscripciones de vídeo dirá que los vídeos son el futuro.

El que vende listas de reproducción inteligentes dirá que las listas de reproducción inteligentes son el futuro.

Cuando me preguntan, siempre digo: «Nadie conoce el futuro, y cualquiera que pretenda saberlo no es de fiar».

Tenemos una necesidad desesperada de certeza, así que queremos que alguien nos diga lo que va a pasar. Pero es imposible. Nadie puede saberlo.

Además, ¿importaría lo que digan los demás? Siendo realistas, ¿qué cambiarías de lo que haces, día a día? Si alguien dijera: «Los hologramas perfumados son el futuro», ¿empezarías a fabricarlos mañana? No.

En cambio, olvídate de predecir y céntrate en lo que no cambia. Al igual que sabemos que habrá gravedad y que el agua estará mojada, sabemos que algunas cosas permanecerán igual.

A la gente siempre le gusta una melodía memorable. No puedes saber qué instrumentación o estilo de producción estarán de moda. Así que céntrate en el oficio de hacer grandes melodías.

La gente siempre quiere una conexión emocional. No se puede saber qué tecnología llevará esa comunicación. Así que céntrate en la esencia de cómo conectar con un público.

Escribir muchas canciones aumenta las posibilidades de escribir un éxito. No puedes saber qué canción será un éxito. Así que escribe todas las canciones que puedas.

En lugar de predecir el futuro, centra tu tiempo y energía en los aspectos fundamentales. Los cambios imprevisibles que los rodean son solo detalles.

IGNORA LOS CONSEJOS QUE TE DRENAN

Mi carrera musical se descarriló cuando seguí los consejos de un experto.

Cuando mi propia música estaba en su máximo éxito, un famoso abogado me dijo que quería trabajar conmigo. Me dijo que debía crear un sello discográfico, fichar a otros artistas y hacer que también tuvieran éxito. Entonces, en lugar de conseguirme un simple contrato de artista, podría ayudarme a conseguir un contrato para todo el sello por más de un millón de dólares.

Salí de su despacho triste, pero reconociendo que tenía razón. **Era lo más inteligente para tener un gran éxito.** Así que eso es lo que hice. Dejé de dedicar toda mi atención a mi propia música y traté de firmar y producir a otros artistas.

Pasé dos largos años en esto. **Pero todo el tiempo lo odié.** Solo amaba mi propia música. Quería ser un artista, no un sello.

Así que, como puedes imaginar, no me fue bien. Mi discográfica fue un fracaso y mi propia carrera musical perdió impulso porque perdí el foco.

Ojalá hubiera prestado atención a mis emociones y no hubiera desperdiciado años de mi vida siguiendo los consejos de alguien.

El punto es: Vas a escuchar muchos consejos. Escúchalos todos, pero presta mucha atención a lo que hacen con tu energía y tu concentración. **Si te hace pasar a la acción, es un buen consejo. Si te hace sentir agotado, triste o perdido, entonces no es para ti.**

LA BRÚJULA DE TU INTUICIÓN

Tus instintos tienen una brújula que señala dos direcciones:

1. Lo que te entusiasma.
2. Lo que te drena.

Independientemente de los consejos que te den, por muy inteligentes que sean, tienes que dejarte guiar por esta brújula.

Lo que te entusiasme, hazlo. Lo que te agote, deja de hacerlo.

Por ejemplo, muchos músicos se dedican a la música porque les encanta tocar su instrumento. Les gusta tanto que quieren dedicarse a ello a tiempo completo. Pero entonces la gente bienintencionada les dice: «Si vas a dedicarte al negocio de la música, tienes que leer este libro sobre las leyes del negocio de la música, y tienes que aprender habilidades para crear redes, y marketing, y habilidades tecnológicas, y contabilidad, y a escribir buenos boletines, y bla, bla, bla». Pronto esos músicos se pasan todo el tiempo haciendo de todo menos tocar su instrumento, y deciden que no vale la pena. Se rinden, consiguen un trabajo tonto y pierden el interés por su instrumento, porque una carrera musical les parece tediosa y abrumadora.

Pero nada hace que valga la pena perder el entusiasmo. ¡Nada!

Lo que te entusiasme, hazlo. Lo que te agote, deja de hacerlo. Tienes que prestar mucha atención a esa brújula, incluso en las pequeñas decisiones del día a día.

Te ofrecen un trabajo. Están al teléfono esperando una respuesta. ¿Te emociona o te agota?

Oyes hablar de una nueva tecnología. La gente dice que tienes que ver esta nueva aplicación. ¿Te entusiasma o te agota?

Si no te entusiasma, no lo hagas. **No hay casi nada que *debas* hacer.** Sea lo que sea que odies hacer, hay alguien ahí fuera a quien le encanta hacerlo. Así que, si es necesario, encuéntralo y deja que lo haga.

Trabaja hacia este ideal y pronto harás solo lo que más te entusiasma.

Entonces descubrirás que se te abren puertas, que te llegan oportunidades y que la vida parece más fácil, porque estás haciendo lo que debes hacer.

SOBRE EL AUTOR

Si quieres saber más sobre mí o mi trabajo, ve a sive.rs. Todo está ahí.

Cualquiera que lea mis libros es mi tipo de persona, así que por favor ve a sivers/contacto para enviarme un correo electrónico y saludarme. Pregúntame cualquier cosa, o simplemente preséntate. Leo y respondo todos los correos electrónicos.

—Derek